여성 커뮤니케이션 연구회는 페미니즘을 위시한 다양한 접근으로 미디어를 연구하는 커뮤니케이션 분야 여성학자들의 커뮤니티로서 정기적인 세미나와 학술 발표회를 하고 있다. 지금까지 《성·미디어·문화》,《대중 매체와 성의 상징 질서》,《대중 매체와 성의 정치학》을 펴냈다.

지은이

구자순 한양대학교 언론정보대학 교수

김명혜 동의대학교 언론광고학부 교수

김유정 수원대학교 언론정보학과 교수

박혜진 연세대학교 언론연구소 연구원

성동규 중앙대학교 신문방송학과 교수

우지숙 서울여자대학교 언론영상학과 교수

윤선희 한양대학교 신문방송학과 교수

이나영 한국해양대학교 여성학 강사

이수연 한국외국어대학교 신문방송학과 강사

조수선 국가안보정책연구소 선임 연구원

한혜경 연세대학교 언론연구소 전문 연구원

사이버 문화와 여성

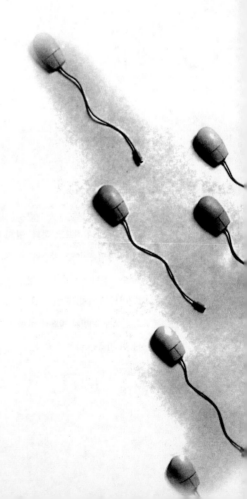

사이버 문화와 여성

윤선희 · 이수연 편저

한나래

사이버 문화와 여성

편저자 / 윤선희·이수연
펴낸이 / 한기철
편집장 / 이리라 · 편집 및 제작 / 신소영, 이수정 · 디자인 / 김민정

2000년 11월 20일 1판 1쇄 박음
2000년 11월 30일 1판 1쇄 펴냄

펴낸 곳 / 도서 출판 한나래
등록 / 1991. 2. 25. 제22 - 80호
주소 / 서울시 마포구 신수동 448-6
전화 / 02) 701 - 7385 · 팩스 / 02) 701 - 8475 · e-mail / hanbook@chollian.net

필름 출력 / DTP HOUSE · 인쇄 / 상지사 · 제책 / 성용제책
공급처 / 한국출판협동조합 [전화: 02) 716 - 5616, 팩스: 02) 716 - 2995]

ⓒ 윤선희·이수연, 2000
Published Hannarae Publishing Co.
Printed in Seoul.

사이버 문화와 여성 / 윤선희·이수연 편저.

서울: 한나래, 2000.

328p.: 23cm(한나래 언론 문화 총서, 35)

KDC: 331.5
DDC: 306.7 363.47
ISBN: 89 - 85367- 92 - 7 94330

1. Internet — Censorship. 2. Pornography.
I. 윤선희·이수연 편저.

차례

머리말

한 광고 카피에서 "모두 인터넷을 얘기할 때 그 너머 또 다른 세상"을 말하겠다고 한다. 그러나 인터넷이 또 다른 세상을 창조할 기반으로 새로운 세상을 형성해 내는지 먼저 점검해 봐야 할 때라고 본다. 인터넷과 또 그 너머의 세상은 광고나 영화 같은 미디어에 나타난 깔끔하고 합리적인 모습처럼 우리가 처한 현실의 고민, 갈등, 그리고 어지러움을 해결하고 발전할까? 현대 과학 문명은 미래의 인간 해방과 행복의 꿈을 안고 발전하지만, 그 가정대로 테크놀로지와 그것이 창조한 가상 공간은 우리에게 대안적인 세계를 가져다 주는 것일까? 미디어와 테크놀로지의 발전이 오히려 현대 사회의 병리와 소외를 연장시키거나 가중시키는 것은 아닐까?

특히, 현대 사회에 일상적으로 가장 널리 퍼져 있는 권력, 다시 말해 성의 권력을 가상 공간에서 위치지웠다고 할 수 있다. 컴퓨터를 매개로 구성된 가상 공간은 현실 권력의 확대판으로 보인다. 가상 세계에도 현실과 같은 권력의 위계와 억압이 존재할 뿐만 아니라, 이것은 더욱 집중적이고 첨예한 형태로 나타나 사도마조히즘적 병리 현상을 보이기까지 한다. 언론이나 시민 단체에서 제기하는 대로, 사이버 포르노와 통신상의 언어적 폭력, 원조 교제, 인터넷 방송에 나타나는 낯뜨거운 선정성 등 심각한 사회 문제가 성의

권력에 모아진다. 이와 같이 현실에 만연한 문화 권력, 가부
장제 이데올로기의 해악이 사이버 공간에서는 더욱 확장된
형체로 그 모습을 드러내고 있다.

　　이러한 문제 인식을 바탕으로 《사이버 문화와 여성》
은 테크놀로지라는 것이 결코 중립적인 기계가 아니고, 인
간의 사고와 생활 양식에 깊이 뿌린 내린 것으로 보고, 미디
어 테크놀로지를 문화적으로 접근한 글들을 모았다. 특히,
가상 공간에서 나날이 확산되는 성의 권력을 단순히 고발하
고자 하는 것이 아니라, 이것의 문화적 해석, 법제적 접근,
더 나아가서는 권력을 전복시킬 여성 커뮤니티의 대안 모색
까지 시도한다. 사이버 공간과 여성 문제를 문화적, 법적,
정책적, 의사 소통적, 심리적 측면에서 접근한 연구를 한 권
의 책으로 엮은 것으로, 여성학자뿐만 아니라 남성학자이지
만 새 매체에 나타난 성적 권력의 문제를 심각히 직시하고
현실적 해결 방안을 법제적 측면에서 접근한 글도 포함하고
있다.

이 책에 참여한 아홉 명의 학자는 여성 커뮤니케이션 연구
회라는 여성학자들의 공동체를 중심으로 모였다. 이 땅을
살아가는 여성학자로서의 공동체 의식을 돈독히 해 오며 페

미니즘의 토착화뿐만 아니라 커뮤니케이션학 연구에서도
제 역할을 하고 있다. 특히, 미디어와 페미니즘에 관련된 책
을 지난 4년간 빠짐없이 펴내며, 미디어 연구자뿐 아니라
일반 독자들에게도 좋은 반응을 얻었다. 《성·미디어·문
화》, 《대중 매체와 성의 상징 질서》, 《대중 매체와 성의 정
치학》그리고 《사이버 문화와 여성》으로 이어지는 여성 커
뮤니케이션 연구 총서는 좁은 의미에서 여성학자의 입장이
나 페미니즘에 대한 추상적 논의에 그치지 않고 현실의 구
체적 문제점을 성의 권력이라는 대안적 시각으로 분석, 제
시한다는 점에서 보편적 관심을 불러일으키고 있다.

다양한 시각을 가진 학자들의 논문을 모으다 보니,
연구 방법이나 글쓰기 스타일에 현저한 차이를 보여 편집에
어려움이 있었다. 또한 현실의 구체적 문제를 학문적 방법
론을 사용하여 분석하다 보니, 일반 독자들이 접근하기에
다소 생소할 수도 있다. 그러나 여기서 다루는 사이버 공간
에서 여성의 문제는 컴퓨터 통신이나 인터넷을 사용하는 모
든 사람들이 공통적으로 느끼는 문제로 쉽게 공감할 것이라
기대된다.

이 책이 나올 수 있게 지원해 주신 방송학회 회장 이
하 집행부와 언론재단에 감사를 표한다. 특히, 사이버와 여
성 문제의 중요성을 인식하여 이 책의 기획에 동참하고 출

판에 애써 주신 한나래 이리라 편집장 외 편집자들에게 진심으로 고마움을 전하고자 한다. 끝으로 이 책에 대한 독자들의 감상과 비평을 환영하는바 syoon3@chollian.net으로 질타와 격려를 보내 주시기 바란다.

한양의 높은 언덕에서

2000년이 기울 즈음

윤선희

서론

이수연

20세기는 컴퓨터라는 새로운 기계의 발명으로부터 그 기계가 가져다 주는 다양한 문화적 변화까지를 목격한 패러다임의 전환기였다. 하지만 패러다임의 전환은 그 말이 의미하는 것만큼 그렇게 과격하지 않은 경우가 많다. 20세기의 사이버 문화는 사람들이 기대했던 만큼의 총체적인 사회 변화를 가져오지는 못했다. 사이버 문화가 어떤 면에서는 사람들이 전혀 기대하지 못했던 변화를 가져온 것도 사실이지만 다른 면에 있어서는 오히려 기존의 구조의 강화에 기여를 한 면도 부정할 수 없다. 그렇기 때문에 사이버 문화가 여성 문제에 끼친 영향을 생각할 때 우리는 성급한 자축보다는 좀더 의심 어린 시선으로 현 시대를 분석할 필요가 있는 것이다.

이런 의미에서 사이버 문화를 보는 시각의 패러다임은 기존의 문화적 논의에서의 그것과 크게 다르지 않다. 사이버 문화도 계급, 젠더, 인종 등에 의해서 나뉘는 권력과 소유의 문제, 하나의 커뮤니케이션 수단으로서 생산과 수용의 문제, 재현 *representation* 의 문제, 하나의 기술로서 그 속성의 문제를 제기하며 사이버 문화가 일어나는 장소에 있어 공공 영역과 사적 영역의 문제, 그것을 향유할 수 있는 능력인 문화 자본의 문제, 그리고 결국 정체성의 문제로 귀결될 것이다. 이러한 사이버 문화의 모든 문제들을 젠더라는 축을 통해 보고자 하는 것이 사이버 페미니즘이다.

사이버 기술은 기존의 시·공간 개념을 초월할 수 있는 가능성과 그 기술의 보다 민주적인 보급을 약속하였다. 그래서 전통적으로 기술과 잘 어울리지 못한다고 간주되었던 집단인 여성들에게도 컴퓨터는 성적 한계를 극복할 수 있는 기술 영역으로 기대되었다. 사이버 문화에서 여성과 기술과의 전통적인 부정적 관계를 개선하고 나아가 사회의 성적 구조의 변화에 기여할 수 있는 가능성을 보는 것이 바로 사이버 페미니즘이다. 사이버 페미니스트들은, 사이버 공간은 새로운 질서, 새로운 규칙과 약호들이 이제 막 형성되는 공간이며, 그런 면에 있어서 현실 세계에서 억압받고 소외되었던 계층들에게 성차별 구조가 이미 결정된 현실 세계와는 분명 다른 '해방의 공간,' '평등의 공간'으로 작용할 수 있다는 희망을 가진다.

좀더 구체적으로 보면 사이버 페미니즘은 컴퓨터가 창조하는 새로운 공간과 문화의 가능성에 대해, 또 컴퓨터라는 기술적 속성을 어떻게 보느냐에 따라 우려론, 기술 해방적 유토피아론, 현실 긍정론 등으로 나눌 수 있다. 모든 사이버 페미니스트들은 사이버 기술에의 접근이 여성의 지위를 향상시키는 데 필수 불가결하다고 본다. 또한 현재의 사회 구조가 여성으로 하여금 컴퓨터라는 새로운 기술에 접근하는 데 불리하게 작용한다는 것에도 동의한다. 이러한 공통 분모에서 출발하여 우려론은 사이버 공간에서도 현실 세계의 지배 질서들이 그대로 연장되고 있기 때문에 인터넷 같은 사이버 공간도 여성을 대상화하거나 상품화한 정보가 확산되고 점차 자본주의적 시장 원리가 지배할 것이라고 우려한다. 또한 전자 기술이 우리의 세상에 대한 인식을 점점 더 결정하게 되는 미래에 있어 여성들이 지금 사이버 기술에 참여하지 않으면 점점 더 정보의 소외자로 전락하게 되리라고 우려한다.

사이버 기술 해방론자들은 그 기술의 특성으로 인해 여성들이 여기에 더 쉽게 접근할 수 있고 그럼으로써 자유로워질 수 있으리라 기대한다. 그들은 여성들이 컴퓨터와 친할 수 있는 조건을 가지고 있는데, 그것은 컴퓨터가 타자기, 계산기, 전화 같은 여성들이 과거부터 친숙하게 사용해 오던 도구들의 속성을 가진다는 것이다. 그들은 기계가 남성의 전유물이라는 것은 과거의 일이며 컴퓨터가 여성들이 기계에 대한 공포증을 가진다는 것은 남성적인 신화이고 컴퓨터에 대한 공포증은 바로 일부 페미니스트들의 것이라고 주장한다. 그들은 기술의 발전이 여성을 더 자유롭게 만들어 왔다고 주장한다. 그들은 컴퓨터라는 새로운 특성의 기술을 통해 여성에게 자유와 힘을 부여하기 위해 적극적으로 사용하자고 주장한다.

현실 긍정론자들은 사이버 문화에 대한 페미니즘 시각적 논의가 여성의 배제나 소외보다는 여성들이 느끼는 친숙함이나 즐거움에 대해 집중해야 한다고 주장한다. 여성과 사이버 공간의 관계에 대한 부정론은 기술에서 소외된 여성을 강조하는데, 중요한 것은 그 기술 자체가 아니라 그 기술을 가능케 하고 존재하게 하는 기술을 둘러싼 사회 조건을 여성과 사이버 기술 사이 관계의 관건으로 본다. 현실 긍정론자들은 여성에게 정말 필요한 것은 여러 불리한 요건에도 불구하고 여성들이 사이버 문화에 이끌리는 요인을 알아 내는 것이라고 말한다. 새로운 세대의 여성들이 사이버 공간에서 활동하는 것에 즐거움을 느끼고 있다면 이것이 무엇인지 알아 내고 이것을 기반으로 앞으로 긍정적인 변화를 위한 전략을 수립하는 것이 생산적이라는 주장이다.

우리가 원하든 원하지 않든 사이버 문화는 우리의 생활 속에 자리잡고 있다. 1960~70년대 텔레비전 수상기가 우리네 보통 가정의 필수품이 되었듯이 이제 웬만한 가정에서는 컴퓨터를 꼭 있어야 할 도구로 인식하고 있다. 가정에서의 컴퓨터의 가장 흔한 용도는 게임과 인터넷일 것이다. 아이들은 이제 컴퓨터 게임과 함께 자란다. 이 컴퓨터 게임은 1980년대의 닌텐도에서 시작하여 테트리스같이 지금도 사용되지만 단순한 형태의 게임으로부터 이제 양육 게임, 네트워크 게임 등의 다양한 형태로 확산되고 있으며, 이제 손가락만 사용하는 형태에 비해 몸 전체를 사용하는 스포츠형 게임까지 포함시켜야 할 것이다. 이런 스포츠형 게임은 대부분의 경우 공공 장소에서 즐기게 되며 거기에 맞는 음악과 의상 등을 동원한다는 점에서 청소년들에게 총체적인 사이버 문화를 파생시키고 있는 것이 사실이다.

모든 연령을 통해 인터넷은 세상을 아는 최고의 방법으로 인식되고 있다. 그런 면에서 사이버 문화의 꽃은 인터넷이다. 1960년대 설립된 미국 군사 컴퓨터 네트워크에서 자라난 인터넷의 발달은 컴퓨터를 개인적인 계산 도구로부터 텔레커뮤니케이션의 도구로 확장시켰다. 개인용 컴퓨터는 이제 더 이상 개인적인 것이 아니라 월드와이드 웹이라는 세계적인 네트워크상의 한 점을 차지하게 된다. 컴퓨터로 기존 커뮤니케이션 매체의 속도와 공간의 한계를 넘는 원거리 통신이 가능하게 되면서 일어난 변화의 하나는 세계화의 진전일 것이다. 거의 실시간적인 통신이 세계 어디와도 가능함에 따라 이론적으로 공간은 이제 한계가 아니게 된 것이다. 하지만 이러한 이론이 반드시 실제로 성립되지는 않는다. 인터넷은 물질적인 기반이며 따라서 그것을 사용하기 위해서는 물질적인 도구가 필요하다. 인터넷에 접속하기 위해서는 컴퓨터와 모뎀을 구입해야 하고 때로는 초고속 통신망에 접속해야 한다. 이는 자본을 필요로 할 뿐 아니라 때로는 초고속 통신망이 설치되어 있는 지역에 살아야 한다는 공간적인 제한을 하고 있다. 이것은 다른 매체들이 도입되던 현황과 그리 다르지 않다. 라디오 방송이나 텔레비전 방송은 라디오와 텔레비전 수상기를 구입할 수 있는 사람들에게만 가능하였고[1] 이러한 매체가 가장 먼저 발달한 미국에서도 전국의 가구에 이 기구들이 보급되는 되기까지는 한 동안의 시간이 걸렸다. 그동안 경제적으로 덜 혜택 받은 사람들은 이러한 '뉴 미디어'에 접하기 위해서는 다른 사람의 집을 이용하거나 술집 같은 대중적 장소로 가야만 했다. 또한 텔레비전은 그 전파를 보내는 데 지형적 조건에 민감하므로 멀리 떨어진 지역에 사는 사람들은 텔레비전 수상기가 있어도 방송을 보지 못했다. 오늘날 케이블 텔레비전은 이러한 소외된 지역에 사는 사람들을 위해 설치했던 커뮤니티 안테나 텔레비전(CATV)의 후신이라고 할 수 있다.

오늘날 한국에서도 인터넷에 접속할 수 있는 혜택은 아직도 누구나 똑같이 받진 못한다. 첫째는, 컴퓨터와 모뎀을 구입할 수 있는 경제적인 조건을 필요로 하고, 둘째는, 모뎀이 아직은 불안한 접속 수단이기 때문에 안정된 연결을 위해서는 초고속 통신망이 깔려 있는 지역에 살아야 한다는 지역적인 조건을 필요로 한다. 최근의 연구들을 보면 아직도 지방과 서울 사이의 청소년들의 인터넷 접속 빈도는 커다란 차이를 보이고 있음을 보여 준다. 초고속 통신망과 PC방의 수에 있어 서울과 지방이 비교가 되지 않기 때문이다. 서울에 사는 학생들이 집이나 PC방에서 일상적으로 인터넷 통신의 혜택을 누리고 있는 반면 산골에 사는 청소년들에게 텔레커뮤니케이션의 혁명이란 아직 신문에서나 볼 수 있는 선언일 뿐이다. 경제 계급이나 주거 지역에 의한 혜택의 불평등처럼 젠더도 불평등의 요인을 제공할 수 있다.

사이버 문화가 여성에게 불리하게 작용할 수 있으리라고 우려하는 진영에서는 네트워크상에서 여성이 아직도 소수임을 주목한다. 그

---

1. 미국에서 2차 대전 후 텔레비전 방송이 정규화되기 시작하던 1948년 중반에 보통 5~7인치 텔레비전 수상기의 가격은 375~500달러 정도로 보통 사람의 몇 주 임금에 달하는 가격이었다고 한다. 여기에 안테나 등을 포함해 45~300달러에 달하는 설치 비용을 지불해야 했다. Sterling & Kittross, *Stay Tuned*, Belmont, CA: Wadsworth, 1978, p.190.

들은 이것이 사이버 기술의 속성에서 발생하기보다는 그 기술을 둘러싼 기존의 사회 환경에서 유래한다고 생각한다. 즉, 여러 가지 경제·사회적 요건이 여성으로 하여금 컴퓨터 기술에의 접근을 막는다. 경제적 조건에 있어 여성들은 남성들보다 평균적으로 임금 수준이 낮으므로 컴퓨터에 대한 비용을 지불하는 데 남성보다 불리하다. 또한 학교나 직장을 다녀서 컴퓨터, 프로그램, 그리고 인터넷 접속망을 사용할 수 있는 여성들에 비해 집에 있는 여성들은 컴퓨터가 없거나 인터넷망에 접속할 수 있는 비용 때문에 사이버 문화에서 배제된다.

또한 교육 조건에 있어 여성들은 정규 교육 과정에서 남성들에 비해 기술 교육을 받을 기회가 현저하게 적다. 일단 정규 교육 과정에서 기술 교육을 받을 기회를 잃으면 여성들은 기술에 대한 정보를 얻을 방법을 알지 못해 기술에서 소외되게 된다. 그래서 여성들은 변화하는 첨단 기술을 이해하지 못하기 때문에 사이버 기기들이 주어지더라도 이것을 사용하고자 하는 욕구를 가지지 않게 된다. 현재의 교육 현장은 여성이 과학이나 기술 등에 있어 남성보다 선천적인 능력이 부족하다는 편견이 지배하고 있어 여성들이 새로운 기술을 익히는 것을 저지한다. 또 여성들은 취학 전 아동기의 사회화되는 과정에서도 컴퓨터 게임 같은 기술이 관련되는 놀이보다는 인형 같은 보다 '여성적인'(?) 활동을 할 것을 권장받는다. 그럼으로써 정규 기술/컴퓨터 교육에서 남성보다 불리한 입장에 놓이게 된다.

사이버 공간에서 자기 표현의 수단인 홈페이지는 누구나 참여할 수 있는 민주적인 매체로 여겨진다. 이는 사이버 공간에서 생산자와 수용자를 교환적으로 만들며 상호적인 커뮤니케이션을 가능하게 하는 것이다. 월드 와이드 웹은 수 많은 홈페이지들이 모여서 이루어지고 이 중 많은 것들은 기업이 아닌 개인에 의해 운영된다. 그래서 홈페이지는 자기 표현의 민주적인 수단이 된다. 하지만 실제로 누구나 홈페이지를 만들고 운영할 수는 없다. 홈페이지를 만드는 것은 특정한 경제, 문화 자본을 필요로 한다. 부르디외의 문화 자본론은 자본주의 계급 재생산이 경제적 자본에 의해서뿐만 아니라 문화적 지식에 의해서도 이루어진다는 논리이다. 부르디외가 말하는 문화적 지식이란 대단히 광범위해서 예술품이나 음악을 감상할 수 있는 능력에서부터 집안의 실내 장식을 하거나 음식에 대한 취향까지를 포함한다. 문화적 자본은 경제적 자본처럼 즉각적으로 자본의 역할을 하는 것은 아니지만 취업이나 승진 등에 유리하게 작용함으로써 결국 경제 자본으로 전환될 수 있다는 것이다. 물론 부르디외의 문화 자본 이론이 한국의 상황에서도 그대로 적용될 수 있는지는 논의의 여지가 있지만 컴퓨터의 기술을 문화적 자본으로 보는 것은 오늘날 컴퓨터 문화의 계급성을 이해하는 데 도움이 될 것이다. 컴퓨터 기술은 그것을 직업적으로 사용하는 경우 임금을 받는 등 즉각적으로 경제 자본화할 수 있지만 취미, 오락으로 이용할 경우는 경제적인 효용 가치를 지니지 않는다. 즉각적인 경제적 가치가 없는 컴퓨터 기술을 습득하는 것은 그 사람이 자란 가정의 일정한 경제·문화적인 조건을 필요로 한다. 이는 컴퓨터를 구입할 수 있고 사용할 수 있게 하는, 그리고 컴퓨터 지도를 할 수 있는 가정의 경제력을 필요로 한다. 부모가 직접 컴퓨터 기술을 가르칠 수 있는 부모 자신의 문화 자본이 필요할 수도 있지만, 이는 문화 자본의 형성이 가정 안에서 부모로부터 전수받아 이루어지기보다는 학원 같은 집 밖의 기관에 의해서 이루어지는 우리의 상황에서 본다면 보편적인 경우가 아니다. 일단 컴퓨터 기술을 가지는 것은 시대적 흐름을 좇아가는 데 필수적인 자본이 된다. 예를 들면, 인터넷을 통해 정보를 습득한다든가 홈페이지 만들기 같은 어느 정도 고급 기술을 시도할 수 있기 위한 필수 조건이 된다는 것이다.

사이버 페미니즘에서 보는 홈페이지의 문제는 컴퓨터 기술이라는 문화 자본을 획득하는 데 다른 경제·문화적 조건과 함께 젠더적 요소가 한계로 작용한다. 전통적으로 기술 혹은 기술 교육에서 소외되어 온 여성들에게 홈페이지를 만들려는 시도는 많은 용기를 필요로 한다. 사이버 공간의 자기 표현이라는 홈페이지가 과연 얼마만큼 여성의 표현을 가능하게 하는가를 알기 위해서는 여성이 홈페이지의 제작에 얼마나 참여하고 있는지, 여성이 제작한 홈페이지는 어떤 성 정체성을 표현하는지 연구해야 한다. 같은 맥락으로 여성들이 만든 여성 웹진에 대해서도 조사해 볼 필요가 있다.

채팅도 사이버 공간의 자유로운 의사 교환의 한 수단이다. 이는 익명성이라는 사이버 커뮤니케이션의 특성이 가장 잘 실행되는 곳이다. 현실에서의 성별, 연령, 그리고 다른 권력적 관계에 영향을 받지 않고 자유롭게 자신을 표현하는 수단이다. 하지만 젠더적 맥락에서 보는 채팅은 반드시 유토피아적 문화를 이루고 있지는 않다. 채팅을 통한 사이버 문화를 볼 때 우리는 채팅이 민주적인 의사 교환의 매체 역할을 하는가 혹은 게시판 등이 공공장의 역할을 하는가 등에 대한 의문을 가지게 된다. 하버마스의 공공장은 국가 권력이나 경제적인 이해 관계가 개입되지 않는 가장 민주적이고 자유로운 의사 교환의 장소로 설정된다. 물론 하버마스가 예로 드는 유럽의 커피 하우스 같은 것도 여성과 노예를 제외한 중산층 남성의 전용 공간이었다는 점에서 진정한 의미의 공공장은 실존하지 않는 이상향 같은 것이다. 어쨌든 우리의 논의 가운데 중요한 것은 사이버 공간이 그런 공공장과 유사한 역할을 할 수 있으리라는 대중적 기대이다.

특히, 여성들은 사이버 공간의 익명성을 이용하여 현실 공간보다 자유롭게 자신을 표현할 수 있으리라는 기대를 한다. 하지만 사이버 공간 자체도 결코 여성에게 호의적인 공간은 아니다. 사이버 공간은 익명성이 보장된다는 면에서 현실의 공간과는 다를 것이라고 예상되지만 실제로 사이버 공간에서는 폭력적이거나 비하적인 언어 사용, 성적인 희롱, 그리고 스토킹 등으로 여성에 대한 억압이 현실 못지않게 행해지고 있는 것으로 나타난다. 남성들은 사이버 공간에서도 끊임없이 상대에게서 여성임을 표시하는 흔적을 찾으며, 일단 여성으로 드러나면 오히려 현실보다 더 막힘 없는 성적 공격이나 폭력을 행사하기도 한다. 더구나 여성이 페미니즘적 시각을 표방하고 민감한 사안에 대해 여성 옹호론을 펼 때 일부 남성의 공격은 대단히 노골적이다. 이들은 여성 전체에 대한 비하, 페미니즘에 대한 원색적인 공격을 퍼부으며 욕설까지 동원하는 것을 서슴지 않는다. 이들의 공격이 너무도 원색적이고 불합리적이어서 대부분의 여성들은 더 이상 전의를 상실하고 '침묵의 나선'으로 빠져들게 된다. 한 예로 '군 가산점'이 뜨거운 감자로 부상하던 1999년 일부의 남성들은 여성 웹진에 개설되어 있는 여성 전용 게시판으로 진출하여 여성적 시각을 주장하는 여성들을 상대로 맹공격을 퍼부었다. 결과적으로 대부분의 여성들은 여성 전용 게시판에서 모습을 감추고 말았다. 비슷한 예로 모 여대의 웹진에 남성들이 침입하여 온갖 비방과 욕설까지 퍼부은 해킹 사건도 있다. 이처럼 여성에게 호전적인 사이버 공간의 분위기는 사이버 기술에 능한 N세대 여성들까지 위축시키고 있는 것이 현실이다.

현재 제공되는 컴퓨터 통신 서비스는 남성 중심적 환경을 설정하고 성별 분업적 기존 질서를 그대로 유지하고 있는 경향이 있다는 것을 부인하기는 어렵다. 온라인 성 폭력의 경우 통신 서버들은 적극적으로 성 폭력자를 처벌하려는 노력을 보이지 않으며 오히려 폭력의 희생자인 여성에게 비난의 화살을 돌리는 경우도 있다. 예를 들면, 여성의 아이디가 점잖지 못했던 것이 남성의 폭력을 자행했다는 것인데, 이것은 실제 생활에서 정숙치 못한 여성이 강간의 원인을 제공했다고 비난받는 것과 같은 맥락이다. 컴퓨터 통신이 야기하는 새로운 문화적 현상은 사이버 섹스이다. 컴퓨터 통신상에서 이용자들이 성적인 대화를 통해 육체적 관계 없이 성적인 쾌락에 도달하고자 하는 것을 사이버 섹스라고 하는데, 이는 대부분 남성들의 주도 아래 이루어지는 것으로 보인다. 여성들은 이러한 사이버 섹스의 시도에 대해 거의 귀찮아하거나 두려워하여 회피하는 경향을 보인다고 한다. 많은 여성들은 사이버 섹스를 즐거운 것으로라기보다는 남성들의 일방적이고 폭력적인 행위로 간주한다. 많은 경우 여성들에게 사이버 섹스는 성 폭력과 동일한 의미로 작용한다. 이런 면에서 사이버 공간은 현실의 성적 권력 관계를 재생산하며 어떤 면으로는 더 심화시키고 있다고 말할 수 있다. 컴퓨터 통신 이용자들의 성비가 6 대 4 정도로 절대적으로 남성 우위를 보여 주고 있으므로 컴퓨터 통신 서비스 업체에서는 남성 위주의 서비스에 주력하고 있는 실정이다.

사이버 공간에서 여성을 성적 대상화하는 현상이 심화하고 있는 것도 사이버 문화의 부정적인 단면이다. 사이버 공간은 사적인 공간을 네트워크화하고 따라서 익명성과 프라이버시를 희생함이 없이 통신의 효율성을 즐길 수 있다. 그 결과로 사이버 공간은 여성의 성적 이미지로 가득하다. 한 때 마치 필수적 문화 자본처럼 인구에서 회자되던 'O양 비디오'는 인터넷이라는 도구가 없이는 그렇게 넓게 확산될 수 없었을 것이다. 지금 한국 인터넷 방송의 논란거리는 여성의 나체 장면들이다. 인터넷 방송은 기존의 방송의 일방성을 지양하고 수용자 위주의 편성과 수용을 허락함으로써 좀더 민주적 방송의 개념을 가능하게 할 수 있는데도 실제로 인터넷 방송의 현황은 여성을 벗김으로써 수지를 맞추기에 급급하고 있다. 사이버 포르노의 문제는 이미 인터넷과 관련하여 가장 많이 논의되는 문제 가운데 하나가 되고 있다. 사이버 포르노는 오랜 역사를 가진 포르노그라피의 가장 최근 버전이다. 포르노그라피를 여성의 적으로 여기는 일부 페미니스트들에게는 사이버 포르노는 정말이지 개탄할 만한 사이버 문화의 그림자일 것이다. 하지만 페미니스트들의 의견과는 관계없이 사이버 포르노는 인터넷 사용자들에게 가장 유혹적인 프로그램 가운데 하나가 되고 있다.

컴퓨터 게임은 새로운 개념의 놀이로 놀이 문화와 산업의 판도를 뒤흔들고 있다. 전통적인 놀이가 어린이들의 영역에 속해 있었다면 컴퓨터 게임을 즐기는 사람은 연령에 의해 구분되지 않는다. 따라서 컴퓨터 게임 산업은 그 규모가 계속 확장되고 있는 추세이다. 컴퓨터 게임은 또한 다른 매체와의 상호 교류 속에서 존재한다. 컴퓨터 게임의 혼한 소재는 인기 영화의 내용이거나 만화의 내용이다. 그 내용의 형태도 부단히 발달하고 있어 여기서 모두 열거하기도 힘들지만 그 내용의 많은 것들이 젠더적 측면에서 여전히 기존의 성적 권력 구조를 유지하고 있는 것이 사실이다. 한 예로 양육 게임은 대단히 보수적인 여성관을 표현한다. 대표적인 양육 게임인 '프린세스 메이커'를 보면 이 게임의 궁극적인 목적은 여성을 공주로 만드는 것이다. 물론 게임의 즐거움은 반드시 여성을 공주로 만드는 데만 있는 것이 아니라 기르면서 일어나는 여러 가지 변칙들, 예상하지 못했던 돌발적인 사건과 반응 등을 즐기기도 한다. 그런데 여기서 여성은 대단히 성적인 존재이며 전통적인 여성의 매력에 민감하다. 이는 많은 남성들이 양육 게임을 즐기는 이유 가운데 하나일 것이다.

이처럼 사이버 문화는 새로우면서도 익숙한 문화이다. 그리고 오늘날 사이버 문화를 연구하면서 우리가 간과하지 말아야 할 것은 사이버 문화는 진공 속에서 존재하는 것이 아니라는 것이다. 사이버 문화는 다른 일상 문화와 연관 속에 존재한다. 예를 들어, 채팅을 하는 많은 사람들은 그것을 현실의 만남으로 발전시키기를 기대한다. 청소년들에게 채팅은 모르는 사람과 자유롭게 대화할 수 있다는 이점과 함께 그것이 실제의 만남으로 이어질 수도 있다는 기대감이 작용을 하기도 한다. 온라인 동호회나 클럽은 현실의 만남을 전제로 하는 경우가 많다. 어떤 면에서 온라인 만남은 오프라인 만남의 위한 하나의 과정이기도 하다. 한 예로 사이버상의 게임 동호회들은 게임이라는 모티프를 가지고 오프라인 모임을 갖는다. 그들은 실제로 만나서 글로만 보던 사람들을 육안으로 확인하기도 하고 또 '코스프레'를 즐기기도 한다. 코스프레는 청소년들 사이에 유행하는 이벤트로 게임, 만화, 영화 등의 등장 인물을 그대로 모방하여 재현하는 것으로 반드시 게임에만 한정된 것은 아니다. 어쨌든 게임에 나오는 인물을 실제로 재현한다는 것은 게임 속의 인물을 하나의 개성을 가진 인물화하는 것이며 그것을 모티프로 하여 동호인들의 사이버적 환상을 실제화하려는 시도이기도 한 것이다. 이는 온라인의 환상이 오프라인화함으로써 확신될 수 있는 결국 오프라인 일상의 중요성을 확인시키는 행위이기도 하다. 온라인과 오프라인이 밀접한 관계를 맺고 있다는 것은 이 두 세계가 서로에게 많은 영향을 줄 수 있다는 말이다. 즉, 오프라인의 전통적인 권력 관계가 온라인으로 계승될 수 있고 역으로 온라인의 개혁적인 새로운 관계가 오프라인의 세계를 변화시킬 수도 있다는 것이다. 그래서 사이버 세계를 향한 일방적인 자축이나 낙담은 아직 이르다.

이 책은 지금까지 말한 사이버 문화의 모든 면들을 구체적으로 다루고 있다. 하지만 하나의 일관적인 시각으로 사이버 문화를 보지는 않는다. 사이버 문화가 여성들에게 어떤 영향을 미치며, 여성의 미래를 어떻게 바꾸어 놓을 수 있는가를 탐색하는 면에서는 넓은 의미의 페미니즘 시각이라고 볼 수 있겠지만 구체적인 해결 방식의 제안에 있어서는 다양하다. 크게 '사이버 포르노그라피,' '여성과 사이버 커뮤니케이션' 그리고 '여성 사이버 커뮤니티'로 나누어 살펴보고 있다.

'사이버 포르노그라피'에서 이수연은 포르노그라피를 역사적으로 검토해 보고 그것과 여성의 섹슈얼리티의 관계를 모색한다. 포르노그라피를 일방적으로 매도하거나 찬양하기보다는 여성의 섹슈얼리티를 발견하고 탐색하는 데 있어서 포르노그라피가 어떤 역할을 할 수 있는지 또한 사이버 포르노가 우리 옆에 이미 가까이 다가와 있다면 그것을 대하는 여성의 발전적인 자세는 무엇인지를 논한다. 성동규는 인터넷 음란물의 현황을 보여 준다. 그는 사이버 포르노그라피를 네티즌, 특히 미성년자들의 복지를 고려하지 않은 상업적이 이해 관계에 의해 생겨나는 규제해야 할 대상으로 본다. 가장 현실적인 규제 방법을 모색하는데, 인터넷이라는 매체의 특수성을 염두에 두고 매체론적인 접근을 한다고 할 수 있다. 우지숙은 혼동해서 사용하고 있는 포르노, 음란물, 외설물 등의 법적인 정의를 제시함으로써 그 개념을 차별화한다. 우지숙은 이러한 개별적인 영역에 대한 법적 규제의 예를 제시하여 포르노의 법적 지위를 논한다. 이런 맥락에서 사이버 포르노그라피의 규제가 법적으로 정당하며 기술적으로 가능한지, 그리고 이것이 궁극적으로 여성의 복지를 위해 어떤 역할을 할 것인지를 질문한다.

'여성과 사이버 커뮤니케이션'은 두 영역으로 나누어 볼 수 있는데 김유정·조수선과 한혜경·박혜진의 '컴퓨터 통신과 여성'은 컴퓨터를 매개로 한 커뮤니케이션을 할 때 나타나는 젠더적 특성에 대해 논하고 있다. 김유정·조수선과 한혜경·박혜진은 모두 사이버 공간에서의 남녀 간의 커뮤니케이션이 젠더 관계에 있어 현실 공간에서의 그것과 별로 다르지 않다는 결론을 내리고 있다. 김유정·조수선은 사이버 공간 전반에서 일어나는 성 사이의 커뮤니케이션 문제를 기존의 글들을 중심으로 정리하였고 한혜경·박혜진은 채팅 같은 글자를 매체로 한 커뮤니케이션의 실제 예를 조사했는데, 인터넷 공간이 성별의 질서를 바꾸리라는 낙관적인 가설이 실제로 발생하지 않고 있다는 데 강한 혐의를 두고 있다.

김명혜·이나영과 윤선희는 사이버 문화와 성적 관계를 논한다. 김명혜·이나영은 남성의 성적 욕구를 발산하는 방편으로서의 채팅이 상대편 여성에게 성 폭력으로 작용할 수 있음을 실례들을 들어 역설하고 있다. 현실의 정체성을 잠시 탈피할 수 있는 사이버 공간이 성적 리비도가 문화적 제한을 넘을 수 있는 환경을 설정한다. 채팅을 통한 남성들의 성적 접근은 여성들에게 현실에서의 성 폭력을 당한 것과 같은 충격을 준다. 하지만 그들은 이러한 사이버 공간에서 형성되는 성적 관계를 반드시 부정적으로만 보지는 않는다. 이러한 리비도의 해방 공간은 여성이 자신들의 섹슈얼리티를 이해하고 모색하는 하나의 가능성으로도 존재한다는 것이다. 윤선희는 인터넷 방송의 선정성을 문화적으로 이해하고자 한다. 인터넷 방송 가운데에서도 진행자 옷 벗기기 등으로 선정적인 내용을 가지고 있는 인터엑티브 포맷을 분석하며 이것이 남성의 무의식적 기제에 기인한 욕구로 설명한다.

마지막으로 '여성 사이버 커뮤니티'는 사이버상에서 조직되는 여성 커뮤니티를 들여다 보고 과연 이것이 여성 공동체에 새로운 대안으로 기능할 수 있는지에 대한 가능성을 모색한다. 김유정·조수선은 현재 인터넷상의 한국 여성 사이트를 포괄적으로 조사하고 있다. 여성 사이트의 현황에서 기존의 여성 이미지와 성적 역할을 강화하고 있음을 본다. 하지만 여전히 여성 사이트가 대안적인 여성의 공동체를 제공하는 가능성을 포기하지 않는다. 구자순은 인터넷의 기술적·문화적 속성과 그것을 여성적 시각에서 새롭게 해석하는 사이버 페미니즘에 대해서 논한다. 구자순은 사이버 페미니즘의 낙관적 예상이 반드시 맞아 떨어지지는 않고 있음을 지적하나 그렇다고 사이버 공간에 대한 여성들의 희망을 포기해서는 안되며 사이버 공간을 통한 여성의 세력화를 위해 여성들의 사이버 공간의 이용 전략을 제시한다.

사이버 문화가 우리에게 익숙해진지도 이제 얼마의 시간이 흘렀다. 새로운 매체가 등장할 때마다 그렇지만 우리는 그것의 문화적 의미나 바람직한 적용 방법을 생각해 볼 여유도 없이 그것의 일상적 영향에 매몰되고 만다. 컴퓨터는 구입해야 할 새로운 물건이며 그 사용법을 배워야 할 골치 아픈 숙제이기도 하고 그런가 하면 익숙해져 편리해지고 나면 가장 필요할 때 고장이 나 버리기도 하는 약인 동시에 병이고 병인 동시에 약이다. 그러나 우리는 이미 건너온 강을 되돌아 갈 수는 없다. 우리 여성들은 조금은 주춤거리며 조금은 신기해하며 남자들의 어깨 너머로 컴퓨터에 익숙해지기 시작해 어느덧 컴퓨터의 문화 속으로 들어왔다. 하지만 아직도 여성은 사이버 문화를 이끄는 주역이 아니다. 이왕 늦었으면 이제 조급한 발걸음을 멈추고 잠시 생각해 보자. 컴퓨터가 우리의 의식과 생활에 어떤 영향을 주어 왔는지, 사이버 문화는 우리 여성의 앞날을 어떻게 바꿀 것인지, 우리는 이에 어떻게 대처해야 할지 잠시 생각해 보고 다시 길을 떠나도록 하자.

1부

사이버 포르노그라피

1. 사이버 포르노와 여성 :

사이버 포르노의 수용에 있어
인식론과 젠더 논의

이수연

사이버 포르노는 그 단어 속에 포르노그라피에 대한 역사성을 포함하고 있다. 이 단어는 포르노그라피가 역사상 여러 형태의 매체를 통해 표현되어 왔음을 보여 준다. 포르노그라피라는 그 개념을 어떻게 정의하느냐에 따라 조금씩 달라질 수는 있겠지만 고대의 에로틱한 그림으로부터 근대 이래의 소설, 만화, 영화까지 매체 발달과 더불어 그범위를 확장해 왔다. 이런 의미에서 사이버 포르노는 포르노의 새로운 장르라기보다는 기존에 존재하는 포르노그라피를 컴퓨터라는 새로운 매체를 이용하여 전달하는 형태이다. 즉, 영상, 만화, 글로 표현되는 사이버 포르노는 오리지널로 제작되기보다는 기존의 잡지나 영상물을 저장하여 내려 받을 수 있게 한 것이다. 이런 의미에서 사이버 포르노의 문화적 의미는 그 내용보다는 수용 방법에 특징이 있다.

사이버 포르노의 수용적 특징은 포르노그라피와 여성과의 관계에 있어 새로운 국면을 가져온다. 사이버 포르노의 도래 이전에도 포르노그라피는 여성에게 많은 문제를 제기해 왔다. 무엇보다 중요한 논란은 포르노그라피가 여성에게 유해하느냐 하는 문제에 관한 것이다. 반反포르노그라피를 주장하는 페미니스트들은 포르노그라피가 여성을 비하하거나 학대하고 따라서 여성에 대한 실제의 폭력과 학대를 초래한다고 주장한다. 반면에 찬贊포르노그라피 혹은 반反검열주의 페미니스트들은 포르노그라피가 여성의 학대를 묘사하더라도 그것이 실제의 여성 학대와 어떤 관련이 있다는 증거가 없고 포르노그라피는 언론의 자유라는 더 중요한 명분을 위해 허용되어야 한다고 주장한다. 더 나아가 포르노그라피가 여성 자신들의 섹슈얼리티를 모색하는 데 도움이 된다고 주장하는 여성학자도 있다. 그런데 이러한 논의들은 여성을 적극적인 주체라기보다는 수동적인 객체로 설정하고 있다. 또 여성과 포르노그라피에 관한 논의들이 활발히 진행되더라도 실제 여성들이 포르노그라피에 접할 수 있는 기회는 많지 않다. 사회적인 압력은 여성들이 포르노그라피의 적극적인 이용자가 되는 것을 허용하지 않기 때문이다. 이런 상황에서 사이버 포르노는 그 근접의 용이성과 이용 공간의 사적성 privacy 때문에 여성들에게 이용의 가능성이 높다.

우리는 아직 사이버 포르노를 이용하는 여성의 구체적인 통계를 가지고 있지 않다. 사이버 공간의 익명성이 사이버 포르노 이용자의 성 구분을 어렵게 하고 자발적으로 사이버 포르노의 이용자임을 밝히는 여성이 많지 않기 때문이다. 하지만 사이버 매체의 무한한 발전 가능성을 생각할 때 사이버 포르노의 확산 및 발전은 예상되는 일이며 여성 수용자에게 미치는 영향도 늘어날 것이 틀림없다. 따라서 우리는 지금 사이버 포르노를 이용하는 여성에 대한 관심을 기울일 필요가 있다. 예를 들어, 사이버 공간에서의 포르노그라피는 여성들의 수용에 있어 어떤 가능성 혹은 한계를 부여하는가? 그리고 사이버 공간이라는 새로운 인식 체계가 여성들의 수용 태도와 해석에 어떤 차이를 갖게 하는가? 하는 새로운 문제를 제기해 볼 필요가 있다.

이 글에서는 사이버 포르노의 인식적 특성에서 유래하는 사이버 포르노와 여성의 문제를 다루고자 한다. 포르노그라피에 대한 어떤 도덕적인 평가보다는 여성이 그것을 어떻게 소비하고 해석할 수 있는지 여성을 주체적인 위치에 놓고 생각해 보고자 한다. 사이버 포르노는 새로운 정보 통신 기술과 기존의 성 문화가 결합한 문화적 잡종이다. 이를 이해하고 여성과의 관계를 모색하기 위해 우리는 기존의 성 정치학과 함께 새로운 인식틀을 도입할 필요가 있다. 먼저 포르노그라피에 대한 간단한 역사를 살펴보고 포르노그라피에 대한 페미니즘 논쟁을 정리해 본다.

1. 포르노그라피란 무엇인가

포르노그라피의 객관적인 정의를 끌어내는 것은 간단한 일이 아니다. 옥스퍼드 영어 사전에 따르면 포르노그라피의 어원은 '쓰다'는 의미의 그리스어 *graphos* 와 '창녀'라는 의미의 *pornei* 의 합성어로서 "창녀나 그들 고객의 생활, 태도 등의 묘사 *description of the life, manners, etc. of prostitutes or their patrons*"가 될 것이다. 하지만 우리가 생각하는 포르노그라피는 이러한 어원과는 다른 뉘앙스를 가진다. 그런데 포르노그라피의 어떠한 정의도 모든 시대와 문화를 걸쳐서 일관적으로 적용되기 어려운데, 각 시대의 문화는 그 나름의 성에 대해 다른 철학을 가지기 때문이다. 모든 시대와 문화를 걸쳐 포르노그라피를 보는 사회적 시각은 공통적으로 부정적이다. 포르노그라피는 너무 '명백한 *explicit*' 성 표현에 관한 것이고 그런 의미에서 예술적이거나 문학적일 수 없으며 사회적으로 용인되는 에로티카와도 구분된다.

린다 윌리엄스에 따르면 서구 사회에서 포르노그라피 혹은 그 역사에 대한 심각한 고찰은 1960년대에 시작된다(Williams, 1989: 10). 1960년대 '성 혁명'을 겪고 나서야 서구의 지식인들은 포르노그라피가 "인류학적이고 사회학적"인 맥락에서 탐구할 가치가 있다고 동의하게 되었다는 것이다. 이 때의 연구들은 포르노그라피를 "성을 묘사하는 영상적 혹은 언어적 재현"이라고 대충 정의하기는 하였으나 그것을 고대의 포르노그라피로부터의 연장선에서 본 것은 아니었다. 윌리엄스는 포르노그라피를 정의하고 하나의 일관된 역사로 보는 것이 대단히 어려운 일임을 설파한다. 그녀에게 포르노그라피는 섹슈얼리티의 '쾌락'과 그 쾌락에 대한 '지식'을 가지고자 하는 욕망의 여러 형태 가운데 하나이다. 그런 면에서 윌리엄스는 1784년에 씌어진 디드로의 우화 ≪경솔한 보석 *The Indiscreet Jewels*≫이나 1960년대 이후의 포르노그라피 영화를 모두 푸코가 지적한 "섹스에 대해 끊임없이 말하고자 하는 근대적 충동"으로 본다(Williams, 1989: 2). 그리고 비벌리 브라운이 시도한 "가시성 *visibility*의 에로티시즘적 구성 안에서 성적 환상, 장르, 문화가 일치되는 것"으로서의 포르노그라피의 정의에 동의한다. 즉, 포르노그라피는 특정한 문화 안에서 그 문화의 고유한 성적 환상이 포르노그라피라는 장르로서 구현된다는 것이다(Brown, 1981: 10). 이는 포르노그라피의 시대적·문화적 상대성을 강조하는 것으로 한 시대와 문화를 사는 사람들에게는 자명한 개념이기도 하다. 그런 의미에서 미국 판사 포터 스튜월트 Potter Stewart의 유명한 발언인 "그것이 무엇인지는 모르지만 보면 알 수 있다"가 상식적인 진리를 포함한다(Williams, 1989: 5).

그런데 페미니즘의 시각에서 문제가 되는 것은 포르노그라피는 배타적으로 남성적인 시각에서 성을 이야기한다는 것이다. "성에게 있어 섹슈얼리티 역사 가운데 변함없는 것은 지배적 남성 경제 밖에서 여성 자신들의 쾌락을 상상할 수 없다"는 점이다(Williams, 1989: 4). 하지만 윌리엄스는 포르노그라피의 이러한 성향이 포르노그라피에 대한 담론을 검열의 문제로 한정시키는 것에 대해 부정적이다. 그녀는 이 포르노그라피라는 장르가 과연 무엇이며 이를 그렇게 인기 있게 만드는 것이 무엇인가를 생각해 볼 필요가 있다고 주장한다. 이는 윌리엄스의 포르노그라피론을 반검열주의적 진영에 합류하게 한다.

포르노그라피에 대해서 페미니스트들은 두 진영으로 나뉜다. 하나는 포르노그라피를 검열해 없애야 한다는 반포르노그라피 진영이다. 안드레아 드워킨, 캐서린 매키넌, 수잔 그리핀, 수잔 케플러 등으로 대표되는 이들의 주장은 1980년대 중반 레이건 정부에서 선임하여 포르노그라피의 실태를 조사한 미즈위원회(The Meese Commission)의 제임스 돕슨의 표현으로 잘 집약된다.[1]

포르노그라피는 여성을 비하시킨다……. 이는 그것을 흥분을 유발시키려고 이용하는 남성들이나 소년들의 음란한 쾌락을 위해 주로 공급된다. 증거를 쉽사리 얻을 수는 없지만 공급받게 된 일부 위험한 소수는 가까운 데 있는 접근 가능한 여성들에게 공격적으로 행동하려 한다는 것이 내 믿음이다. 포르노그라피는 이론이고 강간은 실천이다.

포르노그라피는 폭력이며 이는 여성을 해친다는 이 미즈위원회의 논지는 이후 미국에서의 포르노그라피에 대한 일반적인 담론을 이끌어 나간다. 드워킨과 매키넌은 이러한 논지의 공급자들인데, 드워킨은 "포르노그라피의 목적의 전부는 여성을 해치기 위해서이다"라고 명확히 선언한다.[2] 매키넌은 다음과 같이 말한다.

포르노그라피는 섹슈얼리티가 사회적으로 구축되는 수단이며 구축의 현장이며 실행의 영역이다. 그것은 여성을 성적 이용을 위한 물건으로 구축하며 그 소비자로 하여금 여성을 필사적으로 원하게 하여 여성을 소유하고 잔혹함과 비인간화를 원하게 하기 위해서이다.[3]

---

1. Attorney General's Commission on Pornography, 1986. 1, p.78.

2. Philip Elmer-Dewitt, "On A Screen Near You: Cyberporn," p.5, http://cgi.pathfinder.com/time/magazine/archive/1995/950703/950703.cover.html.

3. Douglas Birsch, "Sexually Explicit Materials and the Internet,"

더글러스 버쉬는 이 논리를 세 단계로 나누어 설명하는데,[4] 첫째, 포르노그라피는 그 제작에 참여한 여성들에게 해롭다. 둘째, 포르노그라피는 여성을 대상으로 한 폭력적 범죄를 유발하므로 이 범죄의 대상자인 여성들에게 해를 끼친다. 셋째, 포르노그라피는 열등한 여성의 이미지를 창조하고 동등하고 독립적인 인간으로서의 여성의 지위를 손상시키므로 여성에게 해롭다. 포르노그라피에서 많은 경우 여성들은 강간을 당하고, 맞고, 고문을 당하고, 묶이고, 폭력을 당하고 심지어는 죽임을 당한다. 다시 말해 포르노그라피는 성 차별적 사회에 있어 성 현실의 일부이고 남성들에게 여성은 성적 대상이며 열등하고 이용되고 지배당하기를 욕망하는 이미지를 보여 준다는 것이다. 이 반포르노그라피 논리를 극단적으로 끌고 나가면 포르노그라피는 언론 *speech* 이기보다는 행동 *conduct* 이다. 그래서 포르노그라피는 언론의 자유 조항의 혜택을 받기보다는 검열의 대상이 되어야 하며 궁극적으로 금지되어야 한다는 것이다.

포르노그라피를 반대하는 것이 페미니즘의 대세이지만 찬포르노그라피 혹은 최소한 반검열을 주장하는 페미니스트들의 목소리도 작지 않다. 이 페미니스트 진영은 미국 수정 헌법 제1조의 언론의 자유를 포르노그라피에도 적용시켜야 한다고 생각한다. 찬포르노그라피 진영의 대표로는 미국 시민 자유 연합의 회장인 나딘 스트로센을 들 수 있다. 스트로센은 그녀의 저서 ≪포르노그라피를 변호함 *Defending Pornography* ≫에서 여성의 동등권에 진정한 적은 포르노그라피가 아니라 검열이라고 주장한다(Strossen, 1996). 그녀는 여성의 권리를 해치는 것은 성적 이미지나 단어들이 아니며 검열은 성 차별주의를 줄이지 않는다고 역설한다. 그녀는 심지어 포르노그라피는 그 제작에 종사하는 사람들에게 해방적일 수 있다는 포르노 유용론까지 편다. 스트로

---

http://www.december.com/cmc/mag/1996/jan/birfvop.html.

4. Douglas Birsch, 위의 글.

센이 언론의 자유의 개념에 근거하여 반검열의 당위성을 주장하는 반면 린다 윌리엄스의 반검열론은 좀더 복잡한 논리에 기인한다. 윌리엄스는 첫째, 포르노그라피의 재현 방법이 대체로 성 차별주의적이라는 것을 인정하지만 그 재현 방법들 중에서도 구체적으로 어떤 것들이 성 차별적인지 그리고 그 이유가 무엇인지에 대해 합의가 이루어지지 않고 있다는 것, 둘째, 성행위를 지나치게 '드러나게 *explicit*' 재현하는 것이 성 차별적 억압의 가장 중요한 요소는 아니라는 데서 반포르노그라피 진영과 의견을 달리 한다. 다시 말해 윌리엄스는 "사회 구축론 *social construction*"을 주장하는 페미니스트로서 섹슈얼리티를 '구축'하는 데는 역사적·사회적 요소들이 작용하기 때문에 '정상적인' 섹슈얼리티를 사회적으로 규정하는 것에 반대한다. 그녀는 어떤 이상적이고 올바른 섹슈얼리티가 존재한다는 것을 부정하고 다양한 섹슈얼리티의 표현을 옹호한다(Williams, 1989: 23). 윌리엄스를 비롯한 반검열주의 페미니스트들은 페미니즘의 중심이 되는 운동으로서 포르노그라피의 문제를 선택하는 것을 반대한다. 그들은 포르노그라피를 무조건 부정하기보다는 포르노그라피의 몸을 도구화함으로서 쾌락을 추구하는 구조를 하나의 문화적 증상으로 보자는 것이다.

윌리엄스는 포르노그라피의 문제는 무엇보다 여성의 섹슈얼리티와 성 주체성을 진지하게 다루지 않는 점이라고 생각한다. 윌리엄스는 그녀의 하드 코어 포르노 영화와 비디오 장르의 연구에서 포르노그라피란 무엇이며 그 문제는 무엇인지를 검토한다. 윌리엄스는 포르노그라피는 배타적으로 남성의 시각에 의해 표현되어져 왔다고 밝힌다. 다시 말해 포르노그라피는 독점적으로 남성의 성적 욕망과 환상을 만족시키는 것이다. 그래서 윌리엄스는 포르노그라피 영화의 대표적인 페티시는 남성의 쾌락의 증거로서 남성기의 사정을 보여 주는 "머니 숏 *money shot*"이라고 규정한다. 그러나 이 '머니 숏'은 하드 코어 포르노 장르의 필요 조건이지만 충분 조건은 되지 못한다. 즉, 이

하드 코어 포르노그라피라는 장르의 모든 것을 '가시성'으로 전환하려는 욕구는 시각적 재현 방법의 한계 때문에 완전히 충족될 수 없다는 것이다. 더구나 남성들은 이 장르를 통해 단순히 남성의 이성애적 쾌락보다 더 다양한 쾌락을 알고자 하고 특히 여성의 쾌락은 이 장르의 만족되지 않은 호기심의 대상이 된다는 것이다. 이 과정에서 여성의 섹슈얼리티는 여전히 남성적 시각에서 표현된다.

윌리엄스는 그러나 일방적으로 포르노그라피를 비판하지는 않는다. 사회 구축론적 페미니스트로서 그녀는 성에 대한 도덕적인 범주화나 정상적인 성과 비정상적 성에 대해 규정짓는 것에 대해 반대한다. 그래서 포르노그라피를 사회에서 보는 것처럼 도착 *perversion* 으로 보기보다는 성에 관한 하나의 담론으로 보고자 한다. 그리고 케이트 밀레트 Kate Millet 가 보는 것처럼 소프트 포르노 혹은 에로티카를 여성적인 섹슈얼리티로, 하드 코어를 남성적인 섹슈얼리티로 규정하는 것도 반대한다. 먼저 에로티카와 하드 코어를 구분하는 것부터 대단히 주관적인 기준이 작용하는데다가 포르노 장르로 규정되지 않은 여성용 로맨틱 소설 등이 점점 명백한 성적 표현을 사용하는 경향 등을 보임으로써 그러한 구분이 정당성을 잃어가고 있다. 또한 윌리엄스는 하드 코어 포르노의 사도마조히즘 *sado-masochism* 의 표현이 여성에게 해롭다는 생각에도 회의를 표하는데, 포르노 영화에서 사도마조히즘은 실제의 행동이 아닌 환상의 표현이다. 우리가 남의 꿈을 검열할 수 없듯이 환상은 검열의 대상이 아니라는 것이다. 또한 이러한 사도마조히즘적 환상에서 반드시 남성 — 가해자, 여성 — 피해자의 패턴이 고수되지는 않는다. 즉, 여성이 가해자의 입장에 있는 환상도 많이 존재하며 이것을 반드시 여성에게 해롭다고 볼 수는 없다는 것이다.

윌리엄스는 포르노그라피가 특별한 의미에서 성적 일탈이라고 보지는 않는다. 동시에 성적 담론이 증가할수록 우리의 몸과 쾌락에 대한 억압적 통제도 증가한다는 푸코의 담론 이론에 동의하지만 섹슈얼리티에 대한 다양한 담론의 존재는 여성 / 남성, 사디즘 / 마조히즘, 능동적 / 수동적, 주체 / 객체 등의 양분법에 대한 등위를 무너뜨릴 가능성을 제시한다고 생각한다. 윌리엄스는 성적 쾌락이 기능 중심의 번식, 사랑, 타자의 통제, 오르가슴 등의 목적을 가지고 있다고 간주될 때, 이는 남성적인 생산의 경제 안에 포함된다고 생각한다. 그러나 성적 쾌락이 생물적이고 사회적인 기능을 떠나 그 자체로 목적이 될 때, 방출 *release* 에 의지하거나 충족을 위해 사용되지 않고, 성적 주체가 끝없는 대체의 게임 속에서 교환적 가치로 성적 대상을 볼 때, 섹슈얼리티는 여성적 소비 경제에 머무르게 된다. 윌리엄스는 현재의 하드 코어 포르노그라피는 이런 면에서 긍정적인 면을 보인다고 생각한다. 그녀는 현재의 하드 코어 포르노그라피에서 생산 지향적 의식 구조, 엄격한 성의 구분, 통제의 필요에 근거하는 19세기형의 섹슈얼리티로부터 끝없는 쾌락과 변환적 성관계, 그리고 자기 포기의 의식 구조로의 전환을 목격하기 때문이다(Williams, 1989: 273). 물론 이러한 의식 구조가 도착적 성의 표현에 의해서 가능하기는 하지만 그래도 여성의 섹슈얼리티를 포함하고자 시도하는 데서 좀더 민주적이라고 할 수 있다.

윌리엄스의 포르노그라피에 대한 태도는 조금 모호하다. 윌리엄스 자신과 자신이 포함된 진영의 포르노그라피에 대한 태도는 정확히 말해 반대에 대한 반대라고 할 수 있는데, 다시 말해 포르노그라피에 대한 반대나 혹은 그 검열을 반대한다는 것이다. 윌리엄스는 포르노그라피에 대한 적나라한 비난이나 옹호를 모두 피하고자 한다. 현재의 포르노그라피는 대단히 다양한 양상을 보이는데, 윌리엄스는 기존의 남성적 이성애적 '정상성'과 도착적 다양성이 서로 대치하는 상태이지만 다양한 종류의 포르노그라피가 존재한다는 것은 긍정적인 현상이라고 본다. 성에 대한 언술이 다양해질수록 여성에 의한, 여성적 시각에 의한 성 담론의 가능성이 높아지기 때문이다.

2. 사이버 포르노에 대한 페미니즘적 시각

사이버 포르노에 대한 통일된 페미니즘적 시각은 아직 찾아보기 힘들다. 이는 사이버 포르노가 비교적 짧은 역사를 가지는 현상이고 여기에 대한 비평적 담론이 다양하지 않기 때문이다. 더 중요한 이유는 사이버 포르노 자체가 대단히 이질적인 두 현상의 결합이기 때문이다. 포르노그라피가 가부장적 사회에서 형성되는 남성적인 섹슈얼리티의 특성을 잘 반영하는 남성적인 혹은 남성 위주의 현상이라면 사이버라는 새로운 기술과 공간은 여성적인 특징을 포함하고 그 때문에 현재의 성적 역학에 어떤 변화를 줄 것이라고 기대된다. 사이버 페미니즘이라고 지칭되는 페미니즘의 부류에서는 사이버 공간이라는 것이 여성적인 특성과 잘 부합되며 같은 맥락으로 정보화 사회도 여성의 특성과 더 잘 맞는다고 주장한다.5 또 사이버 공간에서는 성적 구별이 중요하지 않기 때문에 신분과 직급에 관계없이 정보가 자유롭게 흐르는 사이버 공간이 바로 여성이 바라는 사회라는 것이다.

하지만 일부 페미니스트에게는 사이버 포르노와 일반적인 포르노그라피 사이에는 별다른 차이가 존재하지 않는다. 매키넌은 여성은 포르노그라피가 만들어 질 때 그리고 그것이 소비될 때마다 폭력에 처해진다고 간주하며 따라서 "사이버 공간에서의 포르노그라피의 문제는 그것이 다른 모든 곳에서 제기하는 문제와 같다. 즉, 그것에 대해 대처를 해야하는가 하는 것이다"라고 주장한다.6 이들에게는 사이버 공간에서 포르노그라피가 나타나는 현상 자체가 사이버 공간의 성적 이상향을 무너뜨리는 일일 것이다. 반면에 슬라보예 지젝 같은 학자는 사이버 섹스라는 사이버 공간에서의 성적 경험이 사이버 시대의 특색을 반영하는 것으로 본다. 지젝은 사이버화가 우리 기존의 인식

---

5. 김진경, "페미니즘? 피메일리즘? 결론은 동등한 인격," 동아일보, 1998. 8. 2.

6. Philip Elmer-Dewitt, 위의 글.

적 경험을 바꾼다고 생각하는데, 그것은 컴퓨터화가 기존의 인식적 경계를 무너뜨리는 경향이 있기 때문이다. 즉, '실제의 삶'과 그것의 시뮬레이션 사이, 객관적 사실과 그것에 대한 우리의 잘못된(혹은 환상적) 인식, 그리고 나의 순간적 정서, 감정, 태도 등과 내 자신의 나머지 진수(hardcore) 사이의 경계를 위협하기 때문이라는 것이다(Zizek, 1997: 133). 예를 들어, 생명 공학의 새 기술은 자연적인 생명과 인공적으로 발생된 생명 사이의 구분을 없애므로 기술은 더 이상 자연을 모방하지 않고 자연적인 현실 자체가 무엇을 모방하는 것이다. 다시 말해 모든 생명의 궁극적인 사실은 기조적인 구조인 DNA이다. 또 가상 현실 virtual reality 이 실제의 현실의 경험을 발생시키는 것이 가능하기 때문에 가상 현실은 실제의 현실과 그 모사 사이의 차이를 없앤다. 또한 사이버 공간에서 복수 사용자 도메인 multiple user domains 기술은 자신 self 이나 정체성의 개념을 무의미하게 하여 일상 생활에서 해체된 '탈중심적 주체'를 느낄 수 있게 한다. 앞의 세 단계는 사슬로 연결되는데, 먼저 객관적 사실 안에서 '자연적 혹은 유기적'인 것과 '인공적'인 것의 구분이 없어지고 다음으로 객관적 사실과 그것의 겉모습 사이, 그 다음으로 그것들(객관적 사실이든 그 겉모습이든)을 감지하는 주체의 정체성의 경계가 모호해진다.

　지젝은 사이버 섹스가 이러한 인식적 변화를 잘 나타내는 예라고 생각한다. 사이버 섹스는 실제의 신체적 접촉이 없이 화면에서 파트너와 섹스 게임을 하거나 메시지를 교환함으로써 성적으로 흥분되거나 심지어 오르가슴을 얻게 되는 것을 말한다. 지젝은 사이버 섹스의 가상성은 이러한 의도된 결과를 얻는 데 전혀 장애가 되지 않을 뿐 아니라 오히려 그 거리와 기술의 중재가 더 효과적일 수도 있다고 말한다. 나중에 파트너를 실제로 만나게 되면 실망하거나 열이 식기도 하기 때문이다. 따라서 파트너가 피와 살을 가진 살아있는 사람이든 단지 화면 안의 기호이든 사이버 섹스를 진행시키는데는 차이를 가지지 않는다. 또한 사이버 공간에서 우리는 몸의 제한을 벗어난다. 우리는 사이버 공간에 우리의 몸을 끌고 들어가지 않는다. 여기서 마음과 몸이란 내부와 외부의 경계는 허물어지고 마음과 전자 신호는 직접 만나게 된다. 사이버 섹스는 테크놀로지의 매개와 가상 현실을 통해 실제의 육체적 반응을 가능하게 한다는 것이다. 이런 의미에서 사이버 포르노는 가상 현실과 실제 현실의 구분을 무의미하게 하는 사이버화의 특색을 공유한다고 할 수 있다.

기존의 포르노그라피와 사이버 포르노의 차이는 무엇보다 그 재생 시그널의 속성에 있다. 기존의 포르노그라피는 아날로그 방법으로 재생되고 사이버 포르노는 디지털로 재생된다. 아날로그적 재생 방법은 재생되는 실제의 물질적 대상이 반드시 존재함을 의미한다. 반면에 디지털적 재생 방법은 실제의 원본이 없이도 가능하다. 물론 이러한 기존의 포르노그라피와 사이버 포르노의 기술적 속성은 실제로 이 둘의 겉모습에 아직은 큰 영향을 미치지는 않는다. 앞에서도 언급했듯이 사이버 포르노의 대부분은 기존의 잡지를 스캔하거나 비디오를 저장한 것이기 때문이다. 하지만 이러한 기술적 차이는 다른 매체의 포르노그라피의 수용 자세에 차이를 초래할 수 있다. 지젝은 사이버 공간에서 우리는 자신의 몸에 대한 의식을 감소시키고 정체성을 변환시키며 나의 새로운 면을 발견하게 된다고 생각한다. 이는 성 정체성이나 도덕적 의무로부터의 일시적인 해방을 의미할 수도 있다. 즉, 사이버 포르노의 이용자는 젠더의 전형성이나 도덕적인 제재로부터 자유로워질 수 있는 가능성을 가진다는 것이다.

다시 말해 사이버 포르노는 포르노그라피의 소외 계층이었던 여성을 소비자로 끌어들일 수 있는 가능성을 제시한다. 포르노그라피가 페미니즘과 충돌하는 가장 큰 이유는 포르노그라피가 여성을 대상화하기 때문이다. 여성은 포르노그라피의 제작이나 소비에 있어 주체가 아닌 객체로 남아 있는 경우가 많다. 포르노그라피는 남성의 성적 환상을 위해 남성의 시각에서 만들어지며 남성적 환락을 만족시키기 위해서라는 것이 페미니즘의 시각이다. 여기서 여성과 여성의 몸은 이를 위한 도구로 전락하고 그 과정에서 여성에 대한 학대가 자행되기도 한다는 것이다. 이러한 포르노그라피의 텍스트 구조는 여성이 그 소비자가 되는 것을 장려하지 않는다. 또한 여성이 성적 쾌락을 적극적으로 추구하는 것에 대한 사회적인 금기도 여성이 포르노그라피의 적극적인 소비자가 되는 것을 막아 왔다.

하지만 페미니스트의 일각에서는 포르노그라피를 전적으로 반여성적인 것으로 치부하는 것에 대해 이의를 제기한다. 린다 윌리엄스는 반포르노그라피 페미니스트들이 남성의 섹슈얼리티는 포르노그라피적이고 여성의 섹슈얼리티는 에로틱한 것으로 구분을 해 왔지만 최근에는 이러한 구분이 점점 무너지고 있는 현상을 지적한다. 예를 들어, 대중적 시장을 겨냥한 로맨스 소설이 성적으로 점점 더 노골적으로 되어간다든지 예전에는 남성만을 겨냥하던 하드 코어 포르노그라피 영화가 이제 커플이나 여성용 시장으로 확장되었다. 또 종래와는 확연히 다른 이성애적 하드 코어 비디오를 만들어 내는 여성 감독이 있고 사도마조히즘적 환상을 자축하는 레스비언 포르노그라피도 등장했다(Williams, 1989: 6). 윌리엄스는 이러한 포르노그라피의 다양한 섹슈얼리티의 추구를 통해 여성들에게 더 많은 성적 시민권을 기회를 부여하고 계급적 양분을 무너뜨리며 탈성적 리비도로 나아갈 가능성을 보인다고 말한다(Williams, 1989: 274).

사이버 포르노가 그 사이버 공간의 인식론적 경험의 차이 때문에 여성의 참여를 권장할 수도 있다는 가능성은 아직은 현실적으로 이루어지지 않고 있는 것으로 보인다. 1995년 발표되어 많은 논란을 불러일으킨 카네기 멜론 대학 연구서인 마틴 림 Martin Rimm 의 《정보화 초고속 도로에서의 포르노라피 마케팅Marketing Pornography on the Information Superhighway》은 온라인 포르노 소비자의 98.9%는 남성이라고 밝히고 있다.[7] 그리고 1.1%의 여성들 가운데 대부분은 게시판 운영자들에 의해 고용되어 대화방에 머무름으로써 남성 고객들을 편안하게 해 주도록 게시판 운영자들에게 고용되어 있다. 물론 이 통계 자체의 정확성과 신뢰성에 대해서는 많은 개선의 여지가 있다. 무엇보다 소비자가 자신의 성을 솔직하게 밝히는 지에 대해서도 회의를 가질 수 있다.

국내에서 일어난 한 사건은 사이버 공간과 포르노그라피의 결합이 가져올 수 있는 새로운 결과에 대해 시사하는 바가 크다. 바로 'O양 비디오'라고 불리는 이 개인적인 포르노그라피는 컴퓨터라는 매체를 통해 대단히 넓고 빠르게 소비되었다. 정보통신윤리위원회의 자료에 따르면, 이 비디오를 본 사람은 한국 인터넷 이용자의 60% 정도인 600만 정도로 추산된다고 한다.[8] 물론 이 포르노그라피의 대중적 인기는 이미 이름이 잘 알려진 여배우가 등장하는 데 있을 것이다. 이는 배우들의 사생활이 세인들의 호기심을 끄는 것과 똑같은 이유로 소비되었을 것이다. 그런데 이 영상물은 애초에 비디오로 제작되었음에도 불구하고 이를 넓게 유통시킨 매체는 바로 컴퓨터였다. 1998년 12월에 처음 등장한 'O양 비디오'는 1999년 1월말~2월초에 세운 상가 음란 비디오 업자들에 의해 입수되 개당 30만~100만 원씩 거래되었고 인터넷 포르노 사이트에도 올랐다. 이후 세운 상가본은 1개월여 만에 동영상 파일로 만들어져 CD롬으로 대량 복제되어

---

7. Philip Elmer-Dewit, 위의 글, p.2. 이 연구는 18개월 동안 인터넷에서 19만 7410건의 성적으로 노골적인 그림, 묘사, 짧은 이야기, 그리고 영화 장면들을 확인했다. 유스넷 Usenet 뉴스 그룹에서 저장된 디지털 영상의 83.5%가 포르노그라피였다. 이 성적인 영상의 71%는 성인 위주의 게시판 시스템에서 나왔는데 이 시스템 운영자들은 자신들이 소장한 포르노그라피를 미끼로 한 달에 10~30달러 정도의 요금을 정하고 있다.

8. 동아일보, 2000. 4. 24. 일부 인터넷 전문가는 'O양 비디오' 사건이 한국 인터넷 보급에 기여한 측면이 있다고 말하는데, 실제로 '빨간 마후라'나 연예인 누드 비디오가 유통되던 1997년에는 국내 인터넷 이용 인구가 120만 명 정도였는데, 'O양 비디오' 사건 이후 1999년 초에는 300만, 그 해 말에는 1000만을 돌파했다는 통계가 있다.

개당 1만 2000원에 거래되고 대학 및 기업체 등의 인터넷 서버를 통해 광범위하게 다운로드되었다. 인터넷이라는 사이버 공간을 통해서 이 포르노그라피는 날개를 달게 된다. 28분짜리 동영상으로 된 인터넷 사이트본은 넷 정보와 입소문 등을 통해 유료 접속과 네티즌 간 전자 우편 전송으로 순식간에 전파되었다. 인터넷에 올려진 이 포르노를 다운 받는 것은 이것을 비디오 가게에서 빌리거나 시장에서 CD를 구입하는 것과는 비교할 수 없는 신속성과 편리함, 그리고 익명성을 보장한다. 특히 익명성은 여성 소비자의 입장에서 대단히 중요한 요소일 것이다. 그래서 'O양 비디오'는 여성들에게도 널리 노출되었다. 여성들에게는 이 'O양 비디오'가 유명한 탤런트의 작품이라는 것 외에도 평소 때 쉽게 접할 수 없는 포르노그라피라는 것이 또다른 소구의 이유가 되었을 것이다. 어쨌든 'O양 비디오'는 사이버 포르노의 매체적 특성이 포르노그라피 수용의 젠더적 변수에 미칠 수 있는 영향의 한 예를 보여 준다. 'O양 비디오'를 본 여성들의 수가 얼마나 되는지는 통계로 잡을 수 없지만 실제로 젊은 층을 중심으로 이 비디오를 보았다는 여성들을 많이 접할 수 있다.

인터넷상의 포르노그라피는 다른 매체에 비교할 수 없이 빠르고 넓은 확장력을 가지고 있다. 미국의 여배우 파멜라 엔더슨의 성행위 비디오도 인터넷에 공개됨으로써 인터넷상의 엄청난 파장을 일으켰다. 엔더슨과 남편 토미 리가 알몸으로 침실과 자동차에서 성행위를 벌이는 동영상이 인터넷에 유출된 뒤 인터넷 엔터테인먼트 그룹(IEG)은 그것을 "Pam & Tommy Lee: Hardcore & Uncensored"라는 제목의 75분짜리 비디오로 판매하고 인터넷에도 공개하였다. 이들 부부는 캘리포니아 지방 법원에 사생활 침해를 이유로 이 비디오의 유통 판매를 중지시켜 달라고 요청하였으나 받아들여지지 않았다. 담당 판사는 과거 토미 리가 IEG와 맺은 계약에 따라 이 비디오에 대한 모든 법적 권리를 포기했음을 상기시켰다. 이 후 이들 부부는 IEG와 비디오 판매에 대한 정식 계약을 맺었다. 비디오는 개당 35.95달러에 판매되어 1998년 한 해에만 100만 개가 팔렸다. 비디오 판매로 인한 이들 부부의 수입은 1500만 달러에 이를 것이라는 전망도 나오고 있다. 이 비디오가 인기를 끌게 되자 그녀의 전 애인인 그룹 포이즌의 멤버 브렛 마이클과의 정사 장면도 인터넷에 올랐다. 엔더슨은 이번에도 인터넷 사이트와 비디오 가게에서의 유통을 금지해 달라고 소송을 냈으나 법원은 1997년에 엔더슨이 유통에 합의했다는 이유로 이를 기각했다. 월스트리트에서는 이러한 사건으로 인해 엔더슨의 부가가치 창출액이 7700만 달러이다. 월드 와이드 웹상 전체 1억 5000만여 개의 웹 페이지 가운데 0.1%가 그녀의 이름을 걸고 있고 그녀의 이름을 조회하는 수가 하루 9000건에 이르고 있는 것으로 조사되었다.

3. 사이버 포르노란 여성에게 무엇인가

포르노그라피는 오랫동안 그리고 지금도 여성들에게 적으로 여겨져 왔다. 페미니스트들은 포르노그라피가 여성에게 가해지는 폭력이며 여성을 성적인 대상화한다고 비난한다. 실제로 포르노그라피의 내용은 이러한 비난을 정당화시키는 경우가 많다. 여성에 대한 강간이나 폭력이 많이 묘사되고 있고 여성은 남성의 성적 즐거움을 위한 도구로 이용되는 경우가 많기 때문이다. 그래서 포르노그라피가 실제 폭력의 직접적인 자극이 된다고 여겨지기도 한다. 하지만 이 비난조차도 포르노그라피가 남성을 위한 재현물이라는 것을 전제로 포르노그라피가 남성에 미치는 영향을 기준으로 한 사고인 것이 사실이다. 여기서 여성이 포르노그라피를 즐긴다는 것은 여성이 남성 박해자와 공모를 하거나 자학적인 성 도착증적 증상으로 치부되는 정도이다. 여성이 포르노그라피를 보면서 정치적으로 옳은 쾌락을 느낀다거나 심각한 자기 모색을 할 가능성은 별로 제기되지 않았다. 이런 의미에서 린다 윌리엄스의 논조는 예외적이라 할 수 있다.

　여기에 사이버 포르노는 여성과 포르노그라피의 관계에 새로운 국면을 첨가한다. 사이버 공간은 새로운 인식적 경험을 하게 한다. 사이버 공간은 우리가 흔히 포스트모던적, 혹은 해체적이라고 간주하는 현상들이 집중적으로 발생하는 공간으로서 지젝은 유기적 *living*인 것과 기계적인 것, 객관적 현실과 그의 모사, 그리고 나 자신의 안과 밖, 나와 타인의 경계 등이 허물어지는 인식적 경험을 얘기한다. 이 인식적 변화는 여성이 사이버 포르노를 어떻게 소비할 것인가에 대해 많은 가능성을 시사한다. 사이버 공간은 우리에게 탈성화된 리비도를 가능케 할 것인가? 그렇다면 포르노그라피의 성 정치적 문제는 어떤 의미를 가질 것인가? 이것은 여성이 사이버 포르노를 적극적으로 즐길 수 있는 가능성을 부여하는가? 이것은 여성의 섹슈얼리티의 탐색이라는 면에서 어떤 기여를 할 수 있을 것인가?

　이는 쉽사리 대답할 수 없는 복잡한 문제들이다. 사이버 포르노의 소비자들에 대한 보다 철저한 통계에서부터 시작하여 그들의 심리에 대한 사회학적이고도 심리적인 연구들을 필요로 한다. 그러나 그 이전에 우리가 확인할 수 있는 것은 사이버 포르노의 익명성이 더 많은 여성들을 소비자로 끌어들인다. 이는 단순히 여성권의 확장으로 자축할 일도 여성의 부패로 비난할 일도 아니다. 하지만 사이버 포르노든 전통적인 포르노그라피이든 이것들이 존재하고 있는 한 여성들이 그것을 피하기만 하는 것이 능사는 아니다. 여성들은 그것을 알 필요가 있고 또 비판적으로 소비할 필요도 있다. 그래서 사이버 포르노에 대해서는 도덕적인 평가보다는 일단 여성들이 포르노그라피를 적극적으로, 자발적으로 소비할 수 있고 그럼으로써 포르노그라피에 대한 능동적인 평가를 할 수 있는 가능성을 열어 주어야 한다.

Brown, B. (1981). "A Feminist Interest in Pornography-Some Modest Proposals," *m/f*, 5/6, pp.5~18.

Dyer, R. (1985). "Male Gay Porn: Coming to Terms," *Jump Cut: A Review of Contemporary Media*, 30, pp.27~9.

Dworkin, A. (1979). *Pornography: Men Possessing Women*. New York: Perigee Books.

Foucault, M. (1978). *The History of Sexuality*, Vol. 1, Robert Hurley (trans.), New York: Pantheon Books.

MacKinnon, C. (1987). *Feminism Unmodified: Discourses on Life and Law*. Cambridge, Mass.: Harvard University Press.

Williams, L. (1989). *Hard Core: Power, Pleasure, and the Frenzy of the Visible*. Berkeley & Los Angeles: University of California Press.

Žižek, S. (1997). *The Plague of Fantasies*. London: Verso.

2. 인터넷 포르노의 유통과 자율 규제

성동규

1. 인터넷과 포르노그라피

인류 역사상 가장 빠르게 확산되는 매체, 인터넷이 우리에게 소개된 지 5년 만에 인터넷은 생활의 중요한 부분이 되었다. 한국의 경우 인터넷 이용이 시작되었던 1995년 당시만 해도 인터넷은 단순히 정보를 찾아보고 전자 우편을 주고받는 커뮤니케이션 수단으로만 취급되었다. 그러나 인터넷 이용 인구가 급격히 증가하면서 어느새 인터넷은 우리 생활 속에 깊숙이 파고들었을 뿐 아니라, 단순한 커뮤니케이션 매체에서 한 나라의 경쟁력을 구성하는 주요 요인으로 인식되고 있다. 이른바 신경제, 디지털 경제로 통칭되는 것이 모두 인터넷에 기반한 경제의 변화라는 것은 주지의 사실이다.[1] 이에 따라 개인에게 있어서도 인터넷은 생존을 위한 기본적 수단, 즉 '생존 인프라'가 되었

· 이 글은 2000년 5월 연세대학교 언론연구소 주최 학술 세미나에서 발표한 내용을 수정·보완한 것임.

1. 이에 대해서는 Department of Commerce, *Emerging Digital Economy* 1(1997), 2(1998)를 참조. 이 보고서에 대한 한국어판은 미국 상무부, ≪디지털이 경제다≫, 박창헌 옮김, 커뮤니케이션북스, 1999가 있다.

다. 이제 인터넷은 우리의 삶을 구성하는 일부분으로 그 위상과 역할이 크게 신장된 것이다. 이렇듯 인터넷 이용이 일상화되면서 초기에 인터넷 이용을 위한 기술적 환경 조성에 중심을 두었던 것이 이제 인터넷의 내용에 비중이 더 가는 것은 아마도 당연한 과정일 것이다.

인터넷의 내용과 관련하여 초기부터 가장 첨예한 문제로 제기되어 온 것이 바로 포르노그라피[2] 유통 문제다. 전세계를 연결한 망을 타고 아무런 제약 없이 넘나드는 정보들. 그 연결망이 이제 단순한 망이 아니라 하나의 사회적 공간으로 발전하고 있다는 의미에서 하우벤은 망 속에서 활동하는 사람들을 일컬어 네트워크 *network* 와 시민 *citizen* 을 합성하여 네티즌 *netizen* 이라 불렀다. 그러나 자유로운 정보 유통은 이를 통한 경제적 이익의 실현 문제와 갈등하기 시작하였다. 그 대표적인 예가 바로 인터넷 포르노그라피인 것이다. '정보 공유를 위한 수평적 네트워크'를 기본 정신으로 삼는 인터넷을 이용하는 사람들에게 '인터넷의 정보 = 공짜'라는 등식은 이미 뿌리 깊은 것이었다. 인터넷상의 포르노그라피도 처음에는 무료로 서비스를 기본으로 하며 성 관련 제품의 판매에 주력하는 듯하더니, 시간이 지남에 따라 인터넷의 멀티미디어 기능을 토대로 유료 서비스에 나서기 시작하여 거의 유일하게 수익 모델 창출의 대표적 영역으로 인식되었다.[3] 그리고 부족한 부분은 광고를 통하여 보충하기 시작하였다. 이러한 과정

---

2. 포르노그라피 *pornography* 라는 용어는 우리가 흔히 사용하는 음란 *obscenity* 이나 외설 *indecency* 과 구별할 필요가 있다. 포르노그라피는 어원상 '창녀의 문서'라는 의미이지만 최근에는 '인간의 성욕을 자극하는 인위적 제작물'이라는 조금은 넓은 의미를 지닌다. 따라서 포르노그라피에는 예술 작품이나 과학적 사실, 노골적인 성교 등의 다양한 층위를 포함하는 개념이다. 반면 음란은 포르노그라피 가운데 유해성이 인정되어 법적인 판단을 받은 것을 말하고, 외설은 음란의 문제가 미디어와 관련된 경우 사용하는 것이다. 따라서 포르노그라피라는 용어는 성적인 표현물 가운데 유해성이 판명되지 않은 표현물을 가리키는 몰가치적인 개념이라는 것을 먼저 밝혀 둔다. 이에 대해서는 성동규, "인터넷 포르노그라피 규제 방안," <언론연구>, 제6호, 한국언론연구원, 1996, pp.93~7 참조.

3. 이에 대해서는 성동규·김왕석, "사이버 포르노의 현실적 규제 방안 연구," 한국언론학회 봄철 정기 학술 발표회 논문집, 1997, pp.319~35 참조.

표 1. 주요 검색 엔진의 검색어 10위

검색 엔진 / 순위	Altavistar	Yahoo	까치네
1	sex	sex	오현경
2	nude	hotmail	야설
3	Picture	chart	sex
4	JPG	mp3	포르노
5	software	pokeman	섹스
6	Windows	playboy	mp3
7	Adult	Lycos	O
8	Woman	XXX	오양
9	naked	Game	대화방
10	Erotic	porn	한국

출처: 성동규, "인터넷 포르노그라피의 제도적·기술적 규제 방안의 현실화," 정보통신윤리위원회 세미나 자료집, 1999.

에서 인터넷 이용자는 '볼 만한 정보 = 유료'라는 등식을 각인했고 인터넷은 상업화되기 시작했다.[4] 더욱이 포르노그라피 사이트가 제공한 다양한 디지털 저작물에 이용자들이 열광했다는 점이다.[5] 인터넷

---

4. 실제로 1990년대 중반 인터넷에서 상업적 이익을 올리는 부분을 일본 신문협회는 *Sex, Sports, Stock*의 3S를 제기한 바 있다. 자세한 것은 일본신문협회 편, ≪신문의 미래≫, 김두겸·오춘애 옮김, 삼성언론재단, p.127 참조.

5. 실증적인 자료는 없으나 인터넷 포르노그라피가 인터넷 발전에 기여했다는 의견에 대해 이견이 없을 것이다. 그동안의 뉴 미디어 수용 과정을 살펴보면, 뉴 미디어는 항상 포르노그라피와 깊은 연관이 있었다. 이에 대해서는 웨이틍 링, "성 차별과 성 욕망의 억압적 담론," ≪성·미디어·문화≫, 정인숙 옮김, 나남, 1994, pp.288~99 참조.

비즈니스에서 포르노그라피의 경제성이 인정되면서 미국의 포르노 사이트인 eFox는 증권 당국에 1주당 6달러씩 주식 공개를 신청했다. 이처럼 주식 시장에까지 포르노 산업의 진출이 도덕적으로 올바른가에 대한 논쟁이 증권가는 물론 사회 각계에서 치열하게 전개되고 있는 상황이다. 그러나 투자자들은 포르노 사이트가 야후나 아마존보다도 높은 매출 실적을 올리고 있으므로 eFox의 투자 가치를 높게 평가한다는 것이다.[6] 또한 독일의 유명한 포르노 사이트인 'Beate Uhse'는 1999년 4월 17일부터 새로운 주식 청약을 받았는데, 인터넷 포르노그라피 사이트의 수익성을 인정한 투자자들이 대거 몰려 모집 인원보다 15배나 초과하여 청약을 마감했다고 한다.[7] 이제 인터넷의 다양한 정보보다는 포르노그라피를 보기 위해 인터넷을 이용하는 섹티즌(Sextizen: Sex + Citizen)이라는 용어까지 등장하였다. 이에 인터넷을 통하여 전세계의 모든 포르노그라피가 유통되는 '지구촌 홍등가'가 될 것이며, 특히 포르노그라피의 영향을 받기 쉬운 미성년자마저도 지구촌 홍등가의 단골이 될 수 있다는 우려는 한두 해의 일이 아니다.[8]

2. 인터넷 포르노그라피의 내용과 여성

인터넷 포르노 산업은 초창기부터 계속적인 전성기를 맞이하고 있다. 2000년 10월 현재 인터넷상에는 15만여 개의 포르노 사이트가 존재하고 있는 것으로 추산되며, 닐슨 넷레이팅사에 따르면 네티즌의 포르노 사

---

6. 세계일보, 1999. 3. 27, 6면.

7. "독일 증시, 섹스주 돌풍," 한겨레, 1999. 4. 26, 6면.

8. 현재 인터넷의 내용이 다양해져 인터넷 포르노그라피에 접하는 특정 이용자가 상대적으로 줄었다고 판단해 볼 수 있지만 인터넷 포르노그라피는 아직도 인터넷 이용자 특히 남성 이용자에게는 매우 매력적인 대상임에 틀림없다.

이트 접속 건수는 2000년 1월 1750만 건으로 1999년 8월과 비교해 무려 40%나 증가했으며, 같은 기간 대표적인 포르노 사이트인 'PornCity.net' 의 접속 건수는 'ESPN.com'이나 'CDNOW.com,' 'barnesandnoble.com'을 훨씬 앞질렀다.[9]

국내의 경우도 인터넷 인구의 증가에 따라 인터넷 포르노에 접속하는 인구도 급격히 증가하고 있다. 네티즌 4859명을 대상으로 '네티켓, 사이버 음란물에 관한 네티즌의 생각'을 주제로 한 온라인 설문 조사를 실시한 결과, 전체 응답자의 76%가 인터넷 포르노를 보았다고 답변했으며, 1232명의 여성 응답자 중에서도 43%가 인터넷 포르노를 본 경험이 있는 것으로 조사되는 등 네티즌들이 광범위하게 인터넷을 통해 포르노에 노출되고 있는 것으로 나타났다.

또한 정보통신윤리위원회가 조사한 '인터넷 음란물 유통 실태'에 따르면 1998년 5월 국내 음란 사이트와 PC 통신 '성인방'에 대한 검찰의 대대적인 단속 이후 미국, 일본, 캐나다 등 해외로 거점을 옮긴 한국 음란 사이트는 100여 개에 달하고 있다. 종류별로 보면 집단 성행위 장면 등을 제공하는 사진 · 동영상 사이트 30여 곳, O양 비디오 등 개인 사생활을 몰래 촬영해 제공하는 몰래 카메라 사이트 20여 곳, 왜곡된 성을 소재로 한 음란 소설을 제공하는 '야설(야한 소설)' 사이트 20여 곳, 음란물 사이트의 순위를 제공하는 30여 곳 등으로 구분된다.

최근 들어 국내 성인물 사이트의 단속이 강화되자 국내에서 사이트를 운영하는 대신 한국 법규의 제한을 받지 않는 외국의 무료 홈페이지 업체 등을 통해 해외에서 운영되고 있다는 특징을 띠고 있다. 재미 교포나 유학생 등이 외국에서 사이트를 운영하는 경우엔 국내 법규로 제재를 가하기가 어렵다는 것을 이용하여 음란 포르노 사이트를 운영하고 있는 사례가 늘어나는데, 외국에서 포르노 사이트를 운영하는 방법은 다음과 같이 분류될 수 있다.[10]

---

9. 국민일보, 2000. 3. 22.

(1) 지오 사이트, 줌, 트리포드 등 외국의 무료 홈페이지 업체에 개인 포르노 홈페이지를 게시하는 경우다. 이들 무료 홈페이지 사이트들은 대략 10~20M의 용량 제한을 두기 때문에 다른 여러 곳에 링크를 하거나 데이터를 국내의 몇 군데 사이트에 분산해 두기도 한다.

(2) 외국에 서버를 두고 운영하는 곳, 또는 웹 호스팅에 개설하는 경우이다. 아예 한국인을 대상으로 외국의 웹 호스팅 업체를 통해 도메인을 등록하고 유료 운영을 해 주는 곳도 있다.

(3) 아예 미국과 일본의 해외 포르노 사이트들이 전문을 한글로 서비스하는 경우이다. 최근의 경우 대표적 일본 포르노 사이트인 'The city'가 한글 서비스를 제공하기 시작하였고 그 밖의 여러 외국의 포르노 사이트들이 한글 서비스를 통해 이용자들을 끌어들이고 있다.

한편 인터넷 포르노 사이트에서 제공하는 콘텐츠는 초기의 단순한 사진 형태에서 벗어나 갈수록 자극적인 내용들이 다양하게 제공되고 있는 추세이다. 제공되는 대표적인 콘텐츠는 야사(야한 사진), 야동(야한 동영상), 야겜(야한 게임), 야설(야한 소설) 등의 직접적인 음란물과 게시판, 해외 유료 성인 사이트의 아이디와 패스워드, 다른 인터넷 포르노 사이트의 소개 등을 하는 간접적인 음란물 등이 있다.

야사는 야한 사진의 약자로 음란 사진 그래픽 파일을 지칭하는 은어이다. 야사의 대부분은 하드 코어에 속하는 내용으로 여러 가지 포즈의 나체, 성기 클로즈업, 성행위 장면, 그룹 섹스, 자위 행위, SM, 동물과의 성행위, 용변 배설 장면 등이다. 야한 게임의 캡처 사진이나 포르노 만화 등도 여기에 속한다.

야동은 야한 동영상의 약자로 제작 형태에 따라 크게 세 가지로 구분된다. O양의 경우처럼 소장용으로 찍어 놓은 비디오가 인터넷에 유통되는 '셀프 카메라'류, 여관이나 비디오방 등에서 몰래 촬영한 '몰카'류. 국내 포르노 제작자가 만든 자체 제작 포르노류가 있다. 주요 내용은 일반적인 성행위, 자위, 기구를 이용한 성행위, 강간, 혼음,

---

10. 한국경제, 1999. 1. 20.

난교, 근친 강간, 동성과의 성행위, 동물과의 성행위, 변태 성행위, 어린이와의 성행위 등이 대부분이다.

야겜은 야한 게임의 약자로 음란 컴퓨터 게임을 의미하며 스트리퍼 게임과 어드벤처 게임이 있다. 스트리퍼 게임은 말 그대로 옷 벗기기 게임을 의미하며, 어드벤처 게임은 일정한 줄거리를 따라 게임을 진행하며 성적인 행위를 하는 게임이다. 이러한 야겜은 주로 강간이나 변태적인 성행위 등이 주로 나타난다.

야설은 야한 소설의 약자로 컴퓨터에서 볼 수 있는 소설을 생각하면 된다. 주요 내용은 근친상간, 강간, 난교, 변태, 성 추행, 윤간, 자위, 관음증, 수간, 동성애, 외도, 매춘 등 자극적인 내용을 담고있다. 사진이나 동영상처럼 직접 보는 게 아니기 때문에 더 강한 자극을 주도록 근친상간이나 강간 등 반윤리적인 내용이 많은 것이 특징이다.

간접적인 음란물인 게시판에서는 주로 섹스 파트너를 찾거나 다른 포르노 사이트를 소개하는 내용이 주를 이루며, 유료 사이트의 아이디나 패스워드를 제공하여 더 많은 이용자들 모으고 여러 사이트들이 서로서로 링크를 통해 소개함으로서 이용자들을 공유하고 있다.

문제는 인터넷상의 포르노가 기존의 미디어에서 제공되는 내용보다도 훨씬 자극적이고 엽기적인 내용까지도 담고 있어 중립적 의미의 '성 표현물 sexual material'의 단계를 넘어섰다는 점이다. 특히 성인 잡지나 에로 비디오 등 지금까지의 포르노물이 그렇듯이 가부장적 구조를 담지한 남성 중심적인 포르노가 대부분을 차지한다는 것이다. 물론 최근의 성에 대한 여성들의 인식이 바뀌어 포르노에 접하는 비율도 높아져 여성들만을 위한 사이트도 많이 생겼지만, 여전히 여성을 성적 소비 대상으로 그리는 사진이나 동영상들이 주종을 이룸으로써 정보의 공유 공간이라는 인터넷을 왜곡되게 발전시키는 중요한 요인으로 지적되어 왔다.

3. 인터넷 포르노그라피 규제

1) 인터넷 포르노그라피 규제 논쟁의 약사

앞서 살펴본 인터넷 포르노그라피의 악영향에 대한 우려는 이미 1995년 <타임>의 커버스토리 기사 "당신 가까이에 있는 스크린: 사이버 포르노On Screen Near You: Cyberporno"를 통해 전세계에 알렸다. 이 기사는 미국 카네기 멜론 대학 마틴 림의 사설 게시판(Bulletin Board System: BBS)에 대한 연구[11]를 잘못 인용한 것으로 인터넷에 대한 분석은 아니라는 것이 후에 밝혀졌지만,[12] 인터넷을 통해 유통되는 포르노그라피의 심각성과 이에 대한 대책 마련의 필요성을 인식시키기에 충분했다. 따라서 각국 정부는 이에 적극적으로 대처하기 시작했다. <타임>의 보도가 있은 직후 민주당의 제임스 엑슨 의원은 컴퓨터 통신망을 통해 유통되는 외설물이나 음란물을 규제하기 위해 '통신 윤리 법안'을 의회에 상정하였다. 오랜 심의 과정을 거쳐 이듬해인 1996년 이 법안은 연방 통신법에 포함되어 대통령의 인준을 받았는데, 이것이 통신 품위법(Communication Decency Act: CDA)인데, 인터넷 등 온라인상에 외설, 폭력물 등 이른바 '불건전한' 정보를 게재하는 것을 불법으로 간주, 관련 자료를 올린 사람들에게 25만 달러의 벌금이나 최고 2년의 징역에 처할 수 있도록 한 것이 주요 골자였다. CDA가 통과되자 미국 전역은 한바탕 몸살을 앓았다. CDA는 단순히 인터넷 포르노그라피를 규제하기 위한 법률에 불과하였

---

11. 마틴 림의 연구 결과를 요약하면 다음과 같다. 18개월 동안 미국인이 가장 선호하는 BBS 5개를 분석한 결과 성 관련 자료가 무려 91만 7410건이었으며, 대부분의 BBS가 *sex* 라는 단어로 시작하였으며, BBS 가운데 약 71%가 상업적인 목적으로 만들어진 것이었다. 이 가운데 미성년자가 좀처럼 접근하기 어려운 하드 코어 포르노그라피 표현물도 손쉽게 구할 수 있는 등 인터넷을 통한 음란물 유통이 보편화되어 있다고 주장했다. 자세한 것은 성동규, 위의 글, 1996, pp.109~10. 또는 "Marketing Pornography on the Information Superhighway," http://TRFN.pgh.us/guest/mrtext.html 참조.

12. Dewitt, "A Detailed Critique of the *TIME* article On Screen Near You: Cyberporno," http://TRFN.pgh.pa.us/guset/Mrcc.html 참조.

으나, 이를 시발로 인터넷 전체를 규제하는 것은 아닌가라는 우려로 발전하면서 CDA 논쟁은 인터넷을 타고 전세계의 이목을 집중시키게 되었다. 대표적인 예가 보수 정치인과 기독교 연합이 중심이 되어 인터넷의 '음란·외설물을 강력히 규제해야 한다'는 레드 리본(Red Ribbon) 운동을 전개한 경우다. 또한 전자 프런티어 재단(Electronic Frontier Foundation: EFF), 미국 자유 시민 연대(American Civil Liberties Union: ACLU) 등 5개 단체가 결성한 온라인 의사 표현 자유 집회는 음란·외설물 차단을 빌미로 정부의 치밀한 인터넷 규제 움직임을 우려하여 블루 리본(Blue Ribbon) 운동을 전개했다. 결국 통신 품위법은 오랜 논란 끝에 이듬해 6월 필라델피아 연방 법원에서 부결[13]되었고, 이후 CDA를 수정한 CDAII, 즉 1998년 말 제정된 '온라인상의 아동 보호법(Child Online Protection Act) 역시 지난 1999년 1월 말 필라델피아 연방 법원에 의해 저지됨으로써 미국에서 인터넷 포르노그라피 규제 논쟁은 종결되었다. 그러나 중요한 점은 인터넷 포르노그라피를 규제하는 구체적인 법 제정이 실패했다고 해서 미국이 인터넷 포르노그라피를 완전 개방하겠다는 것은 아니라는 점이다. CDA가 부결되었다고는 하지만 그와 관련한 논의 과정에서 이용자의 역할이 무엇보다 강조되는 인터넷 이용에 있어 그 부작용을 최소화시키려는 사회적인 관심과 노력을 기울일 수 있는 계기가 되었다는 점에서 CDA의 의의는 매우 큰 것이었다. 즉, CDA의 결과 인터넷 포르노그라피에 대한 미성년자의 접근을 합리적으로 차단하기 위한 다양한 방법이 모색되기 시작했다. 이를 위해 정부, 관련 업체, 학부모 단체들이 연합하여 이 문제에 대한 다양한 논의를 발전시켰고, 그 결과 탄생한 것

---

13. 재판부가 위헌판결을 내린 주요 이유는 다음과 같다. ① 이 법안을 특정짓는 단어인 외설 *indecency* 이라는 용어가 지나치게 포괄적이고 막연하여 반종교적인 문서나 반정부적인 자료까지 포함시킬 수 있으며, 또한 성인들의 알 권리마저도 막을 소지가 높다는 것이다. ② 인터넷을 방송 매체로 볼 것이냐 아니면 인쇄 매체적 특성을 내포하느냐의 문제에 대해 인터넷은 방송처럼 희소성을 띤 매체가 아니며, 수용자들이 원하는 정보에 접근하려면 기술적 과정을 밟아야 하므로 인쇄 매체적 개념에 가깝다는 것이다. ③ 굳이 이 법이 아니더라도 기존의 '아동 포르노 금지법' 등을 적용하여 청소년을 인터넷으로부터 보호할 수 있다는 것이다.

이 차단 소프트웨어(Censorware), 내용 등급제(Platform for Internet Contents Selection: PICS) 등인데, 미국의 경우 이미 관련 소프트웨어 산업이 새로운 사업 영역으로 자리 잡았다. 물론 이러한 소프트웨어들의 기본적인 전제는 인터넷의 효율성을 저하시키지 않으면서 인터넷 포르노그라피에 미성년자가 접근하지 못하도록 하기 위한 것이며, 이를 위한 다양한 실험들이 시행되고 있다.[14]

　　한국의 경우도 <타임>의 보도로 인터넷 포르노그라피의 심각성에 대한 인식은 하고 있으며, 해마다 현황 조사나 뉴스 보도 등이 이어져 왔지만 그에 대한 사회적 논의의 과정은 적은 편이었다. 게다가 인터넷 보급 초기 인터넷에 대한 이해가 부족한 상황에서 규제가 일관성 없이 진행되는 바람에 국내 인터넷 이용자는 물론이고 해외 언론의 지탄을 받기도 하는 등 그 동안의 인터넷 규제는 장기적인 안목보다는 단순히 일회성에 그치는 이벤트성의 것들이 많았다. 그후 1997년부터 인터넷 포르노그라피 규제는 보다 활성화되는데, 정보통신윤리위원회를 중심으로 한 인터넷 내용 등급제 사업과 차단 소프트웨어 보급 사업의 시행 등 보다 조직적인 노력을 기울이고 있다. 또한 청소년 보호법이 제정되면서 이 분야에 관심을 가져 온 청소년 보호위원회의 노력도 있었다. 그러나 'O양 비디오'가 인터넷을 타고 급속도로 전파되었던 것이나, 최근 문제가 되고 있는 외국 서버를 통한 포르노그라피 유통의 문제[15]를 보면 인터넷을 통한 포르노그라피의 문제가 얼마나 심각한 것인지 다시 한번 알 수 있다. 특히 한국형사정책연구원이 발표한 자료에 따르면 청소년의 음란물 입수 경로 가운데 약 34.1%가 인터넷을 이용한다고 밝혀 1위를 차지한 점[16]을 상기

---

14. 자세한 것은 http://www.censorware.org 참조.

15. 이에 대해서는 김민석, "국제 인터넷망을 이용하는 한글 음란 사이트의 확산과 이에 대한 대책 방향," 김민석 의원 국정 감사 자료, 1999 참조.

16. 이판정, "인터넷상의 음란 사이트 실태," 청소년보호위원회 정책 포럼 발표집, 1999. 10. 20, p.2.

할 때 이에 대한 보다 근본적인 대책 마련은 아직도 절실하다.

그 동안의 많은 노력에도 불구하고 인터넷을 통한 포르노그라피의 유통이 만연한 이유는 무엇일까? 물론 많은 변인들을 생각해 볼수도 있지만 미국의 CDA와 같은 사회적인 공론화의 과정이 무엇보다 필요하다고 생각한다. 인터넷은 이후에 살펴보겠지만 기술적으로 내용 규제가 거의 불가능한 매체다. 결국 이용자의 인식 전환만이 유일한 방법인 셈이다. 이러한 점에서 미국의 CDA 관련법의 부결 과정에서 파생된 다양한 논의와 연구들을 통하여 인터넷 이용자들의 관심과 인식의 전환이 이루졌다는 점을 상기해 볼 필요가 있다. 하지만 한국의 경우 인터넷 포르노그라피에 대한 합리적인 논의를 만들어내기보다 '무조건 규제하자'는 방식을 채택함으로서 오히려 궁금증만 증폭시킨 것은 아닌가 한다. 이러한 측면에서 이 글은 인터넷 포르노그라피의 심각성에 대한 논의보다는 이용자들이 중심이 되는 인터넷에서 포르노그라피를 자율적으로 차단할 수 있는 방법의 현황과 그에 대한 전망을 제시함으로써 이에 대한 사회적 논의를 이끌어 내어야 한다.

2) 인터넷 포르노그라피 규제와 기술적 한계

인터넷을 그 내용에 따라 구분하고 차단하는 방법은 차단을 가하는 주체와 차단하는 방법에 따라 구분할 수 있다. 인터넷 커뮤니케이션의 주체는 크게 정보 제공자, 전송망, 이용자로 이루어지는데, 이에 대한 규제 가능성을 살펴보자. 먼저 정보 제공자(Contents Provider: CP)에 대한 규제는 CP 운영자만 찾을 수 있다면 가장 강력한 규제 방법이다. 그러나 전세계적인 그물망 속에 존재하는 네티즌을 실세계에서 찾기란 좀처럼 쉽지 않다. 실례로 1996년부터 등장하기 시작한 외국 서버를 이용한 한글 포르노그라피 서비스는 그 숫자가 82개나 된다.[17] 더욱이 이런 CP 운영자를 찾아 검거하기란 여간 어렵지 않다. CP 운영자가 국내에 있다면 다행이겠지만 그나마도 익명성이 보장되는 인터넷에서 이를 찾아내기란 쉽지 않을 것이다.[18] 게다가 CP가 국내 법이 미치지 않는 외국에 있을 경우 문제는 매우 복잡해진다. 국가마다 다른 포르노그라피 규제 조항을 하나로 만드는 것은 불가능한 일이고 따라서 CP를 국내 법으로 규제한다는 것은 국제적인 협조가 필요한 복잡한 사항이 될 것이다. 둘째, 인터넷망 사업자인 ISP(*Internet Service Provider*)를 규제할 경우 보다 효과적인 규제가 가능한 것은 사실이다. 그러나 ISP를 규제할 경우 인터넷망을 구성하는 라우터에 금지 사이트의 IP(*Internet Protocol*) 주소를 입력해야 하는데, 이럴 경우 인터넷 효율성이 현격히 저하되고,[19] 한두 페이지를 차단하기 위하여 전체 사이트를 차단해야 하는 불합리가 존재하기 때문에 많은 나라에서 이 방법을 적용하는 데 한계가 있다.

결국 표 2에서 보듯이 인터넷에 대한 내용 규제는 그 대상이나 규제 방법을 법적인 수단을 사용할 경우 장점보다는 단점이 더 많다. 따라서 인터넷에 대한 내용 규제는 법적 차원의 문제이기보다는 사용자를 중심으로 한 자율 규제가 네트워크의 효율성은 떨어뜨리지 않으면서 내용을 효과적으로 규제할 수 있는 가장 좋은 방법인 셈이다.

이러한 점을 가장 잘 보여 주는 예가 미국의 CDA의 부결 과정 및 그 결과로 나타난 자율 규제 소프트웨어의 등장이다. 물론 인터넷 포르노그라피에 대한 법적 규제는 위헌 판결을 받았지만 그 결정이 나오기까지 전 미국은 인터넷 포르노그라피의 심각성에 대해 공감대를 형성, 법률적 강제력보다는 사적 기업을 중심으로 개발된 기술적

---

17. 이판정, 위의 글, p.4.

18. 최근 체포된 Ultrax.net의 CP 운영자의 검거는 그가 포르노그라피를 우편으로 판매했기 때문이라고 한다. 만일 그들이 인터넷상에서만 서비스를 했다면 그들을 찾아내기란 어려웠을 것이다.

19. Gerry Miller, Regulation of the Internet : A Technological Perspective, 1999 참조

표 2. 각 대상별 규제 방법 비교

	CP	ISP	User
주요 방법	법적 · 제도적 방법	기술적 방법	도덕적 방법
장점	· 강제적인 구속력이 강함 · 법 제정 후 즉각적인 효과보다 장기간 후 효과 증대(자체 검열)	· 규제의 효과가 즉시적임 · 법 적용 한계가 거의 없음	· 자율 규제로 비용이 매우 적음 · 단기간보다 장기적 효과 증대
단점	· 법 적용의 한계(외국 사이트 규제 불가) · 전세계적 법 제정의 어려움(음란성의 개념 형성 어려움)	· 다수 사이트 차단시 시스템 효율성 감소 · 많은 정보에 접근이 불가능할 수 있음 · 우회 접속시 규제 불가	· 도덕적 공감대 형성이 어려움 · 강력한 구속력이 없음

출처: 성동규, "인터넷 포르노그라피의 규제 방안," <언론연구>, 96—II, 한국언론연구원, 1996, p.138을 부분 수정.

내용 규제 방법들을 채택하고 있다. 현재까지 개발된 기술적 차단 방법에는 크게 금지 사이트의 목록에 의한 방법과 금지 단어를 검색하여 차단하는 방법이 있다. 그러나 인터넷에 대한 이러한 내용 규제는 인트라넷과 같이 적은 규모의 네트워크의 경우 차단 장치의 유지 및 설치 비용이 크고, 네트워크의 지연과 비효율성을 초래할 뿐 아니라, 국가적인 차원에서는 엄청난 장비와 비용이 소모된다고 한다.[20]

차단 소프트웨어의 가장 큰 문제는 차단 소프트웨어가 목록에 근거하여 움직인다는 점이다. 특히 아직 결정되지 않은 사이트는 일률적으로 차단하거나 무조건 통과시키게 되는데, 만일 일률적으로 새로

---

20. 실제로 인터넷에 대한 규제를 실시한 캐나다의 인터넷망은 세계에서 가장 비효율적인 네트워크로 전락하였으며, 캐나다 정부는 이를 설치 · 유지하는 데 엄청난 비용을 투자하고 있어 경제적 부담으로 작용하고 있다고 한다. G. Miller et al., "Regulation of the Internet A Technological Perspective," [on-line available] http://www.isoc.org/005082_e.pdf.

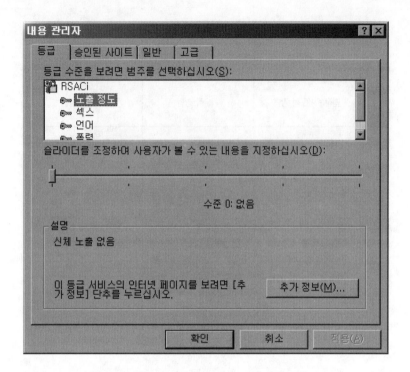

그림 1. 익스플로러의 **PICS** 이용 화면

운 페이지를 차단할 경우 인터넷에 존재하는 방대한 자료에 대한 판단을 어떻게 할 것인가 하는 문제가 발생한다. 만일 성에 관련된 단어들을 차단한다면, 종합적 인지 능력이 없는 차단 소프트웨어는 의학이나 성 교육에 관련된 내용마저도 모두 차단해 버릴 수밖에 없다.

그렇다고 새로운 페이지에 대한 무조건 통과는 새로운 포르노그라피를 차단할 수 없다는 치명적인 단점을 지니게 된다. 또한 내용에 대한 판단을 컴퓨터가 하게 될 경우 0과 1의 조합으로 표현되는 이미지 정보를 판단할 수 없을 뿐 아니라 단어만을 중심으로 규제 여부를 판단하는 등 많은 문제점이 노출되었다.

따라서 차단 목록 기반의 선별 기술이 가지는 문제점을 근본적으로 해결하기 위해 만들어진 것이 바로 인터넷 내용 선별 기술 체

그림 2. PICS의 작동 과정

계(*Platform for an Internet Censorship System*: PICS)이다. PICS는 "등급이 매겨진 인터넷 내용(HTML 문서)을 컴퓨터 소프트웨어가 인식하고 선별할 수 있도록 하기 위한 기술 규격"으로 인터넷 내용 등급 기반의 선별 기술을 구현하고자 하는 소프트웨어의 표준이라 할 수 있다. PICS는 메타 테그를 이용, 인터넷 웹 문서의 머리 부문에 등급 정보를 갖고 있는 꼬리표를 달도록 되어 있는데, 이 꼬리표에 대한 자료 구조(*Syntax*) 규격을 이용하고 있으며 이 꼬리표에 있는 등급 정보에 따라 접근을 통제하는 체계이다. PICS는 차단 소프트웨어나 등급 서비스의 동작 방법에 대한 제한이 없어 소프트웨어 개발시 PICS의 규격만 일치하게 하고 구현은 개발자가 자유롭게 할 수 있도록 하고 있으며, 인터넷 내용물의 분야와 등급 기준을 제공하지 않고 있어 각 국의 문화 환경에 적합하게 등급 시스템을 만들 수 있다. 또한 PICS는 지적 재산권 보호나 상업용으로도 활용이 가능할 수 있게 확장 가능한 구조를 가지고 있는 특징을 가지고 있으며, 이미 마이크로소프트의 인터넷 익스플로러가 이 기능을 탑재하고 있으며, 네스케이프

네비게이터도 곧 지원할 예정이라고 한다. PICS를 이용하여 내용 등급 기능이 있는 독립형 소프트웨어의 대표적인 것은 Cyberpatrol이며, 대부분의 차단 소프트웨어는 이러한 기능을 추가하는 추세이다.21

그러나 PICS를 이용하여 차단하는 방법은 모든 사이트 내용물을 차단하는 것이 아니라 정의된 등급에 의해 차단하는 것으로 등급 시스템을 지원하지 않는 웹 브라우저나 등급 표시가 안된 내용물은 원칙적으로 적용 불가능하고, 현재 웹 사이트의 99% 이상이 등급 표시가 안되어 있어 사실상 적용이 불가능한 상태이다. 마이크로소프트사의 익스플로러는 잠정적인 해결책으로 등급 표시가 안된 사이트에 대해 모두 볼 수 있거나, 볼 수 없게 하는 것을 관리자가 선택할 수 있도록 하고 있다.

따라서 현재까지 인터넷 포르노그라피를 차단하기 위한 프로그램은 다양하게 개발되었지만 그 실현 가능성은 매우 낮은 편이다. 따라서 현재 인터넷 내용 규제는 미봉책일 뿐이며, 법적 차원뿐만 아니라 기술적으로는 규제에 명백한 한계가 있다. 결론적으로 인터넷을 이용하는 이용자의 자발적인 노력과 관심으로 청소년의 인터넷 포르노그라피 접근을 차단하는 것이 가장 효율적인 방법인 셈이다.

4. 각국의 인터넷 자율 규제 현황

1) 미국

미국 정부의 인터넷 음란물 규제 대책은 인터넷상의 아동 보호(12세 이하)를 중심으로 입법 활동이 이루어지고 있다. 대표적인 것으로 최

---

21. 자세한 것은 정보통신윤리위원회 유해 사이트 목록 구축 http://antix.icec.or.kr/mintro.html 참조.

근 제정된 온라인 아동 보호법(Protection of Child On-line Act)을 들 수 있다. 이 법안은 온라인상의 아동 보호를 위해 보다 강력한 조치를 그 내용으로 하고 있는데, 그 내용을 살펴보면 상업적인 성인물 판매업자는 이용자들이 18세 이상인지를 확인한 후 접속을 허용해야 하며, 신용 카드를 이용한 결재를 명시하고 있다. 또한 음란 사이트의 초기 화면에 청소년에게 유해한 성인물의 게재를 금지하는 내용도 포함하고 있다. 사법 활동을 살펴보면 인터넷 음란물을 사법적으로 단속할 만한 구체적인 법 규정은 없지만(통신 품위법의 음란 규정 위헌 판결을 참조), 아동 포르노, 청소년에 대한 유해한 전자 우편, 메시지 전송 등은 처벌된다. 자국내 음란물 단속을 위해서 FBI가 활발한 활동을 하고 있고, 외국 제작 음란물의 인터넷을 통한 유입을 막기 위해 관세법에서 통신을 통한 음란물 수입을 금지하고 있다. 특히 아동 포르노의 경우 점점 더 법률이 강화되는 추세이다.[22]

또한 미국 ISP의 자율 규제는 우선 각 ISP의 약관에서 찾아볼 수 있는데, 모든 ISP는 법률로 금지된 성 표현물을 이용자들이 자신의 서버에 저장해 두지 못하게 하는 약관을 명시하고 있다. 많은 ISP들이 인터넷상의 청소년 보호를 위한 서비스를 제공하고 있는데, 이는 필터링 소프트웨어 무료 제공, 아동용 웹 브라우저 제공, 필터링된 인터넷 접속 서비스 제공, 필터링된 검색 엔진 서비스 제공 등 다양하다. GetNetWise(www.getnetwise.org)가 제공하는 자료를 참고하면, 미국에서는 현재 102개 이상의 Parental Control Tool이 유상 / 무상으로 제공되고 있음을 확인할 수 있다. 유즈넷과 관련하여 AOL, Ameritech, Bell Atlantic, Prodigy, Road Runner, AT&T World Net 등 대형 ISP들은 음란물을 유통시키는 토론 그룹을 자신의 서버에서 삭제하고 있다. 또한 이들 대형 ISP들은 수많은 시민 단체의 인터넷 음란물 감시 활동을 재정적으로 지원하고 있다.

---

22. 최승훈, "인터넷 음란물에 대처하는 외국의 사례," 청소년보호위원회 정책 포럼, 1999. 10. 20.

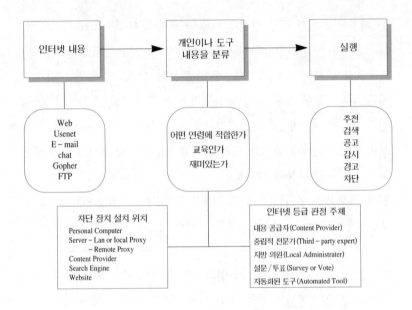

그림 3. 미국의 인터넷 내용 등급 판정 과정

출처: L. F. Cranon & P. Rensnick, "Internet online summit," http://www.research.att.com/projects/tech4kids/toolkit.ppt 부분 수정.

기술적인 차단 방법도 지속적으로 개발되는데, 월드 와이드 웹 협의체(World Wide Web Consortium: W3c)의 폴 렌스닉 Paul Rensnick 이 인터넷 온라인 서미트(internet online summit)에서 발표한 자료[23]를 살펴보면 인터넷 내용 규제의 기술적인 방법들에 대한 전반적인 내용을 쉽게 살펴볼 수 있는데, 먼저 어린이에게 유익한가 아닌가를 정보의 성격, 연령의 적합성, 정보 제공자를 근거로 구분해야 한다고 주장하면서 그림 3과 같은 내용 등급 과정을 설명하고 있다. 먼저 내용 규제의 대상은 인터넷의 모든 서비스를 대상으로 하면서 내용 규제는 개인 또는 차단 도구를 통하여 등급을 매길 수 있도록 하고 있다. 이를 위

23. P. Rensnick & L. F. Cranon, "Internet Online Summit-Technology Kit,"
http://www.research.att.com/projects/tech4kids/

하여 세 가지의 기준을 제시하고, 이를 뒷받침하기 위해 차단 장치를 PC를 비롯하여 서버, 정보 제공자, 검색 엔진, 웹 사이트 등에 다양하게 위치하게 함으로써 인터넷 이용자의 능력에 따라 다양한 방법을 구사할 수 있도록 해 주고 있다. 더구나 인터넷 내용의 등급 판정을 내용 공급자, 중립적 전문가, 지방 의원, 설문/투표 등의 다양한 방법을 강구하면서, 제일 마지막으로 제시하는 것이 바로 자동화된 도구, 즉 내용 규제 소프트웨어를 제시한 것은 내용 규제 소프트웨어의 무차별적 차단과 그에 따른 부작용을 최소화하려는 노력인 셈이다.

이러한 일련의 내용 규제 과정에서 무엇보다 중요한 것은 어떤 종류의 조치를 취했던지 간에 등급 또는 내용에 대한 정보를 판단하는 일정한 판단 근거를 설정해야 한다는 것이다. 따라서 누가 등급을 매겼으며, 어떤 기준으로 그것을 나누었는가가 중요해진다. 이는 어떤 방법으로 차단하느냐의 기술적인 문제보다는 평가하는 주체와 평가의 기준이 무엇보다 중요하다는 것이다. 즉, 차단의 수준, 차단 기준, 조치의 수준에 이르기까지 이용자의 적극적인 관심을 유도하고 그에 상응하는 기술적 지원에 초점을 맞춤으로서 인터넷의 내용 규제 전과정이 이용자를 중심으로 이루어진다는 것이다. 이는 인터넷의 내용 등급제에 따른 네트워크의 효율성 저하와 그 시행에 따른 엄청난 비용을 상쇄하기 위한 것이다.

결론적으로 미국의 경우 CDA, CDAII가 부결되는 과정에서 자연스럽게 제기된 인터넷 포르노그라피에 대한 공감대가 커뮤니케이션 미디어에서 21세기 지식 사회의 근간으로 자리잡아가는 인터넷의 효용성과 맞물리면서 인터넷 포르노그라피 차단 관련 사업을 상업적인 차원[24]으로 발전시켜, 자연스런 자율 규제의 근거를 마련한 것이

---

24. 결국 미국에서는 인터넷 내용 규제 부분도 상업적 영역으로 발전하고 있는데 RSACi나 SafeSurf는 무료로 제공되는 데 반해 Cyber Patrol, Cybersitter, Cyber Snoop 등은 한달 또는 연회비로 29.95～49.95 달러를 받는다고 한다. 이러한 사적 부분의 발전은 정부 주도의 내용 규제 문제점과 단일 기준에 의한 내용 규제의 문제를 해결할 수 있는 유일한 방안으로 생각된다.

다. 또한 차단에 따른 네트워크의 효율성 감소, 엄청난 설비 및 유지 비용 등을 감안하여 이용자가 다양한 판정 기준과 차단 방법을 고려하여 자신에게 맞는 것을 설치하도록 권장하는데, 이는 앞서 살펴본 IP, ISP를 중심으로 한 기술적 규제와 이용자를 중심으로 한 도덕적 규제를 통합한 이용자 차원의 기술적 규제가 실시되는 셈이다.

2) 유럽 연합

유럽 의회는 1999년 초 "국제적 네트워크상의 불법 / 유해 콘텐츠와의 싸움을 통해 인터넷의 안전을 증진시키기 위한 다개년 계획"을 발표했는데, 이는 1999년부터 2002년까지 4년 동안 시행되는 거대한 계획이다. 이 계획의 시행을 위해 유럽 연합 회원국의 대표로 이루어지는 위원회를 구성하여 각 회원국들이 계획의 시행을 따르도록 하고, 회원국들이 분담하여 총 2500만 유로의 예산을 배정했다. 이 예산은 각각 안전한 인터넷 환경 조성(26~30%), 필터링 및 등급 시스템 개발(32~38%), 인터넷 서비스의 신뢰성 증진, 이용자 교육(30~36%), 법적 뒷받침(3~5%) 등에 사용된다. 이 계획의 의미는 정부 영역에서 최초로 이루어지는 국제적 연대 모색이라는 점에서 중요하다고 하겠다. 외국의 서버를 대부분의 인터넷 음란물이 유입되는 대부분의 나라들에서 이러한 국제적 연대 모색은 필수적인 대책의 하나이기 때문이다.[25]

한편, 미국의 ACLU처럼 다양한 사이버 자유 단체들의 검열 반대 운동과 자율 규제 시스템의 독자적 운영도 활성화되고 있다. 대표적인 단체들로는 우선 영국의 IWF(Internet Watch Foundation)[26]와 INCORE(Internet Content Rating for Europe)[27] 등을 들 수가 있다. 1996년 9월 인터넷상의 포

---

25. 최승훈, 앞의 글, p.4.

26. URL http://www.internetwatch.org.uk

27. URL http://www.incore.org/index.html.

르노그라피로부터 어린이들을 보호하고 인터넷 등급 시스템을 마련하기 위해 시작한 IWF는 EC의 지원 아래 현재 유럽 공통의 등급제를 개발하고 있다. 이 등급제는 미국의 오락용 소프트웨어 자문위원회(RSACi)의 네 가지 범주인 '폭력,' '누드,' '성행위,' '언어' 외에 '개인 정보,' '재정 위탁,' '차별 용인,' '잠재적 유해 물질,' '성인용 주제,' '기타 변인' 등으로 더욱 세분화했다.[28] INCORE 역시 인터넷상의 자율적 내용 규제 방안을 마련함으로써 국가의 규제나 간섭을 최소화하기 위하여 유럽 내의 전문가 집단 회의를 주도하고 IWF와 연대하여 내용 등급제들을 추진하고 있는 단체이다. 특이한 것은 이들 단체가 모두 Microsoft, UUNET, BT, Internet Service Providers Association(ISPA UK), Cable & Wireless 등 영국과 유럽의 주요 통신 회사나 정보 서비스업자 연합의 후원을 받고 있다는 사실이다.

이들 외에 'Cyber-Rights & Cyber-Liberties'[29]라는 단체는 정부가 인터넷상의 정보를 규제하려는 시도를 하는 것은 문자 그대로 다국적적이고 다문화적인 매체에 지나치게 광범위한 기준을 적용함으로써 끝내는 이익보다는 해악을 가져올 행위를 하는 것이라고 주장하며, 아동 포르노그라피는 이미 현행의 법률로도 이미 불법이며 따라서 그것을 규제하기 위한 더 이상의 특별한 계획들은 필요하지 않다고 주장한다. 이들은 한걸음 더 나아가 "다양한 인터넷 정보에 대한 근본적인 자율 규제 방법은 어떤 종류의 등급제도 포함해서는 안되며 자율 규제는 정부와 업계의 간섭을 최소화할 때"만이 그 자율성을 갖게 된다고 주장한다.

---

28. URL http://www.internetwatch.org.uk/rating/rating_r.html.

29. URL http://www.cyber-rights.org/

3) 아시아

1996년 스웨덴 스톡홀름에서 열린 '아동의 성적 착취에 반대하는 국제 회의' 결과 일본에 대해 아동 포르노의 강력한 단속을 요구할 정도로 아시아 국가 가운데 일본은 최근 몇 년 동안 인터넷상의 포르노그라피 유통에 있어 미국 다음으로 많은 사이트를 올리는 국가이다. 실제로 1999년 1월 UNESCO가 주관한 '인터넷과 아동 성 학대'라는 국제 회의에서 국제 경찰 기구(ICPO)가 집계한 자료에 따르면, 전세계 인터넷을 통해 접속이 가능한 사이트 가운데 3000개가 넘는 포르노 관련 웹 사이트의 발신지가 일본에 있으며, 그 가운데 40%는 어린이가 등장하는 아동 포르노라는 것이다.[30] 이를 반영하듯 일본 의회는 1998년 3월 '풍속 영업 적정화법' 개정안을 상정하여 성인 정보 제공자가 어린이를 소재로 한 음란물을 포함한 불건전 정보 유통을 방지하고 있으며, 1999년 초에는 '아동 매춘 및 포르노 처벌 방안'을 마련하여 그 동안의 매춘 방지법이 성인들의 매춘 행위만 금지하고 있을 뿐, 아동 매춘에 대해서는 아무런 처벌 조항이 없는 상황이었으므로 어린이 포르노에 대한 법률을 만든 것이다. 그러나 포르노 산업이 인터넷의 등장으로 더욱 활성화되는 추세여서 일본 통산성은 비영리 시민 단체들과 인터넷 관련 산업계가 결성한 전자 네트워크 협의 회의 활동을 지원하여 그들 스스로 '인터넷 사업자 윤리 실천 강령'과 '이용자 윤리 강령' 등의 제정과 자율적 규제를 유도하는 정책[31]을 펴고 있다.

한편, 중국과 싱가포르 등 나머지 아시아 국가들 역시 포르노그라피의 확산에 따른 사회적 쟁점이 제기됨에 따라 기존의 법률을 통하여 규제 중심의 정책을 펼치고 있다. 특히, 싱가포르의 경우 이미

---

30. 세계일보, 1999. 5. 7, 6면.

31. 유의선·우지숙 외, ≪온라인상의 불건전 정보 규제 방안≫, 정보통신정책연구원, 1988, p.73.

1996년부터 싱가포르 방송청이 주도하여 면허 지침을 제정하여 인터넷 사업자와 정보 제공자를 대상으로 검열을 하고 있으며, '인터넷 윤리 실천 강령'을 제정하여 국내에서 포르노그라피가 유통되지 않도록 규정하고 이를 어길 경우 등록을 취소하는 강력한 규제 정책을 펴고 있다.

5. 한국의 인터넷 포르노그라피 규제 현황

한국은 인터넷 내용에 대하여 매우 엄격하다. 알다시피 TV에까지 출연했던 한 나체 배우의 사진을 게재했다는 이유로 사이트는 폐쇄당하고, 제작자가 입건되는가 하면, 북한에 대한 일반적인 기행문을 주체 사상이니 김일성 찬양 페이지니 하면서 차단하여 국제적인 빈축을 사기도 했다. 이러한 문제를 해결하고자 정보통신윤리위원회에서는 1996년부터 인터넷 정보에 대한 심의 기준 마련에 고심하였고, 그 결과 인터넷 내용 등급제의 일반적인 틀이 마련되었다. 그러나 정보통신윤리위원회의 이러한 노력에 앞서 실정법에서는 이미 인터넷의 내용에 대한 실질적인 규제가 이미 시행되고 있다. 따라서 인터넷 내용 등급제보다는 실정법에서 인터넷을 규제하는 방법을 살펴보아야 할 것이다. 물론 정보통신윤리위원회의 존재 근거도 이러한 인터넷 규제 법령에 있음은 주지의 사실이다.

표 3에 볼 수 있는 것처럼 이미 인터넷 내용을 규제하는 법규가 제정되어 있으나 내용에 대한 판단 기준이나 판단하는 사람에 대한 기준보다는 법적 효력에 중점이 맞추어져 있다. 이러한 강력한 법적 장치에도 불구하고 'O양 비디오' 사건은 사이버 공간을 현실 세계의 법으로 규제할 수 있는가에 대한 우려를 현실로 보여 주었다. 암암리에 거래되던 'O양 비디오'가 인터넷으로 유통되기 시작하면서 이를

표 3. 인터넷 내용 규제 관련 법규 요약

	조항	내용
전기 통신 기본법	제48조 2항	· 전기 통신 역무를 이용하여 음란한 부호 · 문헌 · 음향 또는 영상을 반포 · 판매 또는 임대하거나 공연 전시한 자는 1년 이하의 징역 또는 1000만 원 이하의 벌금에 처한다.
전기 통신 사업법	제53조 (불온 통신의 단속)	· 전기 통신을 이용하는 자는 공공의 안녕 질서 또는 미풍양속을 해하는 내용의 통신을 하여서는 안 된다. · 제1항의 규정에 의한 공공의 안녕 질서 또는 미풍양속을 해하는 것으로 인정되는 통신의 대상 등은 대통령령으로 정한다. · 정보통신부 장관은 제2항의 규정에 의한 통신에 대하여는 전기 통신 사업자로 하여금 그 취급을 거부 · 정지 또는 제한하도록 명할 수 있다.
전기 통신 사업법 시행령	제16조	법 제53조 제2항의 규정에 의한 공고의 안녕 질서 또는 미풍양속을 해하는 것으로 인정되는 전기 통신은 다음 각 호와 같다. 1. 범죄 행위를 목적으로 하거나 범죄 행위를 교사하는 내용의 전기 통신 2. 반국가적 행위의 수행을 목적으로 하는 내용의 전기 통신 3. 선량한 풍속 기타 사회 질서를 해하는 내용의 전기 통신

차단하려는 정부와 인터넷 이용자, 포르노그라피 유통업자 간의 숨바꼭질이 시작되었다. 그러나 엄청난 인기를 끈 'O양 비디오'는 정부의 법적 효력이 미치지 못하는 곳을 찾아 견고한 성을 구축하였고, 정부는 규제 법규를 마련하고도 '포르노그라피 왕국'의 멍에를 쓴 일본의 경우를 바라보면서 한글로 서비스되는 인터넷 포르노그라피에 대한 차단책을 찾지 못해 고심하고 있다.

여기서 법적 효력이 미치지 못하는 곳이란 외국에 위치한 서버를 뜻한다. 즉, 국내인 또는 해외 교포가 외국의 서버에 파일을 업로드하여 제공하는 경우로 앞서 살펴본 규제 법규를 적용할 방법이 없다. 다만 서버 운영자나 홈페이지 운영자에게 내용 삭제 메일 또는 공문을 보내는 정도에 그치고 있다. 게다가 한글 서비스를 시작한 외국 포르노그라피 사이트가 크게 증가하고 있어 문제는 더욱 심각해

표 4. 정보 통신 윤리 위원회의 등급 체계

단계 (수준) 범주(약어)	모든 연령 (0)	성인용 (1)	등급 외 (2)
언어(L)	거슬리지 않는 속어(L0)	흔히 쓰이는 악의 없는 악 간의 욕설(L1)	심한 욕설(L2)
성 / 누드(S)	신체 노출 없음 / 성행위가 없는 로맨스(S0)	체모, 유두 노출 없음(S1)	자세히 묘사된 성행위(S2)
폭력(V)	사소한 갈등 / 폭력 없음 (V0)	정당화될 수 있는 심하지 않은 폭력(V1)	피투성이의 잔인한 폭력(V2)
뉴스(N)	뉴스는 등급을 매기지 않음		

지고 있다.[32]

또한 차단 소프트웨어의 개발 및 보급도 활발히 이루어지고 있는데, 지난 1997년 8월에 한국전산원이 개발한 불건전 정보 차단 소프트웨어(NCApatorl)를 정보통신윤리위원회가 무료로 보급(1999년 2월까지 약 2만 1000개 보급)하였고, 1999년 한국전산원이 개발한 불건전 정보 차단 소프트웨어 개발 기술을 6개 중소 기업에게 이전하고, 불건전정보의 효율적인 차단을 위한 기술적·정책적인 방안을 마련하기 위하여 동 기업들과 정보통신윤리위원회 간에 협의체를 구성하였다. 특히 주목할 만한 것은 인터넷 유해 정보 차단 소프트웨어를 개발 보급하는 민간 기업에게 1999년 9월 1일부터 인터넷 유해 사이트 목록을 주 1회 무료로 배포, 민간 기업이 불건전 정보 차단 소프트웨어

32. 이 점에서 우리 나라 NSI(Network for Safe Internet)의 활동은 고무적이다. NSI의 주요 활동은 ① 인터넷의 자율적 정화 능력 배양, ② 유해 정보 차단 기술과 정책의 연구/개발, ③ 음란 유해 정보에 대응하기 위한 사회적·제도적 노력에 대한 지원 및 협력 등의 활동을 하고 있으며, 특히 외국 서버를 이용한 인터넷 포르노그라피 서비스에 대해서는 서버 운용자에게 전자 우편을 보내 이를 차단해 줄 것을 요청하여 상당수의 한글 포르노그라피 페이지를 차단했다. 자세한 것은 NSI 홈페이지 http://www.krnsi.net 참조.

를 개발 보급하게 됨에 따라 불건전 정보 차단 소프트웨어가 무료 보급을 중단하고 민간의 불건전 정보 차단 소프트웨어가 저렴한 가격으로 보급하고 있다.

또한 인터넷에 대한 자율적 규제 차원에서 표준 내용 등급제 (PICS)의 개발도 1996년부터 정보통신윤리위원회를 중심으로 그 기본적인 골격에서부터 세부적인 기술 표준이 결정되어진 상태다. 정보통신윤리위원회는 PICS를 개발하면서 그 기본 방향을 첫째, 한국의 문화적 전통과 가치관을 바탕으로 사회적 환경에 맞아야 하며, 둘째, 인터넷상의 불건전 정보로부터 어린이들을 보호하기 위한 제도이며, 셋째, 표현의 자유를 보장하기 위한 장치이며, 넷째, 자율적인 규제 장치, 다섯째, 모든 사람들이 손쉽게 사용할 것, 여섯째, 국민들이 공감할 수 있어야 한다 등으로 설정하고 다음과 같은 등급 체계를 발표하였다.

이러한 등급 체계는 앞서 살펴본 RASCi나 Safe Surf의 등급 기준을 고려하여 우리 실정에 맞도록 변형한 것이다. 그리고 얼마 전 국내 정보 등급제의 운영 체계와 보급 방안에 대해 구체적인 방안으로 ISP의 연합체가 정보에 대한 등급을 부여할 것을 제안한 바 있다. 그러나 이러한 운영안은 주요 주체 가운데 하나인 차단 프로그램의 개발을 담당하였던 한국전산원의 업무가 민간 기업으로 이동한 만큼 새로운 차원의 운영 체계가 필요하게 되었고, 위의 운영안이 1997년 제안된 것임을 감안한다면 새로운 운영 체제에 대한 논의는 등급제 실시의 현실화에 무엇보다 중요한 사안이 되었다. 그러나 이러한 등급 체계는 그 체계 구분이 모호하고, 아울러 이러한 등급제 서비스를 적용할 포르노그라피 페이지가 없는 상황에서 외국의 등급제 서비스와 호환 체계가 없는 등의 문제가 있다. 따라서 등급제의 효과적인 운영을 위하여 구성된 등급제 심의위원회의 변화가 절실히 필요하다.

결국 한국의 경우에도 외국의 경우와 마찬가지로 인터넷의 내용 규제를 위한 가장 좋은 방안은 이용자의 인터넷 이용에 대한 각성이며 이를 위하여 노력하는 것이 바람직하다고 본다. 다행스러운 것은 최근 정보통신윤리위원회를 중심으로 벌어지는 학부모 정보 감시단(Cyber Parents) 운동[33]인데, 전반적으로 자녀보다 컴퓨터 사용능력이나 인터넷 활용 능력이 부족한 학부모에게 자녀들이 인터넷으로 무엇을 하는지를 살펴보도록 독려하고 있다.

학부모 정보 감시단은 먼저 청소년들에게 PC 통신 및 인터넷상에서 유통되는 정보를 유용하게 사용할 수 있도록 적극 홍보하고 둘째, 청소년들에게 PC 통신 및 인터넷상에서 유통되는 불건전 정보의 폐해를 알려 주며, 셋째, 불건전 정보를 자녀가 접했을 때는 어떻게 대처해야 하는지 그 방법을 알려 주며, 넷째 청소년들의 네티켓 교육이나 정보 통신 윤리 교육을 실천을 위해 컴퓨터 관련 대화를 하고, 마지막으로 자녀뿐 아니라 모든 청소년들에게 위와 같은 교육을 실시하며, 정보 제공자, 유통자들에게 양질의 정보를 제공하도록 하는 활동을 주로 하고 있다. 이러한 활동을 바탕으로 학부모 정보 감시단은 자녀의 인터넷 포르노그라피 접촉에 대한 관리뿐 아니라 올바른 인터넷 이용 습관까지 살필 수 있는 능력을 배양 인터넷 포르노그라피의 역효과를 최소화하려는 노력을 지속적으로 벌여 왔다.

그러나 아직 이들 감시 단체가 활성화되고 있지 못한 점이다. 실제로 자녀의 인터넷 이용에 대한 우려와 관심을 가지고 있는 부모들은 많은 편이지만 학부모 정보 감시 단체와 같은 단체가 활동하고 있는지 조차 모르는 학부모들이 대부분이다. 따라서 관련 유관 기관은 인터넷 포르노그라피 규제의 최선책은 인터넷 이용자 운동이라는 점을 감안하여 이에 대한 보다 적극적인 지원과 일반인을 대상으로한 보다 적극적인 홍보가 필요하다.

---

33) 자세한 것은 학부모 정보 감시단 http://cyberparents.icec.or.kr 참조.

6. 네티즌의 복원을 위하여

지금까지 인터넷을 통하여 유통되는 포르노그라피의 규제 가능성을 중심으로 세계 각국의 규제 방안과 그 한계점 그리고 우리의 현황과 문제점에 대하여 알아보았다. 인터넷은 본원적으로 기존의 미디어와 전혀 다른 성질을 가진 미디어이다. 따라서 미디어 이용에 따른 수용자의 효과가 천차만별이며 인터넷 포르노그라피에 대한 이용자의 반응은 더욱 다를 수밖에 없다. 따라서 인터넷에 대한 규제는 인터넷의 성질을 명확히 할 때, 그 방향을 잡을 수 있을 것이다. 앞서 살펴본 바와 같이 인터넷은 통제가 불가능한 구조를 가지고 있으며, 이를 무시하고 인터넷을 통제한다는 것은 인터넷의 효율을 저해하는 것임을 인식해야 할 것이다. 인터넷의 가장 근본적인 특징은 이용자의 주체적 선택이 가장 중시된다는 점이다. 이러한 점은 앞서 살펴본 CDA의 부결 과정에서도 명백히 나타났다. 즉, CDA가 부결된 원인 가운데 하나는 인터넷이 역사상 최초로 민주적 운용이 가능한 매체라는 점을 인정한 것이었다. 따라서 인터넷의 이용과 운영에 관련된 모든 것은 이용자의 주체적 참여와 이용으로 이루어진다는 점을 상기할 필요가 있다.

더욱이 앞서 살펴본 바와 같이 인터넷에 존재하는 자료에 대한 인위적인 종합과 유목화가 매우 방대하여, 현재 각광받고 있는 차단 목록 또는 승인 목록을 작성한다는 것이 거의 불가능하다는 것이다. 따라서 인터넷에 존재하는 다양한 정보들 가운데 포르노그라피와 같이 잠재적인 해악을 미칠 수 있는 정보들을 판단하는 가장 합리적인 길은 인터넷을 통한 커뮤니케이션에 참여하는 참여자들의 자발적인 노력에 의한 것으로 귀결된다. 앞서 살펴본 PICS도 사실은 정보에 대한 판단 범주의 설정과 이를 교환하기 위한 기술적 표준에 불과할 뿐 실질적으로 정보의 내용을 규정하고 판단하는 것은 정보를 제공하는 정보 제공자(CP)에 의한 방식이며, 학부모 정보 감시단 운동도 정보를 이용하는 이용자의 선택 역량을 발전시켜 보려는 시도이다.

결론적으로 정보의 바다를 항해하는 이용자들이, 건전한 정보만을 합리적으로 이용하는 이성적인 탈근대적 의미의 시민인 네티즌으로 활동하든 쾌락을 좇아 인터넷을 헤매는 섹티즌이 되든 그것은 인터넷을 이용하는 이용자 자신의 문제다. 결국 네티즌과 섹티즌은 다르지 않은 것이다. 다만 이 과정에서 인터넷 포르노그라피가 문제가 되는 것은 바다를 항해하는 데 미숙한 미성년자들이 섹티즌에 머무르지 않을까하는 점이다. 따라서 미성년자들의 미숙한 항해술을 보완할 수 있도록 도와 주고 보호하는 것이 인터넷 포르노그라피를 관리하는 근본적인 방법일 것이다.

3. 포르노그라피 규제에 대한 담론을 통해 본 사이버 공간과 여성 문제

우지숙

사이버 공간은 여성에게 어떠한 공간인가? 한편으로는 사이버 공간을 나이, 인종, 성의 차별이 없는 유토피아적인 공간으로 보거나 적어도 면 대 면 커뮤니케이션의 환경에서 나타나는 성적 억압이나 차별의 구조가 약화되는 곳이라고 보는 희망적인 시각이 있어 왔다. 그러나 한편으로는 사이버 공간이 기존의 남성 중심적 질서가 그대로 구현되는 또 하나의 성 차별적인 공간이라는 인식도 있다. 사이버 공간상의 젠더 문제에 대한 기존의 연구들은 주로 여성의 접근이 배제되어 발생하는 정보 불평등의 문제(Rogers, 1986), 사이버상의 의사 소통에 있어서의 문제(구자순, 1999; 김유정·조수선, 1999), 포르노그라피를 중심으로 한 여성의 상품화 및 대상화의 문제(이수연, 1999)에 초점을 맞추어 왔다. 그런데 이 가운데 사회적으로 가장 많은 관심을 끌고 있는 사이버 포르노그라피의 경우 오히려 젠더 문제와 매체의 문제를 직접적으로 연결하여 연구한 예는 많지 않다. 포르노그라피와 여성

· 이 글은 <한국언론학보>, 제44-1호(1999년 겨울)에 실린 논문임.

문제는 미국의 급진주의 페미니스트들의 포르노그라피 비판에 의해 가장 많이 논의되었는데(MacKinnon, 1987; Dworkin & MacKinnon, 1988), 이들은 일반적인 포르노그라피와 사이버 공간에서의 포르노그라피의 문제를 구분하여 보지는 않았다(이수연, 1999).

최근 한국에서도 인터넷 및 온라인상의 성 표현물의 유통이 활발해지면서 포르노그라피 등 성 표현물에 대한 사회적·학문적 관심도 높아지고 있다. 성 표현물은 비단 인터넷의 발전에 의해서만 문제시되기 시작한 것은 아니다. 이전에도 마광수의 ≪즐거운 사라≫나 장정일의 ≪내게 거짓말을 해 봐≫ 등 전통적인 문학 작품에 대한 제재 조치 문제로 법조계와 문학계를 떠들썩하게 했었다. 그런데 인터넷의 발달로 인해 기존의 성 표현물이 보다 광범위하게 유통되고 보다 쉽게 접근 가능해졌을 뿐 아니라 컴퓨터 기술을 통한 새로운 성 표현물 생산의 기회도 제공되면서, 매체 환경의 변화에 따르는 성 표현물의 문제가 보다 심각한 사회 문제로 대두되기 시작하였다.

특히, 'O양 비디오' 사건은 기존에 존재하던 비디오 등의 성 표현물이 파일의 형태로 인터넷을 통해 유통될 때 그것이 얼마나 엄청난 의미를 갖는 것인지에 대해 다시 한번 생각하게 해 주는 계기가 되었다. 이에 따라 일각에서는 사이버 공간상의 음란물과 포르노그라피의 폐해를 논하였고 규제의 필요성을 역설하는 경우도 많았다. 또한 O양에 대한 심한 비난과 O양을 희생자로 보는 시각이 공존하기도 했는데, O양이 받았던 심한 충격은 수많은 사람들이 공적·사적 영역에서 그녀의 비디오를 보며 누렸던 즐거움과 극명하게 대조되었다. 이는 사생활 침해에 대한 심각성을 드러낸 것으로 볼 수 있다. 그러나 이 사건을 여성과 관련한 문제로 볼 수 있는지, 음란물 규제, 사생활 침해 등의 문제가 비디오의 주인공이 여성이었던 점과 어떠한 연관이 있는지 등에 대한 페미니즘적 논의는 깊이 이루어지지 않았다. 이러한 점에서 새로운 공간인 사이버 공간과 포르노그라피, 그리고 여성 문제를 학문적 연구를 통해 체계적으로 고찰해 볼 필요성이 있다.

이 글에서는 포르노그라피 규제에 대한 담론을 통해 사이버 공간과 젠더의 문제를 조명해 보고자 한다. 포르노그라피는 과연 '문제'인가? 만일 문제라면 법적 문제인가, 사회 문제인가, 개인적 문제인가?라는 질문으로부터 출발하려 한다. 지금까지 포르노그라피를 문제로 삼은 집단은 다양하게 있어 왔으며 그 근거 또한 다르다. 한편으로는 가정에서 사적으로 소비하는 포르노그라피는 공적인 문제가 아니라 사적인 문제라고 보는 시각도 있고, 전혀 문제의 대상이 아닌 것으로 보는 시각도 있다. 즉, 포르노그라피는 모든 다른 사회 현상들과 마찬가지로 특정한 개인들이나 집단이 이를 문제가 있는 것으로 인식하고 이를 담론화함에 따라 비로소 사회 문제로 대두되게 된다. 따라서 포르노그라피에 대한 각각의 이론과 입장은 포르노그라피와 관련하여 어떠한 현상을 사회 문제로 정의하고 구성하는지에 대한 다른 시각을 보여 준다. 뿐만 아니라 이러한 입장들에 따라 포르노그라피가 무엇인가의 정의 자체도 달라지게 된다.

따라서 포르노그라피로 대표되는 성 표현물에 대한 규제에 관한 담론들이 어떠한 현상을 사회적, 법적 문제로 바라보고 있는지, 그 근거와 함의는 무엇인지를 특히 매체와 관련한 표현 자유의 문제와 여성에 대한 함의를 중심으로 살펴볼 것이다. 포르노그라피의 규제가 법적인 문제라고 미리 가정하여 이를 상세히 분석하거나 이에 대한 평가 및 대안을 제시하기보다는, 법적 규제와 관련한 담론들에서 찾아볼 수 있는 이슈들이 여성의 입장과 커뮤니케이션 연구에 제기하는 쟁점들을 체계적으로 다루어 보려 한다. 국내외에서 현행법의 대상으로 다루는 분야에 국한하기보다는 오히려 어떠한 이슈가 법적인 규제의 영역으로 인정되고 어떠한 이슈들은 법적인 규제 밖의 영역으로 생각되는지, 또한 그 근거는 무엇이고 여성 문제에 갖는 함의는 무엇인지, 그리고 이것이 매체의 발달 상황과는 어떻게 연결이 되는지를 살펴보겠다.

수많은 법률에 의한 금지와 이에 따른 처벌에도 불구하고 한국의 포르노그라피 보급의 속도는 급속도로 증가하고 있으며 다양한 매체를 통하여 유통되고 있다. 이 글은 매체 환경, 여성 문제의 관점에서 볼 때, 국민 거의 대부분이 접할 수 있고 접하고 있는 포르노그라피와 관련한 쟁점을 찾아나가는 과정으로서 쓴 것이다. 포르노그라피가 공식적으로 존재하지 않는 한국 사회에서 포르노그라피에 대한 논의는 간접적일 수밖에 없다(윤혜준, 1998: 165). 성 표현물의 금지에 대한 수많은 법률들이 있으나 이에 대한 법적 기준이 아직 명확하지 않고, 사회적으로나 학문적으로나 포르노그라피에 대한 논의가 활발히 이루어진지 얼마 되지 않았기 때문이다. 따라서 이에 대한 여러 시각과 그 함의를 구체적으로 살펴 보기 위해서는 부득이하게 성 표현물에 대한 법적·학문적·사회적 담론이 많이 진행되어 온 외국의 이론과 주장들을 중점적으로 다루어야 했음을 밝혀둔다.

1. 일반적 성 표현물과 도덕적 규제

포르노그라피에 대해서는 매우 여러 가지의 정의가 혼재되어 사용되고 있는데, 무엇을 포르노그라피로 보는가에 따라 규제에 대한 시각도 크게 달라진다. 모든 정의가 그러하듯 포르노그라피의 정의도 가치 평가를 전제로 한 비중립적인 것일 수밖에 없다. 가장 포르노그라피와 혼동되어 사용되는 개념이 음란물과 저속한 표현물인데, 먼저 법적으로 보면 한국의 경우에는 저속한 표현을 구분하여 음란물만을 법적 대상으로 삼기는 하지만 포르노그라피와 음란물을 구분하지는 않고 있다.[1] 때로는 음란물을 포르노그라피 가운데 법적 제재를 받을

1. 1998년 헌법 재판소에서는 음란물은 언론 출판의 자유에 의한 보장을 받지 않는 반면 저속한 표현물

만큼 심한 표현으로 보거나 이와 관련하여 외설적인 것을 포르노그라피보다 한 단계 경미한 표현으로 보는 시각도 있지만 별로 통일된 시각은 아니다.[2] 성 표현물과 관련한 법적 논의가 활발한 미국에서는 포르노그라피가 아니라 음란물이 법적 규제의 대상이다. 즉, 성 표현물이 불법으로 취급되기 위해서는 음란물 또는 아동 포르노그라피로 판명되어야 한다.[3] 한편 저속한 표현물 *indecent materials*의 경우는 지나치게 모호하고 포괄적인 개념으로 간주되고 있다.[4]

이렇게 법규가 정교하게 발달된 음란물의 경우와는 달리 포르노그라피에 대해서는 미국에서도 통일된 정의를 갖고 있지는 않다. 예를 들어, 몇몇 주에서 포르노그라피 금지법을 만들고자 시도했을 때 그 정의를 폭력적이거나 여성 비하적인 것으로 하여 동어 반복적이라는 비판을 받았다.[5] 포르노그라피 반대론을 주창하는 페미니스트들의 경우에도 포르노그라피를 여성에 대해 폭력적이거나 강제적 성행위의 묘사물 및 여성 비하적이고 종속적인 성 표현물 등으로 보는데(MacKinnon, 1987; Dworkin & MacKinnon, 1988), 이들의 포르노그라피 비판은 일반적 정의에 대한 비판에서 출발하여 그들 나름대로의 정의에 바탕을 두고 논

은 적용 범위가 광범위하고 추상적이어서 헌법적인 보호 영역 안에 있다고 했다. 헌재 1998. 4. 30. 결정, 95헌가16 (합헌), 출판사 및 인쇄소의 등록에 관한 법률 제5조의 2 제5호 등 위헌 제청, 판례집 10–1, 327–355.

2. 성동규·김왕석(1997: 231)은 음란성은 포르노그라피를 법적인 면에서 사용하는 용어로, 외설은 음란의 문제가 미디어와 관련된 경우 사용하는 것으로 보고 있다.

3. 예를 들어, FW/PBS, Inc. v. City of Dallas에서는 포르노그라피를 금지하여 포르노 숍의 문을 닫게 해서는 안된다고 판결하였으며, 포르노그라피는 음란물로 판명되기 전에는 보호되는 표현물이기 때문이라고 했다(493 U.S. 215, 1990). 또한 New York v. Ferber에서는 아동 포르노그라피는 성인이 출연하는 포르노그라피와는 구별되며 음란물과 마찬가지로 보호되지 않는 표현물이라고 하였다(458 U.S. 747, 1982).

4. 1997년 미국에서 통신 품위법(Communication Decency Act)이 위헌 판결을 받은 이유 가운데 하나도 그 개념의 모호함에 있었다.

5. 예를 들어, American Booksellers Inc., et. al. v. Hudnut에서는 인디애나 주의 포르노그라피 법령에서 정한 포르노그라피의 '정의'가 위헌이기 때문에 이러한 정의를 사용하여 포르노그라피의 유통을 금지하려 한 법령도 위헌이라고 판결하였다(771 F.2d 323, 1985).

의가 이루어지므로 이에 대해 주의를 기울일 필요가 있다.

인간의 육체 혹은 성행위를 노골적으로 묘사 및 서술한 것으로서 성적인 자극과 만족을 위해 이용되는 성 표현물이 포르노그라피라고 본다면(성동규·김왕석, 1997: 230) 어디까지를 성 표현물로 볼 것인지의 문제가 남는다. 따라서 포르노그라피를 내용에 따라 구분하려는 노력을 하게 되었는데, 그 구분의 기준은 표현의 노골성과 내용의 반사회성이다. 예를 들어, 폭력적인 성 표현물, 비폭력적이지만 인간의 지위를 하락시키고, 품위를 손상하며, 여성의 남성에 대한 종속을 묘사한 성 표현물, 아동 포르노그라피, 성에 관한 일반인의 가치관에 직접적으로 배치되는 성 표현물을 하드 코어 포르노그라피로, 성행위 또는 성행위와 직·간접적으로 관련된 성기 노출이 포함된 비폭력적·비품위 손상적 성 표현물, 성기 노출이 없는 비폭력·비품위 손상적인 성 표현물, 나체 등을 소프트 코어 포르노그라피로 보기도 한다(한국형사정책연구원, 1992: 144).

전통적인 포르노그라피 규제 논리는 사회의 도덕성과 관련한 이론에 바탕을 두어 왔다. 이 때의 포르노그라피란 노골적인 성 표현들을 일반적으로 포괄하는 것으로서, 법적으로 금지되는 음란물뿐만 아니라 법적으로 허용되는 다른 성 표현물들까지도 포괄하는 개념이다. 이러한 성 표현물에 대한 규제 근거는 인간의 신체에 대한 묘사나 인간의 섹슈얼리티에 대한 노골적인 논의가 사회적으로 바람직하지 않다는 다소 상식적인 주장이다. 이것이 서양에서는 빅토리아 시대에서처럼 지나친 성행위나 수음 등이 정신 질환을 일으킬 수 있다는 우려를 낳기도 하였고, 동양의 경우에는 점잖은 양반들의 체통을 지키려는 노력이나 사회적 풍기 문란에 대한 금기 등과 맥락을 같이하는 것이다. 어쨌든 이러한 시각에서 성적인 자극 또는 흥분을 불러일으킬만한 표현들을 억압하려는 시도들이 생겨났다.

그러나 이렇게 기존의 성 도덕과 성 질서를 지키고자 하는 도덕주의적 견해에 바탕을 두고 성 표현물을 규제하는 것에 대해서는 기존 지배 질서를 옹호하려는 보수주의이라든가 아니면 지나치게 자의적이고 포괄적인 규제를 낳게 된다는 등 많은 비판이 있었다. 따라서 실제로 법적 규제의 논리나 반포르노 페미니스트들(anti-pornography feminists)의 포르노그라피 비판 등은 이러한 도덕성 이론을 보완하거나 부정하는 다른 근거들을 함께 제시하고 있다. 이 가운데 가장 많이 논의된 것이 성 표현물 역시 표현의 자유의 한 부분으로 보호해야 한다는 주장과 포르노그라피가 여성에게 주는 피해를 근거로 규제해야 한다는 주장이다. 이러한 주장들은 포르노그라피에 대한 법적 규제 및 담론에 큰 영향을 미쳤다. 현재 각국의 성 표현물에 대한 법적 규제는 일반적인 도덕성의 이론에 바탕을 두는 한편, 표현의 자유를 침해하지 않기 위해 단순한 성 표현물의 무조건적 규제보다는 보다 명확한 범위를 규정할 필요성에 따라 추가적 규제 기준들을 정하고 있다. 또한 급진적 페미니스트들의 포르노그라피 비판의 이론적 핵심은 법적 규제의 대상을 정함에 있어서 여성에 대한 피해의 문제를 간과하여 법적으로 금지해야 할 것은 오히려 보호하고 보호해야 할 것은 오히려 금지한다는 것이다. 다음은 성 표현물에 대한 법적 규제의 근거와 급진적 페미니스트들의 포르노그라피 비판의 근거를 자세히 살펴보겠다.

2. 음란물과 법적 규제

1) 한국의 법적 규제 근거

(1) 성 도덕과 사회 질서 유지

먼저 한국의 성 표현물에 대한 법적 규제의 근거들을 자세히 살펴보면 포르노그라피와 음란물의 정의가 불명확한 상태에서 성 표현물에 대한 규제가 주로 도덕성 유지에 바탕을 두고 이루어지고 있다는 것을 알 수 있다. 현재 성 표현물에 대한 법적 규제는 여러 차원에서 이루어지는데(황승흠, 1998), 대부분의 법 조항들이 미풍양속과 사회 질서의 유지를 주목적으로 하고 있다. 먼저 형법적으로는 '성 풍속에 관한 죄'의 장(제22장)에 음화 반포(제243조)와 음화 제조(제244조)에 관한 규정이 있는데, "음란한 문서, 도서, 필름, 기타 물건을 반포, 판매, 임대하거나 공연히 전시 또는 상영한 자는 1년 이하의 징역 또는 500만 원 이하의 벌금에 처한다(1995 개정)," "음란한 물건을 제조, 소지, 수입 또는 수출한 자는 1년 이하의 징역 또는 500만 원 이하의 벌금에 처한다(1995 개정)"라고 되어 있다. '음반 및 비디오에 관한 법률'(1995)에서는 음반과 비디오물 제작자가 공연윤리위원회의 심의를 받게 되는 경우를 정하고 있는데(제16조~제18조), 이 때 공연윤리위원회는 "미풍양속을 해치거나 사회 질서를 문란케 한 우려가 있는 내용"을 삭제할 수 있다. 이 밖에 전기 통신 기본법과 성 폭력 범죄의 처벌 및 피해자 보호 등에 관한 법률 등에서 성 표현물의 규제를 규정하고 있다.

또한 최근 문제가 되고 있는 인터넷상의 성 표현물과 관련해서 정보 통신 관련 법들이 신설되었다. 정보통신부 장관이 전기 통신 사업자에게 음란물을 취급하지 못하게 명령할 수 있는 조항으로서 '전기 통신 사업법' 제53조에 따르면 "전기 통신을 이용하는 자는 공공의 안녕 질서 또는 미풍양속을 해하는 내용의 통신을 하여서는 아니된다"고 규정하고, 동법 시행령 제16조는 위와 같은 내용의 전기 통신을 "…… 선량한 풍속 기타 사회 질서를 해하는 내용의 전기통신"이라고 정의하고 있다. 또한 정보통신윤리위원회의 심의를 통해서 불건전한 정보를 규제하는 조항으로서 '전기 통신 사업법' 제53조에서 불온 통신을 억제하고 건전한 정보 문화를 확립하기 위하여 '정보통신윤리위원회'의 설치를 규정하여 일반에게 공개를 목적으로 유통되는 정보의 불건전성을 심의할 수 있게 하고 있다.

이렇게 도덕성을 유지하기 위해서 음란물 등을 금지하고 있는데, 그렇다면 '음란성'을 과연 어떻게 정의하고 있는지는 판례를 통해 알아볼 수 있다. ≪즐거운 사라≫에 대한 판결문에서는 '음란한 문서'란 "일반 보통인의 성욕을 자극하여 성적 흥분을 유발하고 정상적인 성적 수치심을 해하여 성적 도의 관념에 반하는 것을 가리킨다"고 정의한다(대법원 1995. 6. 16 선고, 94도2413[음란한 문서 제조, 음란한 문서 판매]). 이 정의는 일반인들이 흔히 쓰지 않는 표현을 담고 있어서 의미가 모호하기는 하지만[6] 성적 도의 관념 등의 개념으로 보아 역시 사회적 도덕성을 중시하고 있다. "성적 도의 관념에 반하는 것"을 법원에서는 "그 시대의 건전한 사회 통념에 비추어" 결정할 수 있다고 밝혀, 음란성의 판단 역시 사회의 도덕적·규범적 판단을 의미하는 것으로 보인다.

(2) 문학, 예술 작품의 경우

이렇게 도덕적 판단에 근거한 규제는 다른 법익들이나 요인들과 충돌을 일으킬 수가 있는데, 한국에서도 문학 작품, 예술품 등과 관련한 표현의 자유와 음란물 규제 간의 관계가 논란이 되었다. 헌법 재판소에서 언론 출판의 자유와 관련하여 내린 판결에 따르면 "'음란'이란 인간 존엄내지 인간성을 왜곡하는 노골적이고 적나라한 성 표현으로서 오로지 성적 흥미에만 호소할 뿐 전체적으로 보아 하등의 문학적, 예술적, 과학적 또는 정치적 가치를 지니지 않은 것으로서, 사회의 건전한 성 도덕을 크게 해칠 뿐만 아니라 사상의 경쟁 메커니즘에 의해서도 그 해악이 해소되기 어려워 언론 출판의 자유에 의

---

6. 이은영(1998: 145) 역시 "정상적인 성적 수치심을 해"한다는 부분에 대해 부끄러움은 상황에서 자동적으로 생기는 것이지 그것이 무엇에 의해 해침을 받는다는 것을 생각하기 어렵다고 보면서 성 표현에 대하여 무감각해지거나 대담해지는 것을 그렇게 어렵게 표현한 것이 아닌가 하고 의문을 제기하고 있다.

한 보장을 받지 않는" 것으로 보아 문학적·예술적 가치를 가진 작품은 음란물이 아닌 것으로 보고 있다.[7]

그런데 관련 판례를 보면 먼저 마광수의 ≪즐거운 사라≫가 문제가 된 사건의 판결에서 법원은 "문학에 있어서의 표현의 자유도 공중 도덕이나 사회 윤리를 침해하는 경우에는 이를 제한할 수 있다"고 밝히고, 문학 작품에서의 성 표현에 대해서는 "문학 작품이라고 하여 무한정의 표현의 자유를 누려 어떠한 성 표현도 가능하다고 할 수는 없고, 그것이 건전한 성 풍속이나 성 도덕을 침해하는 경우에는 형법 규정에 의해 처벌할 수 있다"고 하였다.[8] 이에 대해 문학계에서는 이 작품이 독자로 하여금 오히려 사라같이 되고 싶지 않다는 충동을 갖게 만들며 건전한 성 풍속이나 선량한 성적 도의관을 해한다고 볼 수 없다고 법원에 감정서를 제출하는 등 많은 반대 의견을 냈으나 받아들여지지 않았다(이은영, 1998: 148). 한편 장정일의 소설 ≪내게 거짓말을 해 봐≫에 대한 재판에서는 ≪즐거운 사라≫의 저자가 대학 교수였던 것과는 달리 장정일이 문학 작품을 쓰는 전업 소설가라는 점에서 문학계의 반발이 더욱 거세었으나 결국 유죄 판결을 받았다(이은영, 1998: 149~51). 문학 비평가들은 문학의 영역이 아닌 다른 영역에서 내리는 평가에 대해 심각한 의문을 제기했는데, 이들의 주장은 문학에 대한 평가는 문학적 준거에 의해 내려져야 한다는 것이다. 어쨌든 이 판결들에 따르면 한국의 성 표현물에 대한 법적 판단에 있어서 문학적·예술적 가치의 문제가 하나의 고려 요인이 되기는 하지만 성풍속이나 성 도덕과 같은 도덕성의 문제보다는 하위의 요인임을 알 수 있다.

한 가지 흥미로운 것은 위의 사건들에서 문제가 된 소설들이 포

---

7. 헌재 1998. 4. 30. 결정, 95헌가16 (합헌), 출판사 및 인쇄소의 등록에 관한 법률 제5조의 2 제5호 등 위헌 제청, 판례집 10–1, 327–355.

8. 대법원 1995. 6. 16, 선고 94도2413 판결.

르노그라피가 아니라는 비평가 및 문학자들의 주장은, 적어도 문학계에서는 문학 작품과 포르노그라피를 구별할 수 있다는 가정에 바탕을 두고 있다는 것이다. 법학자인 이은영 역시 음란성 판단에서는 1차적으로 어떤 작품의 문학성, 예술성 여부가 판단된 후 그 결과 문학성, 예술성이 부정되는 경우에 비로소 음란성 판단이 행해져야 한다고 주장하면서, 이 때 그 작품의 문학성, 예술성은 판사가 스스로 할 것이 아니라 문학가, 예술가, 평론가들에게 맡겨져야 한다고 보았다(이은영, 1998: 154). 이러한 입장은 미국 음란물 판례의 기준과 일치하는 것이기도 한데, 문제는 이러한 입장이 문학가, 평론가들 사이에서도 서로 일치하지 않는 판단이 내려질 수 있다는 매우 현실적인 문제를 간과하고 있다는 것이다. 이에 대해서는 다시 논할 것이다.

2) 미국 판례에서의 근거

(1) 호색적 관심과 불쾌함

미국의 경우 성 표현물에 대한 법적 금지의 체계가 매우 상세히 발달하여 법적으로 금지되는 음란물 *obscene materials* 과 그렇지 않은 일반적 포르노그라피를 구분하고 있다. 다시 말해서 미국 법의 입장은 노골적 성 표현물을 법적으로 금지하기 위해서는 판례에서 제시하는 기준들을 모두 다 충족시켜야만 한다는 것으로 전통적·사회적인 성 표현물에 대한 반대 입장과 의사 표현의 자유라는 헌법적 권리의 균형을 이루고자 하였다. 이 때 제시되는 기준들을 자세히 살펴봄으로써 성 표현물 규제의 근거를 알아볼 수 있다. 현대 음란물법의 획을 그은 판례가 된 밀러 사건에서 피고는 그가 판매하는 여러 가지 간행물들에 대한 광고 책자를 이를 주문하지 않은 사람들에게 우편으로 보냈다는 이유로 기소되었다.[9] 이 광고 책자는 젊은 남녀들이 성적인 행위를 하는 장면을 포르노그라피적으로 묘사한 사진들을 포함하고 있었다. 그가 위반한 캘리포니아 법령은 로스 사건에서 대법원이 적용한 "현대의 커뮤니티 기준을 적용하였을 때, 표현물의 주제가 전체적으로 보아 보통 사람으로 하여금 호색적 관심을 일으키도록 하는 것인지"[10]의 테스트를 성문화한 것이었다. 밀러 사건의 법원에서는 이 로스 테스트를 수정하여 표현물이 음란한지를 판명하기 위해서는 다음의 3단계 절차를 밟아야 한다고 선언했다. 첫째, 현대의 커뮤니티 기준을 적용했을 때, 보통 사람이 그 표현물을 전체적으로 보아 호색적 관심에 어필하는 것으로 보는지, 둘째, 그 표현물이 주법에 명시된 종류의 성적 행위를 명백히 불쾌한 방법으로 묘사하는지, 셋째, 그 표현물이 전체적으로 보아 진지한 문학적, 예술적, 정치적, 또는 과학적 가치를 결여하는지를 판단해야 한다는 것이다. 일반적으로 성적인 흥분은 개인적인 반응의 문제로 보는 것과 달리 호색적 관심에 어필하는지를 현대의 커뮤니티의 기준으로 보기로 한 것은 그 사회의 도덕 관념을 반영하고자 한 것이다.

(2) 성 표현물의 가치 판단

밀러 테스트의 가장 큰 함의는 세 번째 기준인 문학적, 예술적, 정치적, 과학적 가치의 문제에 있다. 밀러 법원은 이제 어느 정도의 가치가 있는 표현물도 금지할 수 있게 함으로써 수정 헌법 제1조에 의해 보호되는 범위를 줄였는데, 표현물이 "진지한" 가치를 갖고 있지 않은 한 보호되지 않도록 했기 때문이다. 그러나 문학적·예술적 가치를 판단하는 것은 그리 단순한 일이 아니다. 미국에서도 한국과 마찬가지로 법원에서 이러한 가치를 판단할 수 있는 것인지에 대한 의문이 거세게 일었고, 몇몇 대법원 판사들도 이러한 것이 법의 영역이 아니라고 주장했다. 그럼에도 불구하고 지금까지 미국의 법원에서는

---

9. Miller v. California, 413 U. S. 15 (1973).

10. Roth v. United States, 354 U. S. 476, 489 (1957).

문학적·예술적 가치의 기준을 음란물 판정의 기준으로 삼아오고 있는데, 작품이 예술계에 중요하고 독창적인 기여를 했는지, 순수 미술의 신성함을 지녔는지, 예술가의 의도가 진지하고 성실한지 등을 중심으로 판단해 왔다(Adler, 1990). 이러한 판단의 자의성과 한계점들은 특히 포스트모던 예술의 등장과 함께 더욱 많이 지적되었다. 포스트모던이라는 새로운 장르의 출현은 한 마디로 말해서 예술이 진지해야 한다거나 종류를 막론하고 어떠한 '가치'를 가져야 한다는 것을 정면으로 거부하는 예술가들의 출현을 말하는 것이었다. 이러한 상황에서 예술의 가치를 판단하는 것이 아니라 무엇이 예술이고 무엇이 예술이 아닌지조차 판단할 수 없게 되었고, 이러한 장르의 예술 작품들을 모두 무시한다면 현대 미술을 이끌어가고 있는 예술가 군단에 치명적인 피해를 입히게 될 것이라는 것이다(Adler, 1990). 다시 말해서 궁극적으로는 법원뿐 아니라 문학계와 예술계에서 작품의 가치를 판단하는 것에 대해서 뿐 아니라, 어떠한 작품의 가치를 판단할 수 있다는 명제 자체를 부정하는 것이다.

결국, 음란물이나 성 표현물에 대한 법적 금지는 사회의 도덕성의 유지와 표현 자유의 보호라는 두 가지 명제를 조화시키려 노력하고 있는데, 이러한 조화를 위해 기준으로 제시되는 문학 및 예술 작품의 가치 판단이 어렵다는 점에서 다소 불안정하게 운용될 수밖에 없다. 가치 판단의 어려움은 첫째로는 문학 및 예술 작품의 가치를 판단하는 주체가 법원인가 문학·예술계인가의 문제와 둘째로는 문학예술의 환경의 변화에 따라 가치의 판단 자체가 의미를 잃을 수도 있다는 점 등 여러 가지 측면에서 비롯된다.

3. 포르노그라피와 여성 문제

1) 도덕성 / 음란성에서 여성에 대한 피해의 문제로

미국의 법원에서 음란물로 규정된 것을 금지한 것과는 달리 급진적 페미니스트 법학자들은 음란물이 아닌 포르노그라피의 문제에 대해서 더 관심을 보여 왔다. 이들은 논의의 중심을 사회의 도덕성이나 표현물 자체의 음란성에서부터 여성에 대한 피해의 문제로 급격하게 변화시켰다. 전통적 포르노그라피 비판이 포르노그라피가 공중의 도덕성에 영향을 미침으로써 소비자인 남성들과 사회에 미치는 피해를 논한 것이라면, 이들 페미니스트들은 여성이 받는 피해를 논한다 (Saunders, 1996: 162). 매키넌과 드워킨으로 대표되는 급진적 페미니스트들은 포르노그라피가 여성 억압에 관련된 모든 악의 근원이라고 믿고 음란물과 포르노그라피에 관련된 논의에 젠더와 권력 관계의 이슈를 도입하였다(MacKinnon, 1987; Dworkin & MacKinnon, 1988). 중요한 것은 이들이 포르노그라피로 정의하는 것들은 여성을 비하하고 비인간화하는 이미지들이서 성적 노골성 자체는 중요한 것이 아니다.[11] 만일 등장하는 모든 사람들의 인격이 존중되는 성적 묘사라면 아무리 노골적이라

---

11. 매키넌(1984, 1987)의 포르노그라피에 대한 정의는 다음과 같다.

포르노그라피란 다음 가운데 하나 또는 그 이상을 포함하는 그림 또는 단어를 통해서 성적으로 명백하게 여성을 복종시키는 그래픽이다. (1) 여성이 성적 객체나 대상 또는 상품으로 비인간적으로 묘사된 경우, (2) 여성이 고통과 굴욕을 즐기는 성적 대상으로 묘사된 경우, (3) 여성이 강간을 당하며 성적 쾌락을 느끼는 성적 대상으로 묘사된 경우, (4) 여성이 묶여 있거나 옷이 찢기거나 신체에 상처를 입은 성적 대상으로 묘사되는 경우, (5) 여성이 성적 복종과 노예 모습 또는 전시 자세로 묘사되는 경우, (6) 여성의 신체 일부 — 꼭 성기, 가슴, 엉덩이에 국한되는 것은 아님 — 를 드러내 보이는 경우, (7) 여성이 본래 매춘부인 양 묘사되는 경우, (8) 여성이 물건이나 동물에 의해 습격당하는 것으로 묘사되는 경우, (9) 여성이 모욕, 상해, 고문의 시나리오에 따라 음탕하거나 열등하고, 멍들거나 상처입는 것으로 묘사되며 이 모든 것들이 상황을 성적 흥분 상태로 만드는 경우(렁, 1994: 300 재인용).

도 포르노그라피가 아닌 것이다. 즉, 음란물의 경우에는 여성에 미치는 피해가 별로 없는 데 반해서 포르노그라피는 여성에 대한 폭력적 취급이나 차별적 대우 등의 태도와 행동을 유발한다며, 이들은 음란물은 금지하고 포르노그라피는 금지하지 않는 미국의 법 체제가 가부장적이라고 강력히 비판한다(MacKinnon, 1984). 또한 포르노그라피는 불평등을 애로티시즘화하고 여성의 지위를 떨어뜨리는 것으로서, 여성은 바로 이러한 여성의 성적 대상화와 종속화를 정당화하는 문화에 의해 피해를 입는다는 것이다. 국내의 법학자인 이은영 역시 '성기, 성행위의 묘사'와 '성적 입장의 표명'을 구분하여 다룰 필요가 있다면서 남자의 성적 만족이 여성에 대한 폭력, 학대에 의해서 이루어지는 듯이 오도하는 포르노그라피를 금지해야 한다고 주장하여, 성 표현의 노골성보다 성에 대한 시각을 중요시하는 미국의 반포르노그라피 페미니스트들과 비슷한 입장을 취하고 있다(이은영, 1998, 161). 뿐만 아니라 매키넌은 문학·예술 작품의 경우에도 작품의 예술적·정치적 가치의 정도를 논하지 않고 대신에 포르노그라피가 여성의 평등한 권리에 미친 피해가 표현의 자유 문제보다 더 중대하다는 점을 강조한다.

포르노그라피 금지를 원한 미국의 급진적 페미니스트들은 이를 규제하는 시의회 법령을 통과시키려 하였다. 그 중 인디애나폴리스 시 법령의 합헌 여부가 법원에서 법적 문제의 핵심이 되었는데, 허드넛 사건에서 고등법원은 이 법령이 위헌이라고 판결하였고 대법원에서 이를 인정하였다.[12] 먼저 이 법령에서 포르노그라피를 정의한 것을 보면, 포르노그라피란 다음과 같다.

포르노란 다음 가운데의 하나 또는 그 이상을 포함하는 그림 또는 단어를 통해서 성적으로 명백하게 여성을 복종시키는 그래픽이다.
(1) 여성이 고통과 굴욕을 즐기는 성적 대상으로 묘사된 경우

---

12. American Booksellers Association v. Hudnut, 771 F.2d 323 (7th Cir. 1985).

(2) 여성이 강간을 당하며 성적 쾌락을 느끼는 성적 대상으로 묘사된 경우

(3) 여성이 묶여 있거나 옷이 찢기거나 신체에 상처를 입은 성적 대상으로 묘사되는 경우

(4) 여성이 물건이나 동물에 의해 성행위당하는 것으로 묘사되는 경우

(5) 여성이 모욕, 상해, 고문의 시나리오에 따라 음탕하거나 열등하고, 멍들거나 상처입는 것으로 묘사되며 이 모든 것들이 상황을 성적인 것으로 만드는 경우

(6) 여성이 지배, 정복, 폭력, 착취, 소유, 사용의 위한 성적 대상으로 묘사되거나, 노예, 성적 복종 또는 전시의 모습이나 자세로 성적 대상으로 묘사되는 경우

매키넌의 포르노그라피 정의를 거의 그대로 사용한 이 법령은 포르노그라피를 유통하거나 다른 사람으로 하여금 포르노그라피에 등장하도록 강요하거나 타인에게 포르노그라피를 보도록 강제하는 행위를 금지하고 있다. 법원에서는 법령에서 정의한 여성 차별적인 행위인 포르노그라피가 수정 헌법 제1조의 보호를 받지 못하는 음란물과는 구별되는 것이라고 전제하고, 이와 같이 표현물의 내용을 바탕으로 하는 규제는 문제가 있다고 판명하였다. 법원에서는, 미국법상으로 표현물에 나타난 시각에 따라 표현물을 규제하는 것은 위헌인데, 이 법령이 여성을 대하는 하나의 승인된 시각을 허용하고 그렇지 않은 시각들은 금지하려 하고 있으므로, 이렇게 시각에 따른 규제는 사상에 대한 통제와도 같다고 하였다. 특히 법원에서는 포르노그라피를 표현물이 아닌 행위로 보는 페미니스트들의 주장에 대해서도 언급하였는데, 법원의 입장에서는 그것이 다만 표현물의 강력한 영향력을 보여 주는 것 뿐이므로 다른 모든 표현물과 마찬가지로 포르노그라피가 사람들의 시각과 태도에 영향을 미친다고 해서 규제할 수는 없다고 하였다.13

---

13. American Booksellers Association v. Hudnut.

비록 여성 비하적 성 표현물을 포르노그라피로 정의하여 법적 규제의 대상으로 삼으려는 노력은 실패하였으나 이들 페미니스트들의 주장은 성 표현물 규제의 근거로서 성 표현물과 젠더 문제를 연결하여 논의하도록 한 계기를 마련하였다. 이들의 주장과 이에 대한 비판들을 바탕으로 성 표현물과 이에 대한 규제가 여성 문제에 갖는 함의에 대해서 자세히 논의해 보기로 한다.

2) 담론으로서의 포르노그라피

매키넌 등을 중심으로 하는 포르노그라피 비판은 법적으로는 표현의 자유에 대한 주장들이 반박을 받았을 뿐 아니라, 페미니즘적 입장에서도 많은 페미니스트들의 반론을 받아야 했다. 검열에 반대하는 페미니스트들(스트로센 등)과 페미니스트 반검열 태스크포스(The Feminists Anti-Censorship Taskforce) 및 언론 자유를 위한 페미니스트(Feminists for Free Expression) 등의 단체에서는 매키넌 등이 포르노그라피에 반대하는 입법을 하려는 것을 비판했다. 이들의 주장은 표현의 자유라는 명제가 성 표현물의 규제에 우선한다는 입장 뿐 아니라 페미니즘적 원칙과 관심에도 바탕을 둔다. 즉, 이러한 검열이 여성에게, 특히 페미니스트들과 레스비언들에게 중요한 표현물들도 검열하는 결과를 낳을 수 있을 뿐 아니라, 여성에게 성행위가 바람직하지 않고 여성은 그 피해자라는 편견을 심화시킬 수 있으며 여성들이 자신의 섹슈얼리티를 발달시키고자 노력하는 것을 방해하고 가부장주의를 오히려 심화시킬 수 있다는 것이다(Strossen, 1993: 111~2). 포르노그라피를 여성에 대한 피해의 관점에서 보는 시각이 제기하는 여러 문제들을 다루어 보기로 한다.

(1) 젠더와 섹슈얼리티

여성이 포르노그라피에 의해 피해를 입는다는 시각을 논하기 위해서는 무엇보다도 여성의 성, 즉 섹슈얼리티의 복잡성을 이해해야 한다. 먼저 성적 자유와 쾌락을 주장하는 페미니스트들은 여성들도 포르노그라피를 즐긴다는 점을 지적하고 여성이 주체가 된 페미니스트 에로티카와 같은 표현물의 현상을 어떻게 설명할 것인지를 질문한다. 지배와 복종보다는 애정과 신뢰가 있는 상호적 성 표현물도 존재한다는 것이다. 뿐만 아니라 매키넌 등이 남성의 성행위는 힘, 지배, 폭력의 관계로 정치화하는 반면 여성의 성행위는 상호성, 부드러움, 감수성으로 낭만화하여, 성행위의 복잡성을 단순한 1차원의 평면으로 만들어 버린다고 비판한다(렁, 1994: 301). 남성을 부도덕하고 음탕한 존재로, 여성은 낭만적이고 정숙한 존재로 미화하고 여성을 희생자로 묘사하는 것은 궁극적으로 오히려 성적 억압을 유도할 뿐이라는 것이다.

반면 매키넌은 포르노그라피를 찬성하는 페미니스트들에 대해 연민과 경멸을 표현한다. 매키넌에 따르면 이러한 페미니스트들은 그들이 받은 피해를 인식하지 못하고 그것이 오히려 자신들의 권한을 강화시켜 준 것이라고 착각하게 될 정도로 포르노그라피의 희생자가 되어버렸다는 것이다. 남성뿐 아니라 여성도 남성 지배 / 여성 종속에 대한 성적 환상을 즐긴다는 주장에 대해서는 "여성의 마조히즘이 바로 남성 우월주의의 궁극적 성공이다"라고 주장하였다(MacKinnon, 1989: 125). 그러나 만일 이렇게 인간의 섹슈얼리티 역시 가부장적 권력 구조에 의해 사회화되는 것 뿐이라면 여성이 진정으로 원하는 것이 무엇인지는 결코 알 수 없고, 매키넌과 같이 소수의 계몽된 엘리트 페미니스트들만이 무엇이 여성에게 바람직한지를 알 수 있다는 것이 된다. 급진적 페미니스트들이 성행위에 대해 지닌 시각은 상호 동의만으로도 부족하고 힘의 관계가 전혀 개입되지 않은 완전히 평등한 관계이어서, 성인들의 상호 동의에 이루어지는 사도마조히즘적 성행위나 지배와 복종의 성행위까지도 인정하지 않는 것이다(렁, 1994: 301~2).

　정리해 보면 포르노그라피에 반대하는 페미니스트들은 젠더의 문제에 집착한 나머지 인간의 본능적인 섹슈얼리티의 문제를 다소 비현실적으로 다루고 있고, 포르노그라피에 찬성하는 페미니스트들은 여성의 독립과 자유에 대한 순진한 가정에서 섹슈얼리티의 문제와 젠더의 문제를 별개의 것으로 보는 듯하다. 그러나 포르노그라피의 복합적인 기능과 작용을 고려하면, 찬포르노그라피 페미니스트들이 주장하는 포르노그라피의 긍정적인 효과에 대해 낙관적일 수만도 없고, 여성 비하적 성 표현물들이 만연한 남성 지배의 권력 구조에서 자유로운 페미니즘적 언어를 창조해 낼 수 있다는 믿음에도 의문을 제기하지 않을 수 없다. 따라서 어떤 페미니스트들은 포르노그라피를 페미니즘, 섹슈얼리티, 포르노그라피 등에 대한 시각을 표현하는 하나의 방법으로서 사용하려 하기도 한다. 예를 들어, 몇몇 페미니스트 행동가들은 여성이 진정한 성적 자유를 갖는 것의 불가능함, 강간과 섹스의 구분의 어려움, 여성의 대상화, 여성을 희생시키는 데 상업적 포르노그라피와 섹스 산업이 하는 역할 등을 개탄하기 위해 포르노그라피를 사용하는데, 매키넌 등의 주장은 이러한 작품들을 간과한다는 점에서도 한계를 갖는다고 볼 수 있다(Adler, 1996: 28). 이러한 이슈들을 충분히 다루기 위해서는 섹슈얼리티와 젠더 간의 매우 복잡한 관계에 대한 심도 깊은 논의와 이해가 필요할 것이다.

(2) 포르노그라피와 언어의 다의미성

포르노그라피가 여성에 주는 피해를 중심으로 한 관점의 가장 큰 취약점은 표현물의 복합적 의미 가능성과 언어의 다의미성 *multiplicity* 을 간과한다는 것이다. 포르노그라피 안에는 다양한 의미가 있을 수 있다. 포르노그라피는 여성 혐오만이 아닌 다른 메시지들도 전달한다 (Duggan et al., 1985: 145). 그 안에는 여성에 대한 대상화, 상품화와 함께 환상도 있고 반항도 있고 이 의미들은 실제의 세계와 허구의 세계를 넘나든다(Eisentein, 1988: 163). 모든 여성들이 포르노그라피로부터 같은 피해를 입은 것이 아니기 때문에 이를 불법화하는 것은 성적 탐험 등과 관련한 성적 자유를 부정하는 또 다른 문제를 일으키게 된다는 것이다. 성적인 기쁨은 욕구의 억제로부터 해방되는 느낌을 갖게 할 수 있고 종속의 판타지도 해방적인 것이 될 수 있다는 의미에서 포르노그라피는 다만 여성의 억압을 표현하는 일원적 담론은 아니라는 것이다(Eisentein, 1988: 163~4). 그런데 급진적 페미니스트들은 포르노그라피를 일원적인 담론으로 본다는 점에서 이성애 *heterosexuality* 와 젠더의 질서를 위해 포르노그라피에 반대하는 캠페인을 벌이는 보수주의자들과 맥락을 같이한다(Eisentein, 1988: 164). 보수주의자들과 급진적 페미니스트들은 포르노그라피를 남성은 즐기고 여성은 즐기지 않는다고 본다는 점에서, 그리고 남성을 가해자로 여성은 피해자로 본다는 점에서 같은 가정을 하고 있는 것이다.

에이젠슈타인은 매키넌과 드워킨이 포르노그라피 안에 담길 수 있는 여러 시각들을 부정할 뿐 아니라 환상과 실제, 섹스와 젠더 간의 복잡한 역학 관계를 간과한다고 주장한다(Eisenstein, 1988: 172). 매키넌은 포르노그라피를 이미지가 아닌 실제 상황으로 보고 있으나(MacKinnon, 1984: 326~7), 바로 포르노그라피가 이미지인 동시에 실제 상황이 될 수 있다는 점이 문제이고, 이러한 관계에서 포르노그라피에 다양한 해석이 따를 수 있는 가능성이 생긴다는 것이다. 즉, 포르노그라피는 담론으로서 사회에 다양한 종류의 영향을 미칠 수 있다. 그러나 매키넌 등은 포르노그라피는 이론이고 강간은 현실이라고 주장하고, 포르노그라피는 또한 표현물이라고만 볼 수 없고 하나의 행위인 것이라고 주장한다. 이들의 이러한 주장은 법학자들의 많은 비판을 받았는데 매체를 매개로 하여 일어나는 행위와 매체 안에서 일어나는 행위를 구분하지 못하고 있다는 측면에서이다. 그런데 오히려 환상이 포르노그라피에서 가장 중요한 위치를 차지할 수도 있는데, 윤혜준은 성에 대한 욕구가 인간적 접촉을 통해서만 궁극적으로 해소되는 만큼, 포르노그라피가 대중에게 어필하는 이유가 단순히 성에 대한 인간적 본원적 욕구에 있지 않다고 말한다(1998: 170). 그에 따르면, 포르노그라피는 접촉에서 단절된 개인의 시각과 상상력에 의존하기 때문에 인간 간의 접촉이 차단된 사회의 제도적 구조 속에서 더욱 번성하는 것이다. 렁도 마찬가지로 포르노그라피의 영향에 대한 연구와 주장이 흔히 받아들이는 자극 - 반응 이론이 환상으로서의 포르노그라피의 역할을 무시하고 모든 시청자들에게 동일한 효과를 가져오는 것처럼 가정하는 것에 대해 비판한다(렁, 1994: 291~2).

여기서 중요한 것은 이러한 입장들에 있어서 언어가 갖는 역할이다. 다른 모든 정치적·사회적인 입장을 표명하고자 하는 사람들과 마찬가지로 페미니스트들 역시 그들의 주장을 표현하기 위한 방법이 필요하다. 즉, 포르노그라피에 대한 비판을 위해서 포르노그라피를 사용해야 하는 경우가 많이 생기고, 특히 최근 들어 늘어나는 페미니즘 예술의 경우 더욱 그러하다. 그 중에서도 전위적 포스트모던 예술가들의 작품은 그것이 포르노그라피 자체인지 이에 대한 비판인지를 가늠하기 어렵게 만드는 경우가 많이 있으며, 바로 그것이 이들 행동 예술가들의 의도이기도 하다. 즉, 포스트모더니즘의 중심이 되는 언어의 다의미성에 대한 인식과 평가에 대한 거부, 그리고 평가의 기준에 대한 거부로 인해 여성에게 해를 입히는 포르노그라피와 여성에게 도움이 되는 포르노그라피 비판을 구분할 수 없게 되는 것이다.

이에 대해 애들러는 매키넌의 주장이 바로 이러한 언어와 표상에 대한 두려움과 관계가 있다고 주장한다(Adler, 1996: 48). 포르노그라피가 이미지가 아니라 강간이며 표현이 아니라 행위라고 주장하는 매키넌의 시각은 바로 언어 그 자체, 즉 이미지와 언어가 갖는 미묘

하면서도 엄청난 힘에 대한 인식에서 출발하고 있다는 것이다. 애들러에 따르면 포르노그라피의 규제를 주장하는 페미니스트들은 언어의 복합적인 성격에 대한 이해가 아니라 언어와 표현의 해석에 대한 매우 초보적 이론에만 바탕을 두고 있다(Adler, 1996: 74). 이들은 언어의 불확정성 indeterminacy 을 무시하고 모든 피해자들이 유해한 표현과 그렇지 않은 표현을 구분할 수 있고, '유해한' 표현은 어떠한 긍정적인 영향도 가질 수 없으며 언어가 단 하나의 의미를 가지고 있다고 가정한다. 때때로 표현물이 여러 가지의 의미를 함께 가질 수 있다는 것을 인정하는 경우에도 이들은 표현하는 주체와 이를 받아들이는 주체의 정체성이나 의도를 알아내기만 하면 그 표현물의 의미가 어떠할 것인지를 쉽게 알아낼 수 있다고 생각하는 것이다. 그러나 애들러가 주장하듯이, 언어의 불확정적인 특성 때문에 표현물에 대한 "오해" 또는 "잘못된 해석"은 피할 수 없다(Adler, 1996: 74). 그렇다면 이러한 페미니스트들이 중요하게 생각하는 여성의 해방과 권력 증대 empowerment 를 주장하고자 하는 행위 예술이나 비평 역시 규제의 대상이 되지 않을 수 없게 된다는 모순이 있는 것이다.

3) 포르노그라피의 영향에 대한 연구 결과와 그 의미

한편, 피해 harm 라는 측면에서 성 표현물의 규제를 바라보는 시각은 여성의 문제에서 뿐 아니라 미성년자에 대한 보호라는 측면에서도 많이 논의가 되어 왔다. 특히, 최근 들어서 도덕적·규범적 규제에 대한 비판이 각계에서 제기되면서 포르노그라피의 영향과 피해를 고려하여 규제해야 하며, 이에 대한 과학적·분석적 근거가 중요하다는 지적들이 있었다. 음란물의 규제가 도덕적 관념에 의해서 뿐 아니라 성 표현의 유해성에 대한 사회 과학적 분석을 근거로 해서 이루어져야 하며 유해성에 대한 판단 역시 여러 가지 요인을 고려한 과학적 근거에 의해서 이루어져야 한다는 주장과(유의선, 1999), 포르노그라피의 규제를 최소한의 범위에서 효과적으로 해 나가기 위해 포르노그라피에 대한 영향을 과학적·객관적으로 연구하는 것이 중요하다는 주장 등이다(이은영, 1998: 160~1). 그렇다면 현재까지의 경험적·과학적 연구들이 포르노그라피의 영향에 대해 어떠한 결론을 내리는지를 알아보아야 할 것이다.

앞서 포르노그라피의 정의가 다양하다는 것을 살펴본 것처럼, 어떠한 용어를 사용하든 인간의 주관과 가치 판단이 개입되지 않을 수 없다는 점이 포르노그라피의 유해성 연구 결과의 해석을 어렵게 한다. 따라서 포르노그라피의 영향에 관한 연구 결과의 결론을 검토할 때에는 단순히 성적으로 노골적이고 선정적인 내용을 연구 대상으로 하였는지, 폭력적인 내용을 대상으로 하였는지, 여성 비하적인 내용을 대상으로 하였는지 등을 주의 깊게 살펴보아야 한다. 또한 여성이 받는 피해를 어떻게 개념화하는가의 문제도 있다. 포르노그라피의 유해한 영향에 대한 페미니스트들의 우려는 두 가지 측면으로 나누어 볼 수 있는데, 먼저 여성에 대한 폭력을 성적으로 묘사한 표현물의 영향과 여성을 종속적인 상황에서 묘사한 표현물의 영향이다. 전자는 포르노그라피가 여성에 대한 폭력의 원인이 된다는 주장이고, 후자는 여성 지배적이고 가부장적인 문화를 성적으로 자연스러운 것처럼 보게 되는 정신적인 원인이 된다는 것이다.

한국에서의 음란물이나 포르노그라피의 영향에 대한 연구는 많지 않은데, 한국형사정책연구원에서 주로 청소년에 미치는 영향을 중심으로 몇 가지 연구를 시행하였다. 대중 문화의 선정성이 청소년 성 범죄에 미치는 영향에 대한 연구에서 성적 표현에 대한 접촉이 성관련 비행을 유발시키는 직접적 효과를 가지기보다는 여성에 대한 가치 비하적 관념 및 왜곡된 성 의식 등에 더 큰 영향을 미친다는 점, 그리고 반사회적 태도의 형성이나 성 폭력 유발에 적용하는 요인으로 나타난 것이 폭력적 성 표현이지 선정적 성 표현은 아니었음을 밝혔다(한국형사정책연구원, 1998). 미국에서는 1970년 '음란성과 포르노에 대한 대통령위원회(일명 존슨위원회)'에서 최초로 대규모의 조사를 수행하였는데, 주로 가벼운 포르노그라피를 대상으로 하여 포르노그라피에 대한 노출과 이용이 범죄 및 기타 사회적, 개인적 해악 유발에 대한 인과 관계에서 중요한 의미를 지닌다는 신념을 뒷받침할 만한 증거 자료가 없다고 결론지었다. 반면 1986년의 '포르노그라피에 대한 법무장관위원회(일명 미즈위원회)'에서는 성 표현물을 폭력물, 비폭력이지만 인간의 가치를 저하시키고 품위를 손상시키는 표현물, 비폭력이고 비품위 손상적인 표현물, 나체 등 네 종류로 구분하여, 폭력적인 성 표현물이 반사회적인 성 폭력 행위를 유인한다는 것과, 경우에 따라 불법적인 성 폭력 행위도 일으킨다는 결론을 내렸다. 존슨위원회와 미즈위원회의 결론이 반드시 상반되는 것은 아니다 존슨위원회의 연구가 일반적인 성 표현물을 다루었다면 미즈위원회는 폭력적인 성 표현물에 중점을 두었기 때문이다. 많은 학자들은 미즈위원회에서 발견한 연구 결과를 포르노그라피 일반의 영향력을 검증한 것으로 제시하는 것(Schauer, 1987: 750; Donnerstein, Linz, & Penrod, 1987)과 이 결과를 바탕으로 음란물법의 강력한 시행과 포르노그라피 유통의 규제를 권고하는 것에 대해 비판하였다(Eisenstein, 1988: 168~70). 가장 큰 비판의 대상이 된 부분은 인과 관계에 대한 것으로서 포르노그라피는 성 폭력을 유발하는 많은 요인들 가운데 하나일 뿐이라는 것이다(Eisenstein, 1988: 166~7). 이에 대해서는 미즈위원회에서도 모호한 태도를 보였는데, 포르노그라피와 성 범죄 간의 상관 관계가 반드시 인과 관계를 의미하지는 않는다고 인정하였지만, 그러면서도 인과 관계에 대한 약간의 증거는 보여 주는 것이라고 주장했던 것이다.

지금까지의 연구 결과들을 종합해 보면, 성적 노골성의 영향력은 상대적으로 불분명한 반면 공격성이 가미된 성 표현물의 영향력은 많은 경우 검증되고 있다. 다만 선정적인 성 표현물의 개인적·사회적 영향에 대해서는 상충된 연구 결과들이 나오는데, 선정적인 성 표현물과 반사회적 행위 간에 인과 관계가 분명하지 않다는 연구 결과들이 적지 않은 반면, 성 표현물이 미치는 영향을 구체적인 실험을 통해 입증한 연구들도 있다. 한편 포르노그라피가 성 폭력과 성적 종속에 대한 태도에 미치는 간접적 영향은 페미니스트들의 주장에 따르면 가장 만연해 있고 강력한 것이면서도 가장 경험적 연구로 증명하기 어려운 것이다. 매키넌의 여성에 대한 피해의 개념은 집단으로서의 여성, 그리고 산재하는 사회적 환경에 관련된 것이어서 포르노그라피와 사회적 피해 간의 인과 관계 또는 상호 관계의 방향과 범위를 측정한다는 것이 거의 불가능한 것이다. 한 사회의 성 문화를 구성함에 있어서 포르노그라피의 역할은 어떠한 크기의 사회 과학적 연구로도 가늠하기 어렵다.

그렇다면 포르노그라피의 허용과 강간 발생률에 관한 국제적인 비교 연구가 유용한 실마리를 제공할 수 있을 텐데, 이 연구에 따르면 포르노를 허용하는 국가라고 해서 강간이 그렇지 않은 국가보다 많은 것은 아니다(이은영, 1998: 156). 세계에서 포르노그라피를 가장 먼저 허용했던 덴마크에서 오히려 포르노그라피의 합법화 이후 강간 발생률이 현저하게 감소한 것으로 나타났으며, 이러한 현상은 1960년대에 포르노그라피를 허용했던 스칸디나비아 국가들에서도 같았다. 한편으로 프랑스는 미국보다 포르노그라피를 더 허용하는데, 강간 발생률은 미국의 1/20에 불과하며 미국과 영국은 포르노그라피의 규제 정책에 있어서 별다른 차이가 없는데, 영국의 강간 발생률은 미국의 1/12로 나타났다는 것이다. 한국의 경우 포르노그라피의 규제가 다른 국가들에 비해 엄격한 편이지만 성 범죄율은 선진국에 비해 매우 높은 편이어서 포르노그라피의 규제와 성 범죄율이 반비례 관계에 있지 않다는 것을 보여 준다.

지금까지 많은 학자들이 사회의 풍습보다는 포르노그라피의 영향력에 대한 과학적·객관적 근거의 중요성을 지적하였는데, 지금까지 살펴본 많은 사회 과학적 분석들이 시사해 주는 것은 오히려 경험적 근거의 불확실함이다. 피해의 종류와 범위를 측정하는 데 있어서 여러 어려움이 있고, 모든 사회 과학적 연구들은 서베이, 인터뷰, 실험 등의 방법에 내재되어 있는 문제와 한계를 가지고 있다. 그러나 더욱 큰 문제는 객관적이고 과학적인 증거보다는 같은 경험적 증거에 대한 상이한 해석과 서로 다른 정도의 회의주의에 의해서, 어떠한 종류의 피해와 얼마만큼의 피해가 규제를 정당화하는가에 대한 의견이 이루어진다는 점이다. 따라서 포르노그라피를 찬성하고 싶은 사람이든 반대하는 사람이든 그의 주장을 뒷받침할 증거를 찾는 것은 어렵지 않다. 포르노그라피에 의한 피해에 대한 경험적 증거의 불확실성은 포르노그라피의 영향에 대한 '객관적' 증거의 탐구 노력에서만 연유하는 것은 아니다. 랜덜은 포르노그라피의 영향에 대해 어느 한편으로 명백한 증명을 보이는 것이 대부분의 사람의 인식이나 여론에 큰 차이를 가져올 것인지에 대해 질문하였고, 그의 결론은 그렇지 않다는 것이었다(Randall, 1989: 114). 렌덜은 포르노그라피의 영향에 대해 많은 사람들이 갖고 있는 시각은 비합리적인 부분이 많고, 영향에 대한 지식의 효용 자체가 의문스럽다고 주장한다. 자신보다는 타인들이 유해한 영향을 받는 것으로 느끼는 경우가 많았고, 포르노그라피가 유해하지 않다거나 흔히 생각되는 것보다는 덜 유해하다는 것이 밝혀진다 하더라도 이러한 시각은 변하지 않을 것이라는 것이다.[14] 어쨌든, 포르노그라피를 규제하려는 필요성과 욕구는 그것이 유해하다는 것에 대한 지식보다는 그것이 뭔가 불편한 것이라는 느낌에 더 근거하고 있는 듯하다. 포르노그라피에 대한 규제 역시 피해의 예방

---

14. 1970년의 서베이에 따르면 자신에게 미칠 것으로 느껴지는 영향과 다른 사람들에게 미쳤다고 가정하는 영향 간에는 큰 차이가 있었다(President's Commission, 1970).

보다는 오히려 통제의 행사에 관한 것일 수 있다는 위험성도 여기에 있다.

또한 이 유해성에 대한 판단 역시 사회적·도덕적 환경의 영향을 받는다는 것을 간과해서는 안 된다. 음란물이 최초로 규제를 받기 시작한 당시에는 선동적이거나 반종교적인 것이 사회적으로 유해하다고 생각되었고 이와 관련 없이 순수히 성적인 표현은 크게 해롭다고 여겨지지 않았다(Katsh, 1987). 그런데 근래에는 성 표현물을 문제시하면서 이러한 성 표현에 정치적 의미가 가미되어 있다고 판단되면 오히려 규제하지 않아야 할 근거로서 생각되어지는 것이다. 사회가 다양화되면서 유해성을 판단하는 것은 점점 더 어려워지고 있으며, 특히 사이버 공간상의 표현물이나 행위의 유해성을 판단하는 것은 더욱 단순한 문제가 아니다. 따라서 유해성을 과학적 근거에 따라서 판단하는 것도 중요하지만 변화하는 매체 환경에서 무엇이 유해한 것이냐에 대한 판단 자체가 사회적으로 이루어지고 변화한다는 것을 고려해야 할 것이다. 또한 무엇이 유해한 것인가의 판단은 성 표현물과 관련해 무엇이 문제다라는 관념의 사회적 구성 과정에 의해 영향을 받는 것이므로, 유해성의 개념을 하나의 고정된 것으로 보기보다는 현실 규범과의 상호 작용을 고려한 유동적인 개념으로 정립할 필요성도 있다고 본다. 다음은 매체 환경의 변화와 포르노그라피의 관계를 살펴본다.

4. 사이버 공간과 포르노그라피

사이버 공간이라는 새로운 환경에서 나타나는 포르노그라피의 문제를 조명해 보면 지금까지 우리 사회에서 존재해 왔던 성 표현에 대한 규범과 현실 간의 괴리가 극명하게 나타난다. 일반 국민들에게 물어보면 거의 모든 사람들이 포르노그라피를 본 적이 있다고 대답한다. 한국에서 포르노그라피의 판매와 배포가 법적으로 금지되어 왔음에도 불구하고 국민 모두가 포르노그라피를 접할 수 있고 접하고 있다는 사실은 무엇을 의미하는가? 특히 인터넷을 통한 포르노그라피의 사적 유통이 유행하다시피 하여 여러 포르노그라피 파일들이 친구 간, 직장 동료 간에 전송되고 있다. 즉, 지금까지 많은 사람들에게 성적인 것이 사적인 경험으로 나타난 반면, 포르노그라피가 점점 공적인 현상이 되고 이에 대한 담론의 공론화 현상이 일어나고 있는 것이다. 이는 매체 환경의 변화가 우리의 관념과 입장들에 변화를 주고 있음을 보여 주는 예라고 할 수 있다. 그럼에도 불구하고 최근 '인터넷 포르노그라피,' '사이버 음란물' 등 새로운 매체인 인터넷과 관련하여 포르노그라피에 대한 규제의 필요성은 더욱 강조되고 있다. 이러한 현상들이 사이버 공간과 여성 문제에 갖는 함의를 매체 발달과 정보 통제의 역사를 통해 조명해 보고자 한다.

1) 미디어의 발달과 포르노그라피 규제의 역사

역사적으로 새로운 매체가 발명되면 곧 이를 통제하려는 시도가 뒤따르곤 했는데, 언론·표현의 자유와 이에 대한 통제간의 역학 관계는 정보의 생산과 유통 방식의 변화에 맞추어 발달해 왔다고 볼 수 있다(Katsh, 1987: 17~48). 인쇄 매체가 발달하면서 대량 생산과 배포가 가능해지면 이를 통한 지식이 해방의 도구로 쓰여지는 것을 두려워하여 기득권층은 저작권, 검열 등을 통해 새로운 기술을 통제하려 하였다. 포르노그라피 규제의 역사도 이와 맥락을 같이한다. 포르노그라피의 존재는 인류가 존재하면서부터 시작되었다고 할 수 있겠지만 성적인 표현을 포르노그라피 또는 음란물로 규정하여 규제하기 시작한 것은 그리 오래된 일이 아니다(Katsh, 1987: 181~9). 음란물 규제법의 생성 자체가 바로 인쇄술이라는 매체의 발달과 직접적인 연관이 있는데, 성적 표현물은 거의 모든 시대와 사회에서 찾아볼 수 있지만 이전에는 법이 아닌 커뮤니티의 통제 등만 존재했다. 인쇄술의 발달 이전에는 글쓰기를 통한 생산과 분배의 한계가 법보다 더욱 효과적인 통제의 수단으로 작용했던 것이다. 소수의 엘리트에게만 접근 가능했던 성 표현물이 인쇄술의 발달로 다량으로 출판되고 많은 사람들이 이를 볼 수 있게 되면서 법적 통제의 필요성이 생겨났다. 즉, 음란물법은 매체의 발달로 인한 커뮤니케이션 환경 변화의 결과로서 나타난 것이다.

그렇다면 새로운 매체 환경에서 음란물법을 새로운 매체에 어떻게 적용하느냐, 어떻게 법을 새로 제정하거나 바꾸느냐가 아니라, 오히려 어떠한 문제가 있을 때 여기에 법적 방법을 사용하는 것이 타당한가의 보다 근본적인 문제에 눈을 돌려야 할 것이다. 최근 실정법의 처벌뿐 아니라 부모의 역할, 필터링 소프트웨어, 사회적 교육 등의 처방이 함께 강구되어야 한다는 지적이 많고(유의선, 1999), 자율 규제 방법의 효율성에 대해서도 많은 논의가 이루어지고 있다(안동근·우지숙, 1998). 이러한 방법들을 법의 보완으로서 해석할 수도 있겠지만, 매체 환경의 변화에 따라 일반적인 '법'의 역할과 위치가 변화하는 과정이 아닌가에 대해 생각해 볼 필요가 있다.

2) 사이버 공간의 이해와 유해성 개념의 다양화

매체 환경의 변화를 이해하기 위해서는 혼성과 잔여의 개념이 중요하다. 새로운 미디어가 기존의 미디어를 대체하기보다는 기존 미디어의 문화적 효과가 새로운 미디어의 위치를 조정하기 때문이다. 또한 새로운 미디어는 기존의 미디어가 쇠퇴시켰던 구조적인 특성이나 문화적 현상을 부활시킬 수도 있다. 전자 미디어가 발달했다고 해서 책이 없어지는 것이 아니라 그 문화적 특징이 전자 미디어의 사용에 잠재적인 요소로 작용하고 있다. 또한 약화되었던 구술 시대의 문화가 다시 새롭게 조성되기도 한다. 사이버 공간이라는 것은 전자 매체와 인쇄 매체의 문화가 혼재해 있으며, 구어, 쓰기, 인쇄술, 전자 매체가 혼합되어 있는 사회라고 볼 수 있다. 따라서 이들 간의 상호 작용을 고려한 통합적 접근 방법이 필요할 것이고, 매체의 변화로 인한 전체적 사회 환경의 변화에도 주의를 기울여야 한다. 특히, 포르노그라피의 유해성 개념을 근거로 한 규제 정책을 수립함에 있어서 사이버 공간의 특성에 대한 이해는 필수적이다. 지금까지 사이버 포르노그라피에 대한 담론은 많이 있었지만 매체의 특성을 고려하여 이를 유해성의 개념과 연결시킨 체계적인 시도는 유의선(1999)에서 찾아볼 수 있다. 유의선은 사이버 공간상 성 표현물의 유해성 추정에 있어서 송신자의 성 표현물 배포 및 유통 동기, 성 표현물의 유형, 전달의 매체, 수용자의 특성 등의 요인을 고려하고 이에 따라 규제의 유형이 달라져야 한다고 보았다. 사이버 공간에서의 여성의 피해 문제와 관련하여 중요한 결론은 이전의 연구들에서와 마찬가지로 음란물과 저속한 성 표현 간의 차이보다는 폭력과 공격성이 가미된 성 표현물인지의 문제가 유해성 판별에서 고려되어야 한다는 것이다. 청소년에 대한 유해성의 문제뿐만 아니라 여성의 피해라는 관점에서의 유해성 역시 지금까지의 판례에서처럼 성 표현물의 선정성에 1차적으로 근거하기보다는 폭력성의 유무에 근거하여 판단되어야 한다.

또한 똑같은 내용의 성 표현물이라도 매체의 특성에 따라 다르게 규제되어야 한다는 주장이 있어 왔다. 유의선 역시 전달의 매체가 대중 매체인 경우와 사이버 매체의 경우를 구분하여, 통상적으로 수용자의 자발적 메시지 접촉 의지에 따라 개인적 소비를 위주로 한 쌍방향 서비스 매체인 사이버 매체의 경우에는 성 표현물 이용의 유해성이 입증되지 않는 한 그 규제를 신중히 해야 한다고 보고 있다.

매체에 따른 규제의 다원화 문제는 원리적, 실행적 문제들로 인해 아직까지 논란이 많은 분야이기는 하지만 그 실제적 필요성 때문에 결국은 규제 방식의 차이가 받아들여지는 경향을 보이고 있다. 그런데 앞에서 지적했듯이, 매체 환경의 특성이나 문화는 혼재되어 존재하는 경우가 많으므로 한 매체의 특성을 고정적으로 정의하여 규제의 틀 자체를 다르게 하기보다는 보다 유동적인 입장에서 매체의 특성이 지속적으로 변화할 수 있음을 고려하는 것이 필요할 것이다. 예를 들어, 사이버 공간의 특징을 흔히 쌍방향성, 개인성, 익명성 등으로 보는데, 실제적으로는 PC 통신상의 시숍에 의한 통제가 가능하여 성 표현물의 전송자 및 유통자에 대한 적발 및 처벌의 어려움이 덜할 수도 있고(유의선, 1999), 인터넷에서조차 쿠키 파일 이용 등으로 익명 성이 오히려 보장이 되지 않는 공간일 수도 있다는 것이다. 또한 인터넷의 사용은 개인적인 것이라고 가정되고 있지만 경우에 따라, 특히 유명한 성적 파일의 유통과 같은 경우에 친구들이나 직장 동료 간의 다른 커뮤니케이션 네트워크를 통해 전파되면서 일종의 공공 정보의 성격을 띄게 되는 현상을 보이기도 하므로 사이버 공간나 이를 통한 커뮤니케이션의 특성은 한 마디로 정의할 수 없는 복잡한 것이라 할 수 있다. 또한 사이버 공간에서 성 표현물의 수용자를 청소년과 성인으로 나누어 경우에 따라 그 규제를 달리하는 것은 이미 받아들여지고 있는데, 여성에 대한 피해를 판별함에 있어서 수용자의 성별이나 나이, 또는 다른 특성이 어떻게 작용하는지에 대해서는 아직 연구된 바가 없는 듯하다. 여성에 대한 피해의 경우 수용자로서의 여성뿐 아니라 성 표현물에 등장하는 여성의 직접적 피해 및 이를 관찰하고 있는 여성 다수의 새로운 매체 환경에 대한 공포심과 불안감 등과 같이, 기존의 성 표현물의 피해의 범주에 들어가지 않는 새로운 종류의 피해에 대한 개념화 작업도 필요하다. 앞으로 성 표현물의 유형, 매체의 다양한 특성, 수용자의 성별, 연령 및 사회 문화적 특성 등의 조합에 따른 유해성의 측정과 함께 다양한 종류의 유해성 개념을 포괄적으로 사용한 실험적 연구가 요구된다.

3) 비주얼과 디지털 정보

근래의 매체 환경을 이해하기 위한 또 하나의 중요한 개념이 시각 매체로서의 인터넷과 정보의 디지털화이다. 인터넷이라는 새로운 매체의 출현으로 인해 더욱 강력하게 포르노그라피를 규제하고자 하는 주장이 있는 것은 다만 유통의 용이함 때문만이 아니라 인터넷이 영상물을 제작하고 전송하는 시각 매체로서 작용한다는 것과도 관련이 있다. 최근 들어 점점 텍스트로 표현되는 문학 작품보다는 비디오 등 영상물의 규제에 논의와 법 시행의 초점이 맞추어지고 있다. 물론 매체의 특성과 관련해 구체적인 구분을 짓지 않고자 하는 것이 미국 법의 입장이고 한국에서도 텍스트와 비주얼을 드러내 놓게 다르게 취급하지는 않는다. 판례에서도 텍스트와 비주얼의 구분을 하여 다르게 취급하지 않는다. 그러나 지난 10~20년간 미국의 음란물 판례를 보면 대부분의 경우 영상물이 기소된 것을 알 수 있는데, 그 이유는 검사들이 주로 영상물을 기소하려 하기 때문이다. 특히 사진이 규제의 대상이 되는 이유는 사진이라는 매체의 특성에서 기인하는 데, 사람들이 흔히 사진을 진실한 것으로 보기 때문이고 여기에서 사진의 효과가 나타나기 때문이다. 사진의 등장으로 모사 처리가 거의 완벽해진 이후 많은 사람들이 사진은 거짓말을 할 수 없는 매체라고 믿게 되었고, 사진과 비디오를 통한 포르노그라피 역시 더 큰 제재를 받아 왔다. 하지만 실제로는 사진이 혼동되기도 쉽고 만드는 사람이 조작하기도 쉽다는 것은 주지의 사실이다. 그렇다면 영상 이미지의 강력한 효과는 주로 그 비인지적 특성과 관련한 듯한데, 인지적 과정보다는 인간 본성에 신속히 어필하는 감정적 과정이기 때문이다

(Arnheim, 1986). 즉, 영상 예술이 우리의 감정과 직관을 자극하기 때문에 상당한 위력을 행사하는 것인지도 모른다(Barry, 1997).

그러나 영상물의 위력이 영상물 자체의 영향력에서가 아니라 인간 내부의 감정과 욕망에서 나올 수 있다는 가능성에 주의를 기울일 필요가 있다(Feedberg, 1989). 이는 영상물의 영향력이라는 것이 우리 자신의 본능에 대한 두려움과 이를 인정하지 않으려는 노력에서 기인하는 것임을 시사한다. 포르노그라피에 대한 정의가 저마다 다른 반면, 포르노그라피라는 용어는 역사적으로 부정적인 의미로 인식되어 있다. 즉, 포르노그라피란 각각의 사람들이나 집단들이 반대하고자 하는 성적인 표현을 의미하곤 한다. 노골적 성행위의 표현을 원하지 않는 사람들은 그것을 포르노그라피라 부르고, 젠더 문제를 중요시하는 사람들은 여성 비하적인 성 표현을 포르노그라피라고 부른다. 그렇다면 포르노그라피는 우리에게 무엇인가? 우리가 싫어하고 두려워하는 무엇이다. 근대 사회에서 성에 대한 표현을 가장 억압해 온 것은 성에 관련하여 인간에게 숨기고 싶은 부분이 가장 많다는 것을 보여 주는 것인지도 모른다. 그렇기 때문에 그토록 감정적인 반응을 보이게 되는 것이며 또 쉽게 영향을 받는 것인지도 모른다. 따라서 포르노그라피, 또는 성 표현물의 영향을 논함에 있어서 우리가 무엇을 왜 문제라고 보는가에 대한 '금기'의 문제를 생각해 보아야 할 것이다. 따라서 영상물의 규제 문제를 다룸에 있어서도, 그것이 사회와 개인에 대해 실제적 영향력을 발휘하기 때문인 부분과 영상물이 텍스트보다 우리가 인정하지 않으려는 자신의 본 모습을 더욱 잘 드러내주기 때문에 피하려는 경향 때문인 부분을 구분할 필요성이 생긴다.

사진이나 영화의 경우에서처럼 새로운 대중 매체가 이전의 매체보다 더 강력하거나 타락하기 쉬운 것으로 보여지는 경우는 많이 있어 왔다(렁, 1994: 289). 이렇게 새로운 미디어는 이전의 미디어보다 더 음란한 것으로 간주되곤 한다. 최근의 포르노그라피 반대 운동가들이 인쇄 매체보다 시각 매체에 더 관심을 기울이고, 인터넷상의 포르노그래피가 더 큰 사회적 관심을 불러일으키고 있는 것도 같은 이유에서이다. 급진적 페미니스트들이 미디어상의 이미지와 현실의 행동을 동일하게 취급했는데, 그 이면에는 비디오에서의 시각적 표상이 인쇄 매체의 이미지보다 더 사실적이라고 생각하는 경향이 있는 것이다(랭, 1994: 291). 그런데 디지털화된 정보의 프로세싱을 가능하게 하는 인터넷 환경에서는 정보의 사실성과 정보의 조작 가능성이 함께 존재한다는 것이어서 더욱 어려운 문제로 인식된다. 이렇게 현재의 매체 환경이 뉴 미디어에서 멀티미디어로 옮아간다는 것이 여성에게 갖는 잠재적 함의는 매우 심각할 것인데 이에 대해 자세히 살펴보겠다.

4) 멀티미디어와 젠더

우리가 흔히 사이버 포르노그래피에 대한 논의를 할 때 이는 주로 정보의 전송과 관련한 것으로서, 텍스트와 이미지가 빠른 속도로 전송되고 청소년을 포함한 많은 사람들이 쉽게, 비밀리에 접근할 수 있으며 국경의 제한을 받지 않는다는 특성과 연관된 것이다(한국형사정책연구원, 1992; 성동규·김왕석, 1997; 황성기, 1998 등). 'O양 비디오' 역시 인터넷을 통한 유통이 아니었다면 그렇게 큰 파장을 남기지는 않았을 것이다. 그러나 컴퓨터 기술의 발달은 기존의 포르노그래피를 컴퓨터 매체를 사용하여 유통하는 것뿐만 아니라 컴퓨터 그래픽이나 애니메이션을 이용한 포르노그래피를 생산할 수 있게 함으로써 새로운 이슈를 제기하고 있다. 최근 연예인 또는 연예인을 닮은 사람들의 누드나 성행위를 담은 동영상물이 인터넷을 통해 많이 유통되면서 그 진위 여부가 논란이 되고 있는데, 디지털 정보의 통합을 통한 제작이 가능해짐에 따라 이러한 문제는 더욱 심각해질 것이다. 이제는 컴퓨터 기술을 사용하여 실제로 존재하지 않는 것, 존재가 가능하지만 아직 존재하지 않는 것까지도 보여 줄 수 있게 되어 정보의 진위 여부를 가리기가 매우 어렵게 되었다(김성재, 1997). 따라서 현재의 매체 환경이 뉴 미디어에서 멀티미디어로 옮아가게 됨에 따라 앞으로의 사이버 공간 포르노그라피 문제는 유통의 문제보다는 정보의 통합으로 인한 제작 및 조작의 문제가 될 것이다.

이렇게 기술의 발달로 실제 인물의 존재를 암시하는 포르노그라피 제작이 가능해졌다는 것이 많은 일반인들에게는 다만 또 다른 즐거움을 제공하는 것인지 모르지만, 여성의 입장에서는 언제 누가 자신에 대한 무엇을 만들어 내어 유포할 지 모른다는 공포 속에서 살게 된다는 것을 뜻하는 것이다. 이렇게 조작물을 비롯한 어떠한 파일이 유통될 지 모르는 상황에서 어느 누구도 자유롭지는 않게 된다. 그러나 진위를 알 수 없는 수많은 정보의 홍수 속에서 남성과 여성의 피해의 크기는 아마도 서로 같지 않을 것이다. 이는 'O양 비디오' 사건에서 주인공 남자와 여자의 입장이 현저한 차이를 보인 것을 보면 잘 알 수 있다. 앞으로는 정보의 합성이나 조작을 통한 컴퓨터 파일의 유통이 점점 늘어날 것인데 일반인들이 이러한 정보 조작의 가능성에도 불구하고 컴퓨터 파일에 등장하게 되는 운 없는 여성들을 계속적인 비난과 비웃음의 대상으로만 삼을 것인지, 아니면 이러한 매체 환경에 대한 인식을 바탕으로 그 진위 여부를 다시 생각해 보고 한 번 걸러서 생각할 것인지에 따라 여성의 피해는 달라질 것이라고 본다.

5. 사이버 공간과 여성의 피해

이 글에서는 포르노그라피에 대한 규제의 근거들과 관련된 논의들을 살펴봄으로써 사이버 공간과 젠더에 관한 쟁점과 함의를 찾아보고자 하였다. 매체 환경의 변화와 정보의 규제, 여성의 입장 등에 관한 각각의 이슈들이 그 자체로서도 어려운 문제이면서 또 서로 밀접하게 관련되어 있어서 실마리를 풀어 나가기가 어렵다는 사실을 다시 한 번 확인했다. 인쇄 매체의 발달과 맥락을 같이하여 생겨나기 시작한 음란물 규제법은 기득권층의 통제 메커니즘으로 작용하기 위해 사회의 도덕성 유지에 치중했던 전통에서 아직 벗어나지 못하고 있다. 사회 전체의 성 도덕과 성 질서를 유지하기 위한 음란물법의 체제는 기존의 지배 메커니즘을 재생산할 뿐이라는 급진적 페미니스트들의 주장은 그래서 일리가 있고, 이들로 인해 도덕성이나 내용 자체의 음란성 판단에서 여성에 대한 피해의 문제로 논의의 초점이 옮겨감으로써 여성들의 입장이 담론의 중심에 서게 되었다는 점에서 큰 의의가 있다. 그러나 이들 급진적 페미니스트들의 주장과 이론이 사회적 권력 관계로서의 젠더와 여성의 섹슈얼리티 간의 복합적 관계를 지나치게 단순화하고, 담론으로서의 포르노그라피가 가질 수 있는 다의미성을 인정하지 않음으로써 오히려 여성뿐만 아니라 모든 일반 대중들의 자유를 통치자의 입장에서 제한하려는 보수주의자들의 입장과 맥락을 같이하는 결과를 낳았다는 것은 안타까운 일이다. 그러나 이러한 논의들을 살펴봄으로써 우리가 얻을 수 있는 것은 포르노그라피는 나쁘다, 성적인 표현은 사회적으로 바람직하지 않으므로 규제되어야 한다는 식의 상식적이고 규범적인 입장에서 벗어나 성적인 존재로서의 여성과 남성, 사회적 존재로서의 여성과 남성, 현실을 나타내는 담론으로서의 포르노그라피, 그리고 현실을 고발하고 비판하고 변화시키기 위한 매체로서의 포르노그라피에 대해 다시 한번 생각해 볼 기회를 가졌다는 것이다.

그렇다면 다시 처음의 문제로 돌아가 사회의 도덕성을 바탕으로 하는 음란물 규제의 법적 근거와 여성에 대한 피해를 바탕으로 하는 페미니스트들의 포르노그라피 비판 사이에서, 사이버 공간상의 여성의 위치를 생각하는 우리는 과연 어떠한 입장을 취해야 하는 것인가?

페미니스트들은 여성 비하에 따른 피해의 문제를 논하였지만, 여성의 피해를 줄인다는 것이 단순히 음란 포르노물을 규제하는 것으로만 달성될 수 있는 것인가? 잘 생각해 보면 여성의 입장에서 보면 점점 포르노그라피와 관련한 관념적 피해에서 좀더 실제적인 피해, 개인적인 피해의 문제가 심각해지는 듯하다. 무엇보다도 매키넌 등 페미니스트의 입장에서는 'O양 비디오'를 포르노그라피로 보지 않는다. 이는 폭력적, 종속적, 여성 비하적 내용이라기보다는 좋아하는 사람간의 노골적 성행위의 표현일 뿐이기 때문이다. 따라서 이들이 주장하는 금지의 대상이 아니다. 그러나 여기에서 그녀가 입은 개인적 피해는 엄청나다. 반면에 상대 남성의 피해는 그 정도로 심각하지 않았고, 이 비디오의 유통으로 인한 여성들의 일반적 피해가 있었다고 주장하기에는 그 근거가 희박하다. 즉, O양의 문제는 이러한 비디오가 유통되었다는 사실이 여성에게 순결을 강요하는, 남성을 다른 잣대로 판단하는 기존의 도덕 관념과 맞물려 일어난 사건이라고 하겠고, 바로 여기에서 젠더의 문제가 포르노그라피의 문제와 결합하는 것이다. 그리고 바로 이것이 도덕성에 바탕을 둔 규제의 근거를 다만 비판하고 피하기보다는 그 도덕 관념의 변화를 정면으로 분석해야 하는 이유이다. 사회의 실제적 성 풍습이 변화하였는데도 여성의 도덕 관념에 대해서는 비현실적이지는 않은지를 살펴보아야 하는 것이다.

결론적으로 사이버 공간에서 포르노그라피를 규제하는가 아닌가의 문제는 여성의 입장에서 가장 중요한 문제는 아닐 수 있다. 오히려 섹슈얼리티의 문제가 젠더의 문제에서 벗어날 수 없는 부분, 여성의 섹슈얼리티와 기존의 젠더 의식이 충돌하는 부분, 바로 그래서 여성이 크나큰 피해를 입게되는 부분이 무엇인지를 고찰하는 것이 앞으로의 과제라 하겠다. 사이버 공간상에서는 이러한 부분들이 더 이상 매키넌식의 여성 비하적 성 표현물이 아닐 수도 있고, 그렇기 때문에 포르노그라피 금지의 법제화를 통해서 여성의 피해 문제를 해결하는 데에는 한계가 있는 것이다. 기술의 발달로 인한 수많은 가능성과 새로운 매체 환경에서 기존의 가치관이 혼재되어 있는 것이 여성에게는 가장 불안한 것일 수 있다. 그렇다면 포괄적 사회 환경의 컨텍스트에서 여성의 경험을 충분히 이해하고 이와 관련하여 성 표현물이 갖는 역할을 생각해 보는 것이 가장 시급한 문제라 하겠다. 이러한 여성의 불안과 공포심을 지금까지 논의된 여성의 피해 개념과 성 표현물 생산 및 유통의 유해성 개념 안에 포괄하는 것이 사이버 공간의 성 표현물과 젠더 문제 관련 연구 및 사회적·정책적 담론에서 가장 필요한 작업일 것이다.

참고 문헌

구자순 (1999). "사이버스페이스에서 성 정체성과 의사 소통 형태," <사이버커뮤니케이션학보>, 제4호, pp.5~40.
김성재 (1997). "기술적 형상의 미학과 새로운 매체 현실," <한국언론학보>, 제42-2호, pp.44~76.
김유정·조수선 (1999). "새로운 매체, 새로운 성 차별: 컴퓨터 매개 커뮤니케이션을 중심으로," 한국언론학회 여성커뮤니케이션연구회 제25-1차 쟁점과 토론 발표 논문집, pp.1~19.
링, 웨이팅 (1994). "'포르노그라피' 성 차별과 성 욕망의 억압적 담론," ≪성·미디어·문화: 여성과 커뮤니케이션≫. 정인숙 옮김. 나남.
성동규·김왕석 (1997). "인터넷 포르노그라피, 그 표현의 자유와 한계," <한국언론학보>, 제42-2호, pp.227~60.
안동근·우지숙 (1998). "정보 내용 문제," 전자 상거래 국가 전략 수립 제2차 토론회, 한국전산원.
유의선 (1999). "사이버 공간상의 성 표현물에 대한 법적 해석," <한국언론학보>, 제43-5호, pp.187~220.

윤혜준 (1998). "포르노에도 텍스트가 있는가," ≪성과 사회: 담론과 문화≫. 나남.

이수연 (1999). "사이버 포르노와 여성: 사이버 포르노의 인식론, 수용, 그리고 Gender," 한국언론학회 여성커뮤니케이션연구회 제25-1차 쟁점과 토론 발표 논문집, pp.21 ~ 32.

이은영 (1998). "포르노, 문학 작품, 그리고 법," ≪성과 사회: 담론과 문화≫. 나남.

한국형사정책연구원 (1992). <음란물의 법적 규제 및 대책에 관한 연구>.

─── (1998). <대중 문화의 선정성이 청소년 성 범죄에 미치는 영향>.

황승흠 (1998), "사이버 포르노그라피에 관한 법적 통제의 문제점," 사이버커뮤니 케이션학회 창립 2주년 세미나, 1998. 11. 27.

Adler, A. M. (1990). "Post-Modern Art and the Death of Obscenity Law," *99 Yale Law Journal.* pp.1359 ~ 78.

─── (1996). "What's Left?: Hate Speech, Pornography, and the Problem for Artistic Expression," *84 California Law Review*, pp.1 ~ 74.

American Booksellers Association v. Hudnut (1986). 771 F.2d 323 (7th Cir. 1985), aff'd, 475 U. S. 1001.

Arnheim, R. (1986). "The Images of Pictures and Words," *Word & Image* 2(4).

Attorney General's Commission on Pornography (1986). Final Report. Department of Justice.

Barry, A. (1997). *Visual Intelligence: Perception, Image, and Manipulation in Visual Communication.* Albany, NY: State University of New York Press.

Donnerstein, E., Linz, D., & Penrod, S. (1987). "The Question of Pornography," *Research Findings and Policy Implications.*

Duggan, L., Hunter, N., & Vance, C. S. (1985) "False Promises: Feminist Legislation in the U. S.," in Burstyn, Women Against Censorship.

Dworkin, A. & MacKinnon, C. (1988). *Pornography and Civil Rights: A New Day for Women's Equality.* Minneapolis: Organization Against Pornography.

Eisentein, Z. R. (1988). *The Female Body and the Law.* Berkeley: University of California Press.

Feedberg, D. (1989). *The Power of Images.* Chicago: University of Chicago Press.

Katsh, M. E. (1989). *The Electronic Media and the Transformation of Law.* Oxford: Oxford University Press.

MacKinnon, C. (1984). "Not a Moral Issue," *2 Yale Law and Policy Review*, Spring.

─── (1987). *Feminism Unmodified: Discourses in Life and Laws.* Cambridge, Mass: Harvard University Press.

————— (1989). A. *Toward a Feminist Theory of the State*. Cambridge: Harvard University Press.

Presidential Commission (1970). Report of the Commission on Obscenity and Pornography.

Saunders, K. W. (1996). *Violence as Obscenity: Limiting the Media's First Amendment Protection*. Durham & London: Duke University Press.

Schauer, F. F. (1987). "Causation Theory and the Causes of Sexual Violence," *American Bar Foundation Research Journal* 737.

Strossen, N. (1993). "A Feminist Critique of 'The' Feminist Critique of Pornography," 79 *Virginia Law Review*, 1099.

2부

여성과 사이버 커뮤니케이션

4. 가상 공간에서의 젠더 논의:

컴퓨터 매개 커뮤니케이션을 중심으로

김유정 · 조수선

당신이 개일지라도 개라는 것을 모른다.

당신이 개라는 것을 모른다 해도, 여전히 당신은 평등해지지 않을 것이다.

마크 한킨스

새로운 매체의 등장은 기존의 논의들을 불가피하게 수정시킨다. 그 이유는 매체 특성이 달라진 상황에서 기존의 논의가 정당화되지 못하기 때문이다. 젠더 논의도 마찬가지다. 버틀러(1990)는 젠더 논의가 결코 확정된 것이 아니라 항상 유동적이라고 했다. 지금껏 행해진 매체와 관련된 젠더 논의는 생물학적인 구분이 가시적으로 확인되는 남성과 여성에 대한 차별화된 처리 *treatment*에 초점을 맞췄다. 그러나 가시적인 젠더 확인이 불가능한 매체 상황에서는 이 논의 또한 다시 생각해 볼 필요가 있다.

컴퓨터 매개 커뮤니케이션(*computer-mediated communication*: CMC) 상황에서는 물리적인 공간에서 참여자의 존재가 노출되는 일반적인 커뮤니케이션 상황과 달리 이용자들의 신분이 확인되지 않는다. 이와 관련하여 두 가지 상이한 주장들이 제기되었다. 매체 특성적 접근을 시도한 초기 연구들(Hiltz & Turoff, 1978; Kiesler, Siegel, & McGuire, 1984; Rice & Love, 1987)은 평등 패러다임에 근거한 젠더 평등을 주장한 반면에 탄넨(1990)을 비롯한 언어학자들은 CMC 텍스트상에서 표출되는 젠더 차별론을 제기한다.

매체 특성적인 접근에서 볼 때, CMC는 나이, 인종, 젠더의 차별이 없는 유토피아적인 매체이므로 젠더의 차별이 배제되었다. 상대방을 눈으로 확인함으로써 커뮤니케이션 과정이 진행되는 면 대 면 상황에서는 젠더의 구별이 확연하고 이에 따른 차별화가 뒤따른다. 대중 매체에서도 젠더 노출에 따른 정형화된 이데올로기가 적용된다. 이와 달리 CMC에서는 서로의 젠더를 확인할 수 없기 때문에 상이한 젠더에 따른 차별적인 적용이 없는 것이 당연할 것이다. 이처럼 매체 특성상 CMC는 이용자가 남성 혹은 여성이냐는 중요치 않아 거의 유일하게 남성 지배적이 아닌 성이 평등하게 취급되는 매체로 간주된다.

그러나 이용자들의 신분이 확인되지 않은 상황에서의 젠더 논의는 무의미하다고 하지만 많은 학자들이 CMC에서의 남성과 여성의 매체 이용 형태와 메시지 교환 유형의 상이함을 지적한다. 특히 언어 여성학자들은 CMC상에서 젠더의 실체는 확인되지 않지만 CMC의 주된 표현 방식인 언어적 표현에 젠더의 상이한 문화가 반영되기 때문에 젠더의 차별은 여전히 존재한다고 주장한다. 이들 주장에 따르면 CMC는 또 하나의 여성과 남성이 차별화되는 매체일 뿐이다.

CMC 연구자들과 언어 여성학자들은 상반된 주장을 제시하지만 모두 일리가 있다. 매체 특성적인 측면에서 보면 CMC는 분명 평등화된 매체이며 젠더의 특유한 문화가 언어적으로 표출된다는 가정 또한 근거가 있다. 따라서 이 글에서는 이러한 논의들을 수용하는 가운데 젠더에 대한 개념을 재구성한 것으로 확인된 CMC에 대해 논의하고자 한다. CMC에서의 젠더 문제를 논의함에 있어 매체 특성적인

측면에서 설명되는 평등의 매체적 시각과 언어 여성학자들이 CMC를
또 하나의 젠더 매체로 간주하는 가정들을 수용하는 가운데 젠더 논
의를 풀어 가려 한다.

1. CMC와 새로운 젠더 논의

1) 현실 세계 vs 가상 공간

테크놀로지 출현 이후 기존의 많은 개념들이 재해석되거나 재구성되
었다. 과거 이분화되고 남성의 상대적 개념 혹은 남성에 대한 차별적
이고 주변적인 개념으로 여성에게 적용하던 젠더 개념은 이제 무의
미해졌다. 가시적인 구분이 명확하고 이분화된 젠더 논의는 현실 세
계적인 의미이며 가상 공간에서는 그 논의가 달라진다.

현실 세계는 다양성을 수용한다. 따라서 현실 세계에는 다양한
인종과 연령이 다른 사람들, 신체 조건이 다른 남성과 여성이 있으며
이러한 것이 가시적으로 표출되기 때문에 이질적인*heterogeneous* 특성
이 있다. 또한 이들 이질적인 집단들 간에는 가시적인 벽이 들어서
있어 획일화된 가치가 적용되지 않기 때문에 어느 특정 집단이 주도
권을 갖게 된다.

그 결과 현실 세계에서는 어디서나 남성과 여성의 분리적인 태
도와 개념들이 만연되어 젠더에 대한 이분화되고 차등화된 현상들을
확인하면서 성에 대한 차별 / 구별이 인정된다(Lombard & Ditton, 1997).
이는 현실 세계에서는 '보이는 것'에 따라 확인하는 사회적 리얼리즘
이 통용되는 것과 관련된다. 사회적 리얼리즘은 파란 하늘을 보면서
하늘이 파랗다고 인정하는 것이다. 인식적 차원에서나 개념적으로 여
성과 남성이 평등하다고 인지할지라도 현실 세계에서 펼쳐지는 차별

현실 세계와 달리 가상 공간에서는 여성과 남성이 평등한가?

화된 상황을 확인하면서 젠더에 대한 평등성을 인정하지 않고 대신 차등을 인정하게 된다는 것이다.

사회적 리얼리즘 관점에서 볼 때, 현실 세계에서의 젠더 차별은 가시적으로 확인되는 남성과 여성 간의 생물학적인 구분에서 기인된다. 버틀러(1990)는 현실 공간에서의 젠더 차별은 생물학적으로 남성과 여성이 분간되기 때문이라고 주장했다. 여성은 남성의 상대 개념으로 적용되기 때문에 신체적으로 '강함'에 대한 상대적인 개념인 '약함'이 여성에게 적용되고 이러한 상대적 개념이 점차 확대되어 적용되다 보니 사회 전반에 걸쳐 여성을 남성에 비해 '약한' 역할로 차별화한다. 이는 결국 젠더에 대한 정형화된 틀을 형성하게 된다. 그 결과, 정형화되고 차별적으로 묘사되는 젠더 양상을 우리는 일반화된 젠더 개념으로 인식하게 된다(Mulvaney, 1994).

반면에 가상 공간은 젠더, 나이, 인종, 기타 다른 가시적인 구별을 확인할 수 없는 유토피아 같은 공간으로 인식된다. 가상 공간에서는 사회에서 통용되는 이분화된 개념들, 마음과 몸, 여성과 남성, 동물과 인간, 공중과 개인, 자연과 문화, 원시인과 문화인으로 구분되는 체계에 의문을 제시한다(Haraway, 1991). 가상 공간에 참여하는 모든 이용자들은 그들의 배경이 무시된 채 단지 가상 공간을 통해 커뮤니케이션 과정에 참여한다는 것이 중요할 따름이다. 그러므로 다양한 자신들의 배경들은 이용자라는 하나의 상황으로 획일화되어 이들은 모두 동질적인 *homogeneous* 집단으로 변환된다.

그러므로 가상 공간에서의 젠더는 신체적인 구분에 의한 여성 / 남성의 의미가 아니다. 버틀러의 주장대로 젠더 차별이 신체적인 여성 / 남성의 확인으로 초래되었다면 이러한 확인이 불가능한 가상 공간에서의 젠더 논의는 차별이 아닌 평등의 논의로 재구성되어야 한다. 가상 공간에서의 여성은 남성과 동일시되어 텍스트상으로는 똑같은 기호와 조건을 갖는 동등한 대상으로 인정받기 때문에 여성 / 남성으로 이분화되지 않을 뿐만 아니라 그로 인한 층화 현상도 야기되지 않는다. 가상 공간에서는 인식적 리얼리즘 *perceptual realism* 에 의해 주도되기 때문이다. 인식적 리얼리즘은 실제로 제시되는 것에 따라 느끼기보다는 표현된 텍스트에 대한 해석을 근거로 판단하는 것이다. 인식적 리얼리즘에서는 하늘이 파랗다는 것을 개념적으로 확인할 뿐이다. 이처럼 인식적 리얼리즘에서는 텍스트에 표현된 개념적 해독에 충실하기 때문에 가시적인 형상에 의한 전형화되고 차별적인 지각을 방지할 수 있다.

이처럼 여성과 남성의 평등은 실제 공간이 아닌 가상 공간이 대상이다. 젠더 구별이 단지 신체적인 요인에 의해 결정된다면 차별을 가져다 주는 신체적 요인을 파악할 수 없는 상황에서는 당연히 성이 구분되지 않을 뿐만 아니라 젠더라는 개념이 모호해진다. 그러나 이에 대한 반대의 주장들이 제기된다. 웨버(1976)를 비롯한 언어학자들은 언어 또한 객관적이지 않으며 중립화된 언어 표현은 존재하지 않는다고 주장한다. 이들은 언어적 표현 속에 문화적 함의가 내포되기 때문에 텍스트 해석에 의존하는 CMC 또한 완벽한 평등 매체로 볼 수 없다고 설명한다.

2) 사회적 실재함이 없는 평등의 매체

'평등의 매체'라는 의미에는 매체상에서 모든 유형의 인간이 차별 없이 하나의 인간으로 취급된다는 가정이 내포된다. 이는 곧 커뮤니케이션 수단에 대한 접근이 열려 있고 신분에 구애받지 않고 동등하고 자유롭게 표현할 수 있는 권리가 주어진다는 것이다. 이에 대해 하버마스(1990)는 몇 가지 기준을 제시했다. 첫째, 대화에 참여하는 누구나 말하고 행동할 수 있도록 허용되어야 한다. 둘째, 누구나 어떤 주장도 피력할 수 있어야 하며 피력시 자유로이 자신의 태도, 욕망 *desire*, 욕구 *need* 를 표출할 수 있어야 한다. 셋째, 어떤 화자도 내적 혹은 외적인 강압에 의해 방해받지 않는다. 특히, 세 번째 규칙은 누구도 대화의 흐름을 방해하지 않는다는 것으로 민주화적인 대화 진행을 위한 중요한 조건이다.

이러한 조건들을 충족시켜 줄 수 있는 것이 바로 CMC임이 CMC 초기 연구들(Kiesler, 1987; Kiesler & Sproull, 1991)을 통해 입증되었다. 첫째, CMC는 언제, 어디서나, 누구나 쉽게 접근할 수 있다. 아직 보편화되지 않았다는 지적도 있지만 이론적으로는 네트워크에 접근하는 누구나 똑같은 기회를 갖는다. 둘째, CMC에서는 정확한 이름, 주소, 성별 등이 제시되지 않아 서로의 신분을 확인할 수 없다. 따라서 CMC에서는 메시지 전달시 수반되는 사회적 신분과 관련되는 요소들이 배제되어 동등한 입장에서의 참여를 보장하기 때문에 커뮤니케이션 과정이 어떤 통제나 방해를 받지 않고 자유롭게 진행된다(Graddol & Swann, 1989). 셋째, 익명에 의한 상호 교류는 상대방의 신분이 강조되지 않은 채 교류되는 메시지만이 부각될 뿐이어서 이용자들은 자신의 의사를 거림낌없이 솔직하게 제시한다.

이렇듯 CMC의 가장 중요한 특성은 메시지를 교류하는 데 있어서 장애 요인으로 작용하는 사회·경제적 배경, 인종, 기타 다른 걸림돌들이 배제되어 평등화된 커뮤니케이션 교류가 보장된다는 점이다. 상대가 목수인지, 국회의원인지, 대학 교수인지를 알 수 없다. 참여자들은 자신들의 의견만을 교환할 따름이며 사회 규범적 요인으로 인해 상호간에 갖게 되는 선입견이 작용하지 않는다. 물론 이들이 쓰는 언어 형태, 즉 문법, 어휘력, 표현 방식, 전문 용어 선택에 의한 언어적 표현이 달라 동일하게 취급되기 어렵지만, 이상론적 관점에서는 사회 규범적 요인들의 결여로 말미암아 누구나 동일하게 취급되고 그 누구도 커뮤니케이션 과정을 지배할 수 없는 평등한 참여에 의한 커뮤니케이션 과정이 진행된다고 특성화되어 있다(Herring, 1993; Ferris, 1996).

여성학자인 크래머래와 테일러(1992)는 젠더의 평등성을 논의하기 위해서는 "여성은 인간이다"라는 기본 관념이 전제되어야 한다고 주장했다. 그렇다면 참여하는 이용자들이 신체적, 규범적 기준에 의해 구분되지 않고 하나의 인간으로 취급될 수 있는 상황이 보장되는 CMC야말로 이들이 주장하는 바로 평등화된 젠더 매체의 기본 조건과 일치한다고 할 수 있다.

2. 매체 특성적 접근:
여성, 남성이 아닌 하나의 인간을 대상으로 하는 CMC

CMC에 대한 '평등 패러다임'이란 조명은 커뮤니케이션 과정에 영향을 미치는 장애 요인들이 배제되어 평등화된 커뮤니케이션 교류가 보장된다는 CMC의 매체 특성적인 논의에 기인한 것이다(Spears & Lea, 1994).

CMC가 젠더의 차별성을 배제시키고 평등화된 커뮤니케이션을 제공하는 매체인가를 확인하기 위해서는 이른바 젠더 매체로 지칭되는 기존의 매체에서 드러나는 요인들이 제거되어 있는지 살펴볼 필요가 있다.

1) 실재함(존재)이 없는 평등화된 커뮤니케이션 상황

자신의 대화 상대가 개라고 해도 개라는 것을 모를 것이라는 유명한 삽화는 바로 CMC의 사회적 실재[1]가 없는 상황을 잘 묘사한 표현이다. 이처럼 CMC 도래로 인해 '사람과의 만남'에 의한 커뮤니케이션 교류가 '기계와의 만남'을 통해 이루어진다. 따라서 '사람의 만남'이 배제됨에 따라 자연히 커뮤니케이션 상황에서 참여자의 '사회적 실재함'이 상실된다. 이에 따라 비언어적 전달이 불가능하며, 상대방의 존재 확인으로 인식되는 사회 규범적 요소가 제외되고, 서로의 존재를 확인치 않는 익명에 의한 비인격적인 커뮤니케이션 상황이 전개된다.

송신자와 수신자 간에 오고 가는 상호 작용, 감정적 표현, 의견 및 신체적 관계나 상황을 표현하는 신호들이 CMC에서는 나타나지 않는다(Weedman, 1990). CMC의 비언어적 요소와 사회적 실재의 결여로 인한 송신자들 간의 심리적 상태와 상호간의 관계에 관한 정보를 제공해 주지 못한다. 커뮤니케이션에 있어서 비언어적 부분이 태도나 감정을 표현하고 서로 간의 관계를 규정해 나가는 데 중요한 역할을 담당하므로, 이러한 요인들의 결여는 분명히 커뮤니케이션 과정에 큰 영향을 미친다(Mehrabian, 1972).

이렇듯 CMC에 대한 기본적인 가정은 물리적인 신체 노출이 배제되고 그로 인한 상대방의 신분 확인을 할 수 없는 상태에서 상호 교류를 하기 때문에 모두가 동등하다는 전제에서 의사 교류가 진행

---

1. 사회적 실재란 매체가 커뮤니케이션 행위시 참여자들에 대한 신체적인 존재, 비언어적 혹은 사회 규범적인 상징물들을 어느 정도로 반영해 주느냐 하는 것이다.

된다는 것이다. 여성과 남성이 구별되어 인식되는 요인은 신체와 외모, 행위, 목소리, 표현 방식일 것이다. 성을 구별할 수 있는 이러한 요인들이 배제된다면 성 정체성을 확인하기는 거의 불가능할 것이다. CMC에는 서로의 신체적 외모나 행위 또는 목소리를 확인할 수 있는 거의 모든 비언어적 요소들이 결여되어 상호간의 교류는 오직 텍스트에 의존할 뿐이다. 그 결과 여성 / 남성을 구분하였던 외형적 요소뿐만 아니라 또한 그러한 구분을 결정짓는 문화적 요소들도 묻혀 버렸다. 여성과 남성의 정체성에 따른 문화적인 차이가 외모, 옷차림, 행위, 말투에서 쉽게 배어 나온다. 신체상의 차이 못지않게 이러한 문화적인 차이가 성의 구분화를 분명하게 한다. 그러나 CMC에서는 외모뿐만 아니라 이러한 문화적 차이마저도 거의 확인할 수 없다. 그래서 성 정체성을 확인할 수 없는 CMC는 성의 구분이 없는 평등화된 커뮤니케이션 장이라는 가정이 세워지는 것이다(Kiesler et al., 1984).

2) 익명성과 젠더

전형적인 CMC의 메시지는 익명 혹은 가명이나 전자 우편 주소를 통해 송신자와 수신자의 신원을 확인하게 된다. 익명에 의한 교류로 인해 직업, 사회적 지위나 직책, 근무 부서, 인종, 나이, 외모, 성姓, 그리고 성별 따위는 확인할 방법이 없다.

익명성은 보다 자유롭고 원활한 커뮤니케이션 교류를 보장한다. 특히, 신분 노출에 민감한 여성들에게는 더욱 그러하다. 제프 등은 여성들은 남성들보다 신분을 숨기기 위해 익명을 더 많이 사용하는 경향이 있음을 발견했다. 익명 사용은 여성들에게 심리적 안정감을 제공하고, 성 정체성 확인에 따른 성적인 차별 대우 및 공격에서 벗어날 수 있으며, 성에 대한 정형화된 틀에서 자유로워진다.

익명으로 성별이 확인되지 않은 상황에서 여성들은 심리적 안정감이 생겨 대화의 참여가 높아지고 적극적이 된다. 이는 셀프와 메이어 (1991)의 연구에서도 입증되었는데, 이들은 CMC에서의 익명 사용으로 인해 남녀의 대화 참여가 동등해졌음을 발견했다. 벨먼 등(1993)은 신분 이 노출되는 면 대 면 상황에서 비판적 의견을 피력하지 못하는 남미 여성들이 익명인 상황에서는 강한 공격적인 표현을 서슴지 않는다는 것을 발견했다. 또한 가면 속에 자신의 신분을 감춘 여성들은 젠더와 관련된 정형화된 틀과 사회 기대감으로부터 덜 위축되기도 한다(Danet, 1998). '그' 혹은 '그녀'가 아닌 '당신'으로 지칭되는 상황에서는 성을 의식할 필요가 없기 때문이다. 이로써 익명 사용은 CMC 이용자들의 젠더에 대한 의식을 상실케 함으로써 기본적인 젠더 논의를 배제한다.

3) 사회 규범적 요소의 배제에 따른 지배 효과 상실

흔히 커뮤니케이션은 송·수신자가 '실제 상황에서 존재함'으로써 진행된다는 의미를 담는다. '실재'에서 표출되는 신분, 지위와 같은 사회 규범적 요소들은 정보 및 의사 교환을 통제하거나 저지할 수 있는 역할을 하며 이는 커뮤니케이션 과정에서 지배 효과로 작용한다.

일방적으로 커뮤니케이션을 독점하는 행위인 지배는 한 집단 내의 상호 작용에 있어서의 비균형적인 참여로 연결된다. 실제적으로 의견 교환 과정에 있어서 의사 참여 빈도 및 지속 기간과 사회적 지위에 의한 의사 진행 지배와는 상관 관계가 있다(Rice et al., 1992). 발레스(1951)는 대부분의 커뮤니케이션 과정에는 남성이거나 지위가 높은 사람이 의사 교환을 독점하여 다른 사람들에게 균등한 기회를 주지 않고 혼자서 일방적으로 커뮤니케이션 교류를 통제한다고 했다.

그러나 사회 규범적인 요소가 배제된 CMC에서는 특정인에 의한 영향력이 무시되어 지배 효과가 작용할 수 없기 때문에(Flower & Wackerverth, 1980) 참여자 간의 지배 혹은 비동등한 관계는 형성되지 않는다. 일반적인 커뮤니케이션 현상에서는 남성이 주도권을 갖고 지배 효과를 발휘하지만 그래돌과 스완(1989)의 연구 조사에 따르면 CMC에서는 남성과 여성이 거의 똑같은 양의 의견을 교환하고 동등하게 참여한다. 이처럼 CMC에서는 여성과 남성들의 동등한 참여로 인해 남성에 의한 지배 효과가 상실된다(Walther & Brugoon, 1992). 참여자들의 신분이 노출되지 않은 상태에서의 의사 교환은 지배의 의미가 전혀 개입되지 않으며 메시지 내용이나 전달 과정이 강압에 의하거나 통제를 받지 않고 동등한 위치에서 내용을 교환하므로 지배 효과가 발휘되지 않는다.

4) 텍스트에 묻혀 버린 성

르 권(1989)은 우리가 볼 수 없는 것을 볼 때, 우리가 보는 것은 머릿속에 들어 있는 내용이라고 했다. 커뮤니케이션 상대를 확인할 수 없을 경우에는 표현된 텍스트 내용으로 상대를 인식할 뿐이라는 의미다. CMC처럼 서로를 확인할 수 없고 표현된 메시지로 상대방을 인식해야 하는 상황에서는 더욱 그러하다.

CMC의 표현 방식은 글에 의한 텍스트이다. 따라서 CMC 상황에서는 글로 된 문장 이외에는 어떤 표현 수단도 배제되어 있어 비언어적 표현 창구가 없다. 그러므로 의사 전달시 언어적 표현에 부수적인 비언어적 코드를 병행할 수 없어 언어로 표현되지 않는 실재적 요인이나 성 정체성은 언어적 표현 속에 감춰진다. 그래서 커뮤니케이션 참여자들은 언어적 표현에 대한 해석만으로 메시지를 이해해야 한다. 이처럼 주변 환경을 보고 느낀 대로 인식하여 상황을 이해하기보다는 개념적 해석에 의존하여 인지해야 하는 인식적 리얼리즘에 의해 주도되는 CMC에서는 가시적인 성 정체성이 감춰져 의미가 상실되고 여성, 남성이 아닌 하나의 인간이 작성한 메시지 해석이 중요할 따름이다

3. 젠더 매체로서의 CMC

초기의 CMC 연구자들은 CMC의 매체적 특성을 근거로 CMC가 평등한 커뮤니케이션 흐름을 주도할 수 있는 매체라고 가정하였고 이는 곧 실생활에서 실현되지 않은 여성과 남성의 평등에도 기여할 수 있으리라는 믿음으로 이어졌다. 그러나 CMC의 이용률이 조기 채택자의 단계가 지나고 조기 다수자의 단계에 진입되는 과정에서[2] CMC의 지배 문화는 실생활의 지배 문화와 유사하게 형성되는 경향을 보인다. 성과 관련하여 우리는 이미 뉴스를 통해서 또는 이용하는 상황에서 CMC상의 젠더 불평등을 직·간접적으로 경험해 본 기억이 있을 것이다. 이는 CMC상의 지배 문화가 CMC의 매체적 특성에 의해서라기보다는 이용자들의 커뮤니케이션 패턴에 의해 더 많은 영향을 받는다는 가능성을 제시한다. 실제로 현 상황의 가상 공간은 평등한 공간이라기보다는 실제 생활의 불평등하고 왜곡된 성 문화가 그대로 반영되는 공간이며 오히려 사회 규범이나 익명성 등이 이유가 되어 현실 공간보다 더 심화되는 양상을 보인다고 할 수 있다. 여기서는 성의 구분과 문화를 논의하기에 앞서 실제적인 이용 형태상에서 나타나는 성별 차이와 여성에게 주로 행해지는 언어 폭력의 유형을 살펴볼 것이다.

---

2. E. 로저스 E. Rogers 는 그의 확산 이론 *Diffusion of innovation* 에서 새로운 매체의 확산 과정을 발명자 *innovator*, 조기 채택자 *early adaptor*, 조기 다수자 *early majority*, 후기 다수자 *late majority*, 지체자 *laggard* 단계로 설명하며 조기 채택자의 비율은 전체 사용 인구의 12~14%, 조기 다수자의 비율은 전체 사용 인구의 32~34%로 본다. 한국의 경우는 1999년 말 정보통신부의 발표에 따르면 인터넷 사용자의 수가 1000만을 넘어선 것으로 집계되었다. 이는 전체 인구와의 비례에서 CMC 이용의 단계가 적어도 조기 채택자의 단계를 지나 조기 다수자의 단계에 진입한 것으로 해석되며 특정 매체의 대중화의 기본 요건이 되는 의미 있는 다수 *critical mass* 가 형성되었다고 볼 수 있다.

1) 이용 형태

(1) 이용 인구

가상 공간상의 여성 인구는 매우 빠르게 증가하는 추세다. 미국의 미디어 매트릭스와 주피터 커뮤니케이션은 2000년 1/4분기 중 미국 인터넷 사용자 가운데 여성이 차지하는 비율은 50.4%로 남성 사용자 수를 넘어섰고 인터넷상에서의 여성 인구는 더 늘어날 것으로 전망하였다(iBiztoday, 2000. 8. 15). 국내의 인터넷 여성 인구도 크게 증가하여 한국광고단체협회와 IM리서치의 사용자 현황 보고서에 따르면 전체 사용자의 46.5%를 차지하는 것으로 나타났다(한겨레, 2000. 5. 25).

가상 공간상의 여성과 남성의 인구 비율은 균형을 이루어 나아가는 추세므로 숫자상으로 유추해 볼 때 여성과 남성의 평등은 시간이 해결할 수 있는 단순한 문제로 내다볼 수 있으나 실제적인 참여도와 커뮤니케이션 흐름상의 평등면에서는 여전히 남성 지배적이다. 실제로 토론에 참가하거나 의견을 제시하는 쪽은 주로 남성이고 토론이나 의견을 바탕으로 전체적인 여론 형성을 주도하는 쪽도 남성들이다. 따라서 가입자 수와는 관계없이 온라인 토론에 참여하기 위해서는 여성이기 때문에 겪어야 하는 사회적·문화적 장애물이 존재한다.

(2) 이용 정도

여성과 남성의 컴퓨터 이용 정도의 차이에 관해서 많은 연구들이 있어 왔고 그 결과에 의해 주로 두 가지 요인이 일반적으로 지적되었다. 첫째는 컴퓨터가 처음 만들어지고 네트워킹되기 시작한 시기의 CMC는 과학 분야에 종사하는 남성의 영역이었고 현재도 컴퓨터를 오랫동안 전문적으로 사용해야 하는 과학 분야 또는 컴퓨터 관련 분야에 여성들이 참여하는 숫자는 소수라는 점이다. 둘째는 여학생들이나 여성은 남성에 비해 상대적으로 컴퓨터 이용과 관련된 훈련이나 교육을 받을 기회가 많지 않았다는 점이다(Abela, 1997).

물론 단순 가입률에 있어서는 여성의 인구가 급격히 증가하고 균형을 이루는 추세지만 이용 정도는 성별이 존재한다. 여성은 남성에 비해 아직까지 전문적으로 이용한다고 보기에는 이용 기간이 짧고 미숙한 상태로 필연적인 동기에 의한 적극적인 이용 단계는 아니다. 1999년 7월에 있었던 국내의 개인 도메인 등록 상황(한국일보, 1999. 7. 9)을 보더라도 여성은 7.9%, 남성은 92.1%를 차지해 적극적 이용에 있어서는 현저한 성별 차이를 보여 준다. 과거에 여성들은 생리적으로 기술에 적응하는 능력이 더 떨어지므로 CMC의 이용이 저조하다는 결론이 지배적이었으나 컴퓨터가 보편화된 현재는 기술 습득력이나 적응력 차이라기보다 여성의 이용은 상대적으로 그 역사가 짧고 CMC상의 콘텐츠나 대화의 흐름이 남성 위주라는 것이 여성의 적극적인 참여를 감소시키는 더 큰 원인이다.

또한 일반적으로 공개된 CMC 네트워크 뿐만 아니라 조직 내의 CMC 이용도 남성과 여성 간의 불평등이 표출된다. 이러한 문제들이 해결되지 않고 누적되는 것은 대부분 남성들로 이루어진 네트워크 관리자들 자체가 네트워크상에서의 성적 공격, 외설, 남성들의 대화 독점 등의 문제에 관하여 무관심하거나 또는 공식적으로 문제 제기화하는 것을 꺼리는 것도 부분적인 이유가 될 수 있다(Kramarae & Talyer, 1992).

(3) 이용 동기

기계를 다루는 능력의 차이보다는 인터넷의 내용 또는 인터넷을 통해서 무엇을 얻을 수 있는가 또는 충족되는 것이 무엇인가에 따라 성 차이가 발견된다. 인터넷을 이용하는 동기에 관한 연구 결과를 보면 정보 추구 요인에서는 남녀 간의 차이가 나타나지 않는 반면 여성은 남성보다 CMC를 덜 오락적인 목적으로, 더 사교적인 동기로 이용한다. 가상 공간에서 제공하는 콘텐츠는 일반적으로 성과 연결된 내용이 주류를 이루고 이러한 콘텐츠는 남성들에게 더 어필하는 내용들이므로 오락적인 기능을 충실하게 수행한다. 개념적으로 여성은 CMC를 공식적인 업무 수행적 매체로 여기는 반면 남성들은 컴퓨터를 장난감으로 취급한다(Abela, 1997).

그러나 여성은 사람들과의 접촉 *relationship* 을 위해 CMC를 이용하는 성향이 남성들보다 강하다. 가상 공간상에서의 커뮤니케이션을 통해 새로이 친구를 사귀거나 개인과 개인이 친밀한 관계를 형성하는 것은 CMC가 줄 수 있는 독특한 기능 가운데 하나일 것이다. 여성들은 CMC를 남성들보다 더 사교적인 도구로 생각하며 CMC를 통해 만난 사람들과의 관계를 지속적으로 유지하려 한다. 이러한 여성의 동기는 여성으로 하여금 남성에 비해 더 온화하고 우호적인 CMC상의 대화를 가능케 한다고 볼 수 있다.

2) 언어 폭력의 유형

가상 공간이 음란물의 범람, 불건전한 정보의 온상이 되어 간다는 사실이 전세계적인 문제로 공감되는 가운데 사이버 스토킹, 토론 중의 성 희롱, 여성 비하적인 메시지의 게시, 외설, 여성 관련 사이트 침입 등 끊임없는 문제가 일어난다. 한 통신 회사의 조사(문화일보, 1999. 5. 12)에 따르면 여성의 85%, 남성의 68%가 온라인 성 폭력을 직·간접적으로 경험했다고 한다. 그 가운데 여성의 56%는 직접 당하였고 남성의 6%는 직접 가해한 적이 있었다는 결과가 발표된 바 있어 이러한 성 폭력이 얼마나 만연되는지를 보여 준다.[3]

---

3. 또한 일반적으로 공개된 CMC 네트워크뿐만 아니라 조직 내의 CMC 이용도 남성과 여성 간의 불평등이 표출되는데, 이러한 문제들이 해결되지 않고 누적되는 것은 대부분이 남성들로 이루어진 네트워크 관리자들 자체가 네트워크상에서의 성적 공격, 외설, 남성들의 대화 독점 등의 문제에 관하여 무관심하거나 또는 공식적으로 문제 제기하는 것을 꺼리는 것도 부분적인 이유가 될 수 있다(Kramarae & Tayler, 1992).

가상 공간에서의 언어 폭력은 대화 가운데 성 희롱 및 외설, 여성 비하적인 메시지의 게시, 여성 관련 사이트 침입, 사이버 스토킹 등으로 분류될 수 있다.

언어 폭력의 유형

· **대화 가운데 성 희롱 및 외설**: 주로 대화방에서 개인적으로 혹은 집단적으로 여성에게 심한 욕설, 모욕, 인신 공격 등을 하는 플레임의 형태로 나타나며 음담패설과 성적 메시지를 동반한다.

· **여성 비하적인 메시지의 게시**: 공개 게시판상에 여성이 올린 글이나 여성 관련 이슈에 대한 무자비한 반박과 공격적인 메시지의 게시를 말한다. 한 예로 여성특별위원회의 홈페이지에 여성 비하와 음담패설 또는 궤변 ── '변태,' '음란 사이트,' '여자는 발가락의 때' 등의 제목으로 ── 이 일부 남성들에 의해 자행되고 있다.

· **여성 관련 사이트의 침입**: 여성만이 가입할 수 있는 사이트나 여성이 운영하는 사이트의 경우 원치 않은 메시지의 불법적인 게시는 물론 기술적으로 프로그램을 교란하는 해커의 침입 대상이 되어 운영상 치명적인 해를 입히는 일을 포함한다. 이화여대 신문방송학과가 운영하는 시사 웹진인 DEW의 경우, 입에 담지 못할 정도의 욕설이 난무하는 게시판의 글을 삭제하기 위해 많은 시간을 할애해야 했으며 해커의 침입으로 인해 게시판의 글이 다 삭제된 사건이 있었다.

· **사이버 스토킹**: 개인적으로 외설적인 쪽지, 전자 우편, 음란물 등을 집요하게 보내거나 온라인상 또는 실생활에서 알고 있는 여성 개인 정보나 사실 날조를 한 글을 온라인상으로 공개적으로 올리는 것을 의미하며 이는 가상 공간에서의 프라이버시 침해가 실생활에까지 연결되어 피해를 입히기도 한다.

이러한 언어 폭력은 가상 공간상에서 많은 이용자들로부터 지속적으로 보고되는 문제다. 물론 대화의 독점, 여성 비하적인 발언, 성적 희롱 등은 여성이 실제 대화에서도 경험하는 문제들이나 CMC상에서는 더 쉽게, 더 많이, 더 자주 관찰됨으로써 실제 생활에서 보다 더 강한 성 차별 문화가 지배하는 공간이 된다. 가상 공간상에서 남녀 간의 이용 형태의 차이, 텍스트상의 구분, 그리고 현실 세계의 지배 문화가 그대로 적용되는 과정에서 성이 확인됨에 따라 CMC는 그 매체적 특성상 이용자의 실체와 사회적 배경을 제공하지 않지만 적어도 성을 구분할 수 있는 단서를 제공하는 매체라는 가정이 성립된다.

4. 성의 구분

1) 텍스트상의 구분

(1) 대화의 양과 주제

남성은 가상 공간상에서 더 많은 메시지를 보내고 새로운 토픽 또는 대화의 주제를 더 많이 설정하고 다른 이의 의견에 동의하지 않으려는 경향이 있다(Kramarae & Tayler, 1992). 가상 공간상에서의 토론에 참여하는 남성의 수는 여성의 수보다 많고 그 주제가 여성과 연관된 주제라 할지라도 여성의 참여율은 남성보다 저조하다. 여성들이 올리는 메시지는 남성들의 메시지보다 짧고 대부분이 페이지 수(컴퓨터 스크린)도 한 장 이하다(Herring, 1993). 구자순(1999)의 연구 결과에 따르면 여성들은 단답형이나 예 / 아니오를 주로 사용하는 경향이 강하게 나타난다. 메시지의 길이가 짧다는 것만으로는 그 발신자가 여성 또는 남성인지 정확하게 구분할 수 없지만 장문의 메시지 — 적어도 한 페이지 이상 — 는 거의가 남성이 작성한 것으로 밝혀진다.

가상 공간에서 대화상의 주제는 개인적인 것부터 이론적인 정보에 걸쳐 다양하게 분포되나 여성들은 이론적인 것보다는 일상사에 관한 주제를 더 많이 선택하는 경향이 있다. 남성들은 주로 시사적으로 쟁점이 되는 문제, 공식적인 정보, 해결 방법을 구하는 의문점, 사적인 대화 등의 순으로 대화의 주제를 선택하는 반면 여성들은 가장 먼저 사적인 대화, 의문점, 쟁점, 정보의 순으로 참여한다(Herring, 1993). 이는 남성과 여성은 CMC를 이용하는 목적이나 동기면 에서도 차이가 존재한다는 것과 같은 맥락에서 해석되는 데 주제의 선별에 있어서 여성은 CMC를 통해 개인적인 관계 구축에 도움이 되는 사적인 주제를 선호한다.

(2) 여성의 언어와 남성의 언어

일상 생활에 있어 여성과 남성이 사용하는 언어가 구별되듯이 CMC상에서도 여성과 남성 각각이 사용하는 언어는 확연히 구별된다. 헤링(1993)은 CMC상에 나타난 여성과 남성의 언어를 다음 표와 같이 구분한다.

이 구분은 보편적으로 성별 구분에 의해 사용되는 언어라 할 수 있으나, 여성의 언어를 사용하는 남성은 남성의 언어를 사용하는 여성보다 숫자상으로 더 많다. 이는 남성과 여성이 성별을 위장하고 대화에 참여할 때 남성은 여성보다 남성, 여성 또는 중성적인 역할을

언어상의 남녀 구분

여성	남성
절제된 공격	강한 공격
자기 변호적	자아 도취적
명확한 정의	가설 전제
단순한 질문	수사적 질문
사적	권위적
배려적 / 지원적	도전적 / 패러디

유지하기가 더 쉽다는 것을 의미하고 실제로 많은 남성들이 여성임을 위장하고 여성 전용 대화방이나 토론에 참여하는 경우가 많이 발견된다. 여성의 경우 남성적인 언어, 이론적, 권위적, 공식적이고 심각한 언어 유형을 사용하기란 쉽지 않으므로 CMC 대화 유형상 여성은 남성보다 구분되기가 더 쉽다.

CMC상에서의 의사 소통이란 상대편의 목소리와 자태가 배제된 상황에서 오직 텍스트화된 의사 표현에만 의존하지만 대화 유형 자체는 면 대 면 상황과 마찬가지로 구어체가 주류를 이룬다. 따라서 CMC상의 텍스트화된 표현들 가운데 언어적 표현과 더불어 감각적인 느낌을 부여하는 의성어 또는 의태어가 다양하게 표출되는데 여기에서도 여성과 남성의 유형이 구별된다. 남성은 "우잉," "으흐," "크," "흐," "우와," "움하하" 등의 강한 표현을 주로 사용하고 여성은 "호호," "하하," "쿠쿠," "히히," "후후," "아……" 등의 얌전하고 귀여운 형태를 구성한다(구자순, 1999).

여성은 전자적인 준언어(electronic paralanguage or emoticon)를 남성보다 더 많이 사용한다. 이러한 상징 사용의 수사학적인 목적은 젠더 연구자들에 의해 표현되는 "비껴 가기" 위한 것이라고 볼 수 있다(Gurak, 1995). 예를 들어, "웃는 얼굴 표정," " : -) "의 사용은 여성의 논쟁이나 요지의 심각성을 감소시키는 결과를 가져온다. 또 다른 예로서 여성의 문장은 물음표, '?'로 끝나는 경우가 많은데, 이는 자신의 논쟁을 강하게 부각시키기보다는 상대방으로부터 동의나 확인을 구하는 감정의 표현이라 할 수 있고 이는 면 대 면 상황에서의 여성의 대화 유형과 유사하다.

2) CMC상의 지배 문화

(1) 성 확인과 정형화

많은 CMC 연구 결과에 따르면 조직이나 학교 내에서 내성적이거나 비적극적인 성향의 사람들 또는 사회적으로 소외된 계층들이 오히려 CMC상에서는 그들의 능력을 유감 없이 발휘하는 것이 종종 관찰된 다(Braddlee, 1993; D'Souza, 1991; Zimmerman, 1987). CMC상에서는 인종, 나이, 외모 등을 알려 주는 단서가 사라짐으로써 생기는 긍정적인 결과라 할 수 있으나 성별에 관한 정보는 제외된다 할 수 있다. 사회적 배경에 대한 단서가 거의 배제된 가운데서 커뮤니케이트하는 상황에서도 반드시 성별에 대한 확인은 직·간접적으로 진행된다. 스프로 울과 키에슬러(1991)에 따르면 거대 조직 내에서 익명으로 커뮤니케이트할 때 상대방이 속해 있는 부서나 지위는 밝혀지지 않지만 글쓴이의 성별은 자동적으로 명시되므로 여성에 대한 차별은 여전히 존재한다고 한다.

구자순(1999)의 관찰에 따르면 CMC상에서 대화 진행 과정 가운데 가장 먼저 행해지는 것이 대화방에 입실함과 동시에 대화자에 대한 성의 확인이고 성별을 밝히지 않고는 대화가 진행되지 않을 정도로 성 확인 경향은 집요할 정도로 나타나는데, 성별은 입실과 동시에 '자동 소개'를 함으로써 대화하는 가운데 실제 생활에서의 대화자의 지위나 역할이 자연스럽게 드러나면서, 또는 몸의 특성이나 생리 작용을 묘사하는 가운데 밝혀진다.

머드 게임의 경우 실제의 성과 상관없이 가상 현실 속에서 선택한 성이라 할지라도 그 지배 구조가 남성과 여성으로 분할되는 것을 보여 준다. 즉, 게임 속이라 할지라도 커뮤니케이션 내용을 보면 남성의 캐릭터가 주로 여성 캐릭터를 통제하며 그 반대의 사례는 매우 드물게 발견된다. 사실상 머드 게임 참여자는 주로 남성이므로 게임에서의 여성의 캐릭터는 남성이 그 역할을 하는 경우가 많음에도 불구하고 남성에 의해 선택된 여성 캐릭터들은 남성 캐릭터들로부터 기사도에 의해 우아하게 대접받기도 하지만 성 희롱의 대상이 되기도 한다(Reid, 1994). 가상적인 게임 속에서도 여성으로 그 캐릭터가 확인되면 어김없이 성 희롱이나 폭력을 당할 확률이 높다는 것을 보여준다.

또한 가상 현실 속에서 자아 선택적인 성 역할에 대한 경험조차도 현실 세계에서 반대의 성에 대한 이해보다는 성에 대한 편견을 더 가중시킨다. 여성의 캐릭터를 수행하는 남성들은 여성의 역할을 하기 위해서는 상대방에게 매력 있게 보여야 한다는 가정 아래 정형화된 매력적인 여성 — 허리가 가늘고, 머리가 길고, 가슴이 풍만한 등등 — 에 관한 고정적인 수식어로써 자신을 표현하는 경향이 있고 이는 현실 세계에서 정형화된 여성의 이미지나 역할을 더 고착시키는 결과가 된다(McRae, 1995).[4]

(2) 성 확인에 따른 언어 폭력과 반응 형태

앞서 말했듯이 남성들은 여성에 비해 공격적인 언어를 많이 사용하며 가상 공간상에서도 더 많은 대화의 영역을 차지하고자 한다. 이러한 공격적인 성향은 가상 공간상에서 집중 공격의 형태로 나타나는데 여성적 아이디로 대화방에 들어가면 그 아이디의 주인의 실제 성별에 대한 아무런 확인 작업을 거치기도 전에 30초 이내에 성 폭력을 당하는 일이 비일비재하게 일어난다(대한매일, 1999. 5. 13). 또한 대화자가 자신감 없이 반응하거나 상대방이 반응을 하는 데 너무 시간이 많이

---

4. 사이버 캐릭터의 등장에 있어서도 전문적이고 지적인 캐릭터는 남성으로 나타나고 순종적이고 덜 전문적인 캐릭터는 여성으로 결정되는 경향이 있다. 실례로 한국의 경우도 사이버 교수는 남성, 상담과 안내를 담당하는 사이버 은행원은 미혼의 날씬하고 아름다운 여성으로 제작되는데, 이는 현실 세계의 정형화된 직업관을 그대로 반영한 결과라 할 수 있다.

걸리면 대화의 주도권을 빼앗기게 되는데, 이러한 소극적 성향의 대화자는 나머지 대화자들에 의해서 여성으로 인식되기 때문이다.

대부분의 개방된 가상 공간상의 토론 문화는 남성 지배적이라는 특색을 갖는다. 여성이 제시한 주제는 심각하게 고려되지 않으며 공개 게시판에서 여성이 올리는 글에 대해서는 적대시하는 경향이 있다. 여성이 제시한 의견이 남성들에 의해 채택되는 경우는 매우 드물고 여성들은 자신의 의견이 토론에 영향을 미치지 못하고 덜 중요하다는 자괴감을 느낌으로써 자연히 토론에 비적극적으로 참여하게 되어 반응 형태상 남녀의 구분이 이루어진다.

헤링(1992)은 가상 공간상에서 공격적인 토론에 대한 남녀 간의 참여도의 차이를 구분하기 위하여 서베이를 실시하였는데, 그 결과에 따르면 남녀 모두 공격적인 메시지에 대해 부정적으로 반응하지만 부정적인 메시지에 반응하는 정도는 남녀가 다르게 나타난다. 공격적인 담론이 오가는 상황에서도 여성이 반응하는 메시지는 남성에 비해 덜 부정적이고 여성이 생산하는 부정적인 메시지는 총 메시지 교환 건수상 남성보다 더 적은 비율을 차지한다. 이는 남성의 의견이 받아들여지는 경우에 있어서 남성의 의견이 옳거나 중요해서라기보다는 남성의 커뮤니케이션 패턴이 더 공격적이기 때문이라는 결론을 유추한다.

여성의 비공격적인 성향은 남성들의 가입이 허가되지 않는 여성만의 동아리에서의 커뮤니케이션 양상을 보면 더 쉽게 관찰된다. 여성만이 가입할 수 있는 가상 공간상의 커뮤니티들 가운데 하나인 'SYSTER'의 창시자 보그(1993)는 SYSTER 안에서는 '플레밍 *flaming*'이나 인신 공격적인 대화는 매우 드물게 나타난다고 말한다.[5]

여성의 비공격적인 성향은 가상 공간상에서 소극적인 반응 형태

---

5. 여성들만으로 운영되는 커뮤니티는 남성들에게는 가입할 기회를 부여하지 않으므로 또 다른 의미의 성차별 공간을 만들어 낸다는 비판이 대두되는 현상은 추후에 다시 검토되어야 할 과제로 남겨 두기로 한다.

로 나타난다. 남성보다 여성이 더 많이 가입되어 있고 참여도도 더 높은 대화방이나 게시판이라 할지라도 해결 방법을 구하는 의문 사항을 올린 여성들은 그 답을 공개적으로가 아닌 개인적인 전자 우편을 통해서 받아 보고 싶어하는 반면 남성의 커뮤니케이션 형태는 자신을 드러내고 과시하는 경향이 있다. 가상 공간상이라 할지라도 여성은 공개적으로 성과 관련된 언급을 회피하며 자신을 덜 드러내고자 하며 사회적 규범이 배제된 CMC 상황에서 흔히 관찰되는 상대방을 향한 심한 모욕, 욕설, 인신 공격을 과격하게 하는 행위인 플레밍 역시 남성보다 덜 하는 것으로 나타난다. 헤링(1994)의 관찰에 따르면 거의 모든 남성들은 대화 가운데 플레밍을 하며 이러한 플레밍을 일반적인 행동으로 받아들이고 개인 감정을 이입하지 않는 반면 여성은 플레밍을 받게 되면 개인 감정이 이입되어 상처받게 된다. 그럼에도 불구하고 대화 가운데 공격을 당하거나 자신의 메시지가 무시되어도 감정적으로 격하게 반응하기보다는 일관성 있게 중립적인 태도를 유지하거나 대화를 중단하는 방법을 택한다.

남성에 의해 성 희롱이나 대화의 흐름을 독점당하는 것을 피하기 위해 대안적인 체제로서 여성만으로 운영되는 가상 커뮤니티가 등장하고 있으나 여성 ID를 도용한 남성의 침입 사례로 인하여 진지한 대화를 유지하기란 여전히 어려움이 뒤따른다고 한다(Shade, 1996). 가상 공간상의 진정한 평등이나 민주주의가 이루어지기 위해서는 성별의 차이가 배제되는 커뮤니케이션의 유통이 보장되어야 하는 것이 원칙이나 그렇지 못할 경우 적어도 CMC상의 남성 지배적인 구조에 대한 대안 체제로서 여성들 간에 자유로운 대화할 수 있는 여성만의 커뮤니티의 존재를 인정해야 할 것이다. 그러나 여성의 아이디로 위장한 남성들의 대화 독점으로 인해 방해받음으로써 현실 세계의 지배 형태가 그대로 적용되는 결과를 보여 준다.

5. 평등한 CMC 문화를 바라며

이 글에서는 CMC와 관련된 젠더 논의에 대한 상반된 두 주장 — 평등의 매체로서 CMC와 불평등의 매체로서의 CMC — 에 대해 고찰한바, CMC가 평등의 매체이기보다는 불평등 매체라는 점을 제시한다. 초기의 CMC 연구자들의 가정은 기술적 접근성만 보장된다면 평등이 실현되는 이상적인 공간으로서 CMC가 그 기능을 수행할 수 있다는 것이었다. 그러나 인식적 리얼리즘이 지배되는 CMC상에서조차도 성별 차이가 존재하고 성의 확인이 가능함으로써 현실 세계의 지배와 피지배가 드러나며, 가상 공간상의 사회적 규범의 부재에 의해 현실 세계의 불평등성이 더 심화되는 양상을 보인다.

여성이나 사회적으로 혜택을 받지 못하는 계급이 CMC를 쉽고 빠르게 가까운 장소에서 이용할 수 있는 기회는 이 사회의 지배 계급인 중산층 이상의 남성보다 아직까지 적지만 CMC에 대한 접근성은 과거에 비해 어느 정도 개방적이다. 그러나 커뮤니케이션 흐름상에서 자주 관찰되는 '지배 계급에 의한 콘텐츠의 독점'과 이로 인한 '언어 폭력 *harassment*'은 여전히 남아 있는 문제로 대두된다. 이는 비단 젠더 논의에 국한되지 않고 사회적 지위가 높은 사람과 낮은 사람, 교육을 많이 받은 사람과 적게 받은 사람, 경제적 능력이 있는 사람과 없는 사람 간의 차이 *gap*에 의해 나타나는 현실 공간의 불평등성이 가상 공간상의 커뮤니케이션 패턴과 전개 과정에 그대로 영향을 미칠 수 있는 가능성을 내포한다.

여기서는 이러한 불평등성을 특히 젠더 구분적 시각으로 논의한다. CMC의 대표적인 매체적 특성인 사회적 실재함의 부재, 익명성의 보장, 사회 규범적 요소의 배제, 비언어적 커뮤니케이션의 상실 등에 의해서 실재적인 젠더의 구분이 나타나지 않는 상황이라 해도 현실 공간에서의 불평등성이 배제된다는 것을 의미하는 것은 아니다. 가상 공간에서의 텍스트와 지배 문화 속에서 성의 구분이 진행됨에 따라 이러한 매체 특성은 발휘되지 않고 현실 세계의 지배와 피지배의 관계가 자연스럽게 드러난다.

상대방을 판단하는 근거가 되는 모든 사회 문화적 배경이 차단된 상황에서 진행되는 CMC에서도 여성과 남성은 매체 이용 형태와 의사 교환 유형이 구분되는데, 여성은 남성에 비해 사적이고 남을 배려하는 언어를 주로 사용하고 덜 공격적이고 소극적으로 반응하며 대화의 흐름을 원활하게 하려는 노력을 시도한다. 실생활의 지배 문화는 가상 공간에도 적용되어 텍스트상의 표현 방식에 의해서 또는 직·간접적인 대화상의 질문과 답변에 의해 성 확인이 진행되고 여성으로 구분되는 상대방에 대해서는 어김없이 일련의 성 차별적인 행동이 가해지므로 CMC는 초기의 가정과는 달리 젠더 구분으로 인한 불평등을 초래하는 매체로 규정된다.

이는 매체 특성보다는 사회적 틀 속에서 이용자들이 매체를 통해 어떻게 상호 작용하고 인식하느냐가 평등한 CMC 문화를 만드는데 더 중요한 변수로 영향을 미친다는 것을 의미하며 기존의 CMC상의 젠더 논의에 대한 재구성이 요구된다. 문헌 연구를 통해 제시된 이 글의 젠더 논의에 대한 이론적 고찰을 입증하기 위한 실증적 연구가 후속적으로 이루어져야 하며 더 나아가 CMC의 매체 특성이 실제 이용상에서 적용되는 과정을 전반적인 분야에 걸쳐 일반화하기 위해서는 여기서 초점을 맞춘 젠더 분야 이외에도 사회적 지위, 경제적 능력, 교육 정도 등과 관련된 지배와 피지배의 구조에 대한 연구의 필요성이 제기된다.

구자순 (1999). "사이버 공간에서 성 정체성과 의사 소통 형태," <사이버커뮤니
    케이션학보>, 제4호, pp.131~48.
대한매일. 1999. 5. 13.
문화일보. 1999. 5. 12.
한겨레. 2000. 5. 25.
한국일보. 1999. 7. 29.
iBiztoday, www.ibiztoday.com/kor/articleviewer.html?art_id=6728&lang=kor

Abela, D. A. (1997). "Uses and gratifications approach to internet use in Malta,"
    http://www.oberonlabs.com/dabela.
Bales, R. F. & Strodbeck, F. L. (1951). "Phases in group problem solving," *Journal of
    Abnormal and Social Psychology*, 46, pp.485~97.
Bellman, B., Tindmulbon, A., & Arias, A. Jr. (1993). "Technology transfer in global
    networking: capavity building in Africa and Latin American," in L. Harasim
    (ed.), *Global Networks: Computers and International Communication.* MA:
    MIT Press, pp.237~54.
Borg, A. (1993). "Why SYSTER?" *Computing Research News*, http://cec.wustl.edu/~cs142.
Braddlee, B. (1993). "Virtual Communities: Computer-Mediated Communication and
    Communities of Association," Unpublished Doctoral Dissertation, The University
    of Indiana, Bloomington.
Butler, J. (1990). *Gender Troble: Feminism and the Subversion of Identity.* New York:
    Routledge.
Danet, B. (1998). "Test as mask: gender, play, and performance on the internet," in S.
    G. Jones (ed.), *Cybersociety* 2.0, CA: Sage.
D'Souza, P. (1991). "The cue of electronic mail as an instructional aid: an exploratory
    study," *Journal of Computer-Based Instruction*, 18, pp.106~10.
Ferris, S. P. (1996). "Women on-line: cultural and relational aspects of women
    communication in on-line discussion groups," *Interpersonal Computing and
    Technology*, 4, pp.29~40.
Flower, G. D. & Wackerverth, M. E. (1980). "Audio teleconferencing versus face-to-face
    conferencing: a synthesis of the literature," *The Western Journal of Speech
    Communication*, 44, pp.236~52.
Graddol, D. & Swann, J. (1989). *Gender Voices.* London: Blackwell.

Gurak, L. (1995). "On 'Bob,' 'Thomas,' and other new friends: gender in cyberspace," *CMC Mgazine*, 2(2), pp.12~9.

────── (1995). "Cybercasting about cyberspace," *CMC Magazine*, 2(1). http://metalab.unc.edu/cmc/mag/1995/jan/gurak.html.

Habermas, J. (1990). "Discourse ethics: notes on philosophical justification," in L. Christian & N. Weber (eds.), *Moral Consciousness and Communication Action.* Cambridge: MIT Press.

Haraway, D. J. (1991). *Simians, Cyborgs, and Women: The Reinvention of Nature.* New York: Routledge.

Herring, S. (1992). "Gender and participation in computer-mediated linguistic discourse," Paper Presented at Annual Metting of the Linguistic Society of America. http://ericae.net/ericdb/ED345552.html.

────── (1993). "Gender and democracy in computer-mediated communication," *Electronic Journal of Communication*, 3(2), http://dc.smu.edu/dc/classroom/Gender.txt.

────── (1994). "Gender differences in computer-mediated communication: bringing familiar baggage to the new frontie," B. Mallon, "Woman making meaning: moving through the cracks," http://www.carleton.ca/~bmallon/a%awoman.html 재인용.

Hiltz, S. R. & Turoff, M. (1978). *The Network Nation: Human Communication vis Computer, Reading.* MA: Addison-Wesley Publishing Co. Inc.

Jaffe, M., Lee, Y., Huang, L., & Oshagan, H. "Gender, pseudonyms, and CMC masking identities and baring, souls," http://research.haifa.ac.il/~jmjaffe/genderpseudocmc/intro.html.

Kiesler, S. (1987). "Social aspects of computer environments," *Social Science*, 72, pp.23~8.

──────, Siegel, J., & McGuire, T. W. (1984). "Social psychological aspect of computer-mediated communication," *American Psychologist*, 39, pp.1123~34.

────── & Sproull, L. (1991). *Connections: New Ways of Working in the Networked Organization.* Cambridge: MIT Press.

Kramarae, C. & Tayler, H. (1992). "Women and men on electronic network: a conversation or a monologue?" in Maureen Ebben (eds.), *Women and Information Technologies: Creating a Cyberspace of Our Own.* Wits Publication. http://gertrude.art.uiuc.edu/wits/publication.html.

Le Guine, Ursula K. (1989). "Science fiction and the future," in Ursula K. Le Guine (ed.), *Dancing at the Edge of the World: Thoughts on Words, Women, Places.*

New York: Grove Press.

Lombard, M. & Ditton, T. (1997). "At the heart of it all: the concept of presence," *Journal of Computer-Mediated Communication*, 3(2). http://209.130.1.169/jcmc/vol13/issue2/lombard.html.

McRae, S. (1995). "Coming apart at the seams: sex, text and the virtual body," http://dhalgren.english.washington.edu? ~ shannon/vseams.html.

Mehrabian, A. (1972). *Nonverbal Communication*. Chicago: Adline-Atherton.

Mulvaney, G. (1994). "Gender difference in communication: an intercultural experience," http://cpsr.org/cpsr/gender/mulvaney.txt.

Reid, E. (1994). "Cultural Formations in Text-Based Virtual Realities," Unpublished Master's Thesis, Univiversity of Melbourne, http://people.we.mediaone.net/elizrs/cult-form.html.

Rice, R. E., & Love, G. (1987). "Electronic emotion: socioemotional content in a computer-mediated communication," *Communication Research*, 14, pp.85 ~ 108.

Rice, R. E., Chang, S., & Torobin, J. (1992). "Communication style, media use, organizational level, and use and evaluation of electronic massaging," *Management Communication Quarterly*, 6(1), pp.3 ~ 33.

Selfe, C. L. & Meyer, P. R. (1991). "Testing claims for on-line conferences," *Written Communications*, 8(2), pp.163 ~ 92.

Shade, R. (1996). "The wired world according to woman," *CMC Magazine*. http://www.december.com/cmc/mag/1996/jul/shade.html.

Spears, R. & Lea, M. (1994). "Panacea or panopticon?: the hidden power in computer-mediated communicaion," *Communication Research*, 21(4), pp.427 ~ 59.

Spertus, E. "Social and ethnical means for fighting on-line harassment," http://www.ai.mit.edu/people/ellens/Gender/glc/.

Tannen, D. (1990). *You Just Don't Understand*. New York: Ballantine Books.

Walther, J. B. & Brugoon, J. K. (1992). "Relational communication in computer-mediated interaction," *Human Communication Research*, 19(1), pp.50 ~ 88.

Weaver, R. (1976). "Language is semancic," in J. Golden (ed.), *The Rhetoric of Western Thought*. Dubuque, IA: Kendall/Hunt.

Weedman, J. (1990). "Task and non-task functions of computer conference used in professional education: a measure of flexibility," *International Journal of Man-Machine Studies*, 43, pp.303 ~ 18.

Zimmerman, P. (1987). "A psychological comparison of computer mediated and face-to-face language use among severely disturbed adolescents," *Adolescence*, 22(8), pp.827 ~ 40.

5. 성별에 따른
컴퓨터 매개 커뮤니케이션 패턴

한혜경 · 박혜진

1. 가상 공간과 평등한 커뮤니케이션의 가능성

네트워크로 연결된 컴퓨터 시스템을 이용해서 커뮤니케이터들이 물리적인 직접 접촉 없이 디지털화된 정보와 의견을 동시적 또는 비동시적으로 생산·교환하는 것을 컴퓨터 매개 커뮤니케이션(*computer-mediated communication*: CMC)이라 한다. 급속한 기술 발달과 함께 CMC는 이제 우리 사회의 중요한 커뮤니케이션 양식으로 정착되며, 커뮤니케이션 분야뿐만 아니라 사회 전반에 걸친 변화를 추동하는 힘이 된다. 또한 기술의 발달은 CMC의 영역을 계속 확장시킨다. 사실 컴퓨터를 매개로 한다는 공통점을 지니긴 하지만 CMC 내에는 다양한 양식의 커뮤니케이션이 존재한다. CMC의 커뮤니케이션 양식을 구분하는 대표적인 기준으로는 상호 작용의 시간적 거리, 참여자의 수, 송·수신자 역할의 고정/유동성, 정보의 형태 등을 들 수 있다. 이 글에서는 CMC의 다양한 커뮤니케이션 양식 가운데 텍스트 중심의 CMC로 논의를 한정하고자 한다.

텍스트 중심의 CMC는 상호 작용성의 시간적 거리나 참여자 수와 관계없이, 컴퓨터를 매개로 교환되는 정보가 문자 중심인 커뮤니케이션 양식으로 정의할 수 있다. 예를 들어, 전자 우편, 전자 게시판 electronic bulletin board, 채팅, 머드MUD 또는 무MOO 게임 등에서 교환되는 정보가 그래픽이나 화상이 아니라 텍스트라면, 모두 텍스트 중심의 CMC로 분류할 수 있다. 최근 기술의 발달은 컴퓨터를 매개로 영상과 그래픽을 교환하는 작업을 매우 수월하게 만든다. 특히 실시간으로 영상을 교환할 수 있는 영상 채팅, 영상 회의 등은 그 동안 텍스트 중심 CMC의 중요한 특징으로 주목받아 온 익명성을 약화 혹은 무력화시키는 힘을 지니는 것도 사실이다. 그럼에도 불구하고 아직까지 CMC에서 교환되는 정보나 의견의 다수는 텍스트가 차지하는 것 또한 현실이다. 무엇보다도 텍스트 중심의 CMC는 시·공간이라는 물리적 장벽뿐만 아니라, 계급, 인종, 성 등의 사회적 장벽 역시 극복할 수 있는 가능성을 제공하며, 바로 이 특성으로 인해 단지 새롭기만 한 것이 아니라 사회 전반에 걸친 근본적인 변화를 가져올 수 있는 잠재력을 지닌 커뮤니케이션 양식이기도 하다.

먼저 물리적 장벽에 대한 극복 가능성은 텍스트 중심의 CMC뿐만 아니라 모든 CMC의 대인 간 커뮤니케이션 차원에서부터 매스 커뮤니케이션 차원까지 유연하게 응용할 수 있는 기술적 특성에서 찾을 수 있다. CMC에서는 기존 매체가 제공하는 일 대 일 또는 일 대 다수라는 상황뿐만 아니라 메시지 창출자이자 수신자의 역할을 동시에 수행하는 다수 대 다수가 동시 또는 비동시적으로 커뮤니케이션 행위에 참여할 수 있기 때문이다. 따라서 CMC는 메시지 교환이 상호적이지만 커뮤니케이션 참여자의 수가 매우 제한적인 대인 간 커뮤니케이션과 한 송신자가 대량의 수신자에게 메시지를 전달할 수 있지만 메시지 전달이 일방적인 대중 커뮤니케이션의 한계를 모두 극복할 수 있다.

다음으로 CMC가, 특히 텍스트 중심의 CMC(이하 텍스트 중심의

CMC도 CMC로 표기)가 사회적 장벽을 극복하고 민주주의를 확대할 수 있는 가능성은 크게 두 가지 근거에서 찾을 수 있다. 첫째, 자신의 의견을 널리 표현할 수 있는 수단에 접근할 기회를 가지지 못한 개인(집단)들도 비교적 저렴한 비용으로 외부의 간섭을 최소화하면서 스스로 네트워크를 구축하여 정보와 의견을 공유·교환할 수 있다. 둘째, 사회적 장벽 극복에서 더욱 중요한 가능성은 '사회적 탈맥락화' 특성이다. CMC는 전적으로 텍스트에만 의존해서 커뮤니케이션하기 때문에, 대면 상황에서 커뮤니케이션할 때 전달되는 사회적 지위에 대한 단서들 *social status cues*, 즉 어조, 필체나 목소리 톤, 성별, 외모 등이 탈락되거나(Kiesler, Siegel, & McGuire, 1984: 1125), 이를 커뮤니케이터 스스로가 통제할 수 있다(Culter, 1996: 326). 따라서 CMC에서는 누가 여성인지, 누가 흑인인지, 누가 장애자인지 알 수 없기 때문에, 여성, 흑인, 장애자를 차별화시켰던 힘들이 실제 현실과 같은 효과를 가지면서 작동하지 못할 가능성이 높다.

바로 이러한 가능성들로 인해 CMC는 현실 세계의 불평등을 해소할 수 있는 민주적 매체로서 주목받는다. 그러나 민주적 매체로서 CMC의 가능성에 주목하는 기존 연구들이 한 가지 간과하는 중요한 사실은 CMC에서도 역시 현실 세계에서 사용되는 언어를 통해 커뮤니케이션이 이루어진다는 사실이다. 현실 세계에서 언어는 불편 부당한 혹은 객관적인 도구가 아니라, 불평등한 관계를 반영하고 이에 더해 힘의 관계를 사회적으로 정의하는 도구다. 즉, 언어는 힘과 통제의 영역에서 사고와 인간 관계를 조작하고 강화하는 주된 도구로서 기존의 권위와 특권 관계를 정당화시키는 사회적 수단으로 활용된다 (Fowler, 1986: 61). 이와 같이 언어는 사회와 시대, 그리고 사용자와 무관하게 존재하는 것이 아님에도 불구하고 단순한 정보 전달 부호로 간주되고 단어나 문장의 의미는 그 말 자체에 부착되어 있는 것으로 받아들여지는 것이 일반적이다. 권력층은 외견상 불편 부당해 보이는 언어를 사용하여 자신에게 유리한 현실을 만들어 내고 이와 같이 구성된 현실을 다른 사람들이 자연스럽고 객관적인 것으로 받아들이도록 만들기 위해 노력한다. 따라서 의사 소통에 별다른 장벽을 느끼지 못하는 동일한 사회의 구성원들은 서로 같은 언어를 사용한다고 생각한다. 그러나 한 사회 내에서도 계급, 성, 인종 등에 따라 서로 다른 언어 형식 *linguistic form* 이 사용된다. 홀리데이는, 특정 언어 형식은 특정의 사회적 및 개인적 욕구와 불가분의 관계를 맺으며, 특정 사회나 집단이 사용하는 문법 형식들은 사람들의 사회적 지위나 환경을 반영할 뿐만 아니라 사회가 구성되는 방식이나 사회적 네트워크 내에서 자신들의 지위에 관한 사고를 표현한다고 주장한다(Holliday, 1970: 19).

텍스트만이 교환되는 CMC에서는 사회적 지위에 대한 단서들이 부족함에 따라 참여자들의 지위 평등화가 실현된다고 주장하는 기존 연구들(Kiesler, Siegel, & McGuire, 1984; Seigel et al., 1986; Durbrovsky et al., 1991), 흔히 사회적 단서 여과 관점 *cues-filtered-out perspective* 에서 간과하는 것이 바로 이와 같은 언어와 사용자 간의 관계다. 월터도 사회적 단서 여과 관점의 연구자들이 상호 작용 당사자들의 개성이나 특정적인 태도 등을 전달할 수 있는 언어의 능력을 무시하고 있음을 지적하면서 사회적 지위 단서 부족이라는 이들의 핵심적인 가정에 대해 근본적인 문제를 제기한다(Walther, 1993: 386). CMC 참여자들은 텍스트만을 대상으로도 상대방이 사용하는 언어 형식의 특성을 파악할 수 있으며, 그 특성을 토대로 그 사람의 사회적·직업적 지위, 교육 수준과 신념과 태도 등을 추론할 수 있기 때문이다. 이에 더해 불평등한 관계를 반영하는 현실의 언어를 거의 그대로 사용함으로써 참여자들은 현실의 불평등한 관계를 CMC에서도 재생산해 내는 데 기여한다. 따라서 전달되는 사회적 단서가 부족함에 따라 CMC는 현실의 권력 관계가 힘을 발휘하지 못하는 혹은 최소한 약화되는 민주적 공간이 될 것이라는 전망은 매체의 기술적 특성만을 토대로 제기되는 지나치게 낙관적인 전망이라 할 수 있다.

이러한 문제 의식을 토대로 이 글에서는 평등한 공간으로 간주되는 CMC에서 이루어지는 커뮤니케이션 역시 현실의 권력 관계에 의해 영향받음을, 성별 권력 관계를 중심으로 밝히고자 한다. 현실 세계와 마찬가지로 CMC에서도 성에 따라 행하는 커뮤니케이션 패턴에 차이가 존재하며, 그 차이는 현실 세계의 성별 권력 관계와 체계적인 관련성을 지님을 밝히고자 한다.

2. 언어, 성차, 그리고 CMC

1) 성과 커뮤니케이션 패턴

여성과 남성은 외견상 동일한 언어를 사용하여 커뮤니케이션을 하는 듯이 보이지만 실제로는 서로 다른 언어를 사용하며 다른 방식으로 그 과정에 참여한다. 여기서 주목해야 할 것은 남녀 간 커뮤니케이션 *cross-sexual communication* 패턴의 차이가 단순히 서로 다름을 의미하는 것이 아니라는 점이다.[1] 그 차이는 오랫동안 유지되어 온 가부장적 권력 관계를 반영할 뿐만 아니라 강화시키는 데 기여하기 때문이다.

언어와 상징 체계는 성별에 따라 층화된다.[2] 가부장적 상징 체계

---

1. 남성과 여성의 커뮤니케이션 패턴이 서로 다르다는 사실은 오래 전부터 알려졌지만, 그 차이는 당연한 것으로 여겨왔다. 상대적으로 성차와 언어 혹은 담론 간의 관계에 관한 연구가 활발히 진행되는 서양에서도 이 분야가 하나의 학문 영역으로 성장하기 시작한 것은 1970년대에 이르러서이다. 언어 연구자들조차 영어권 여성들의 독특한 화법의 특성 — 구체적으로 여성은 남성에 비해 별다른 의미를 지니지 않는 어휘들을 많이 사용하며, 거칠고 단호한 단어들을 피하고, 문법에 맞춰 말하는 경향이 있으며, 말이 많다 등 — 을 남성과의 권력 관계 속에서 파악하기 시작한 것은 비교적 최근의 경향이다(West & Zillmmerman, 1985: 103~4).

2. 물론 성별에 의해서만 층화되는 것은 아니다. 계급, 인종, 지역, 민족 등 다양한 변인에 의해 기준이 되는 언어가 만들어지고 그것에 따라 언어는 층화된다(Nichols, 1984: 24~6).

는 층화된 언어를 통해 현실을 정의하고, 현재의 지배 구조가 유지될 수 있게끔 남성과 여성에게 서로 다른 의미를 부여하고 이를 전형화한다. 가부장적 사회에서 형성된 상징 체계에서 남성성은 우월하고 긍정적인 것으로 평가되며, 여성들이 현실을 인식하고 중요시하는 가치는 열등한 것으로 취급된다. 구체적으로 가부장적 사회에서 권력을 갖는 남성은 객관적이고 합리적이라고 여기는 반면, 여성은 내성적이고 감성적이고 비합리적이라고 간주한다(Goldsmith, 1980: 181~2). 또한 남성은 독립적이며 의존할 수 있는 존재인 반면, 여성은 비독립적이며 의존적이고 변덕스러운 존재로서 특징지어진다(Nelson, 1985).

이와 같이 성별에 따라 다르게 부여되는 사회적 의미는 성별에 따라 중요하게 여기는 인간 관계의 특성에도 영향을 미친다. 사회적으로 비독립적인 존재로서 정의되는 여성은 인간 관계 형성에서 관계의 지속을 중요시하는 반면, 독립적인 존재로서 정의되는 남성은 지위의 확립을 중요시한다. 여성들이 중시하는 연결의 세계 *a world of connection* 에서 가장 중요한 속성은 친밀감이다. '우리는 가깝고 유사하다'는 의미로 해석할 수 있는 친밀감은 차이를 최소화하고 우월감 과시를 피함으로써 동의 혹은 합의를 이루어 나가는 세계에서 매우 중요한 속성이다. 이에 비해 남성들이 중시하는 지위의 세계 *a world of status* 에서 가장 중요한 속성은 독립성이다. 지위를 확립하는 주요 수단은 다른 사람에게 해야 할 것을 말하고 낮은 지위자에게 명령을 하는 것, 즉 통제력을 발휘하는 것이므로 "우리는 떨어져 있고 서로 다르다"는 의미로 해석할 수 있는 독립성은 이와 같은 세계에서 매우 중요한 속성으로 간주된다(Tannen, 1990: 26~8).

사회적으로 서로 다른 의미를 부여받을 뿐만 아니라 중요하게 여기는 가치 역시 서로 다른 여성과 남성은 말이나 글로써 자신을 적절하게 표현하는 방법과 대화에 참여하는 방식 등에 있어서도 각각 전형적인 스타일을 지닌다. 일반적으로 여성은 부드럽게 말하고,

공손하며, 리듬이 있고, 감정적이며, 사소하고 수다스럽고, 공격적이지 않은 단어를 사용하는 반면 남성은 직접적으로 말하고, 이성적이며, 유머가 풍부하고 어조나 단어 선택에 있어서 강력하다고 여겨졌다(Kramarae, 1980: 58). 글쓰기도 여성은 관계적이며, 상호 작용적이고 충고를 많이 하고 낭만적이며 덜 공격적인 반면, 남성은 자아 중심적이고, 다른 사람에게 도움을 주기보다는 자신의 의견을 주로 주장하고 경쟁적이고 공격적인 특성을 지닌다(Bruner & Kelso, 1980: 245).

비록 영어라는 특정 언어에 한정되는 경향이 있지만 많은 경험적 연구들은 성별 커뮤니케이션 패턴에서 이와 같은 차이가 실제로 존재함을 입증해 왔다. 먼저 어휘 구사면에서 여성은 남성보다 강의어들(예: *so, such, quiet*)을 많이 사용하며(Key, 1972), 더욱 다양한 상황에서 애정을 표현하는 단어들(예: *dear, sweet*)을 많이 사용한다(Eble, 1972). 말하는 스타일에서도 여성은 남성과 구별되는데, 우선 여성은 강하거나 혹은 강압적인 표현을 피하며, 주저함과 불확실함을 전달하는 표현들에 의존한다(Lakoff, 1975). 심지어 성별에 따라 대화 주제도 전형화된다고 생각하는데, 하딩은 여성의 대화 주제가 주로 사람들과 그들의 사생활에 초점을 맞추는 경향이 있는 반면, 남성은 더욱 제도적인 문제에 초점을 맞추는 경향이 있음을 밝혀 냈다(Harding, 1975).

또한 남성과 여성은 대화에 참여하는 방식 혹은 적극성의 정도에서도 차이를 지닌다. 여기서 중요한 것은 전통적인 상식과 달리 남성과 여성 간의 대화에서 남성은 여성보다 더 많이 혹은 더 길게 말함으로써 대화에서 지배권을 행사한다는 점이다. 이러한 현상이 나타나는 것은 두 가지 이유에서 비롯되는데, 첫째는 남성들이 여성보다 더욱 자주 상대의 말 중간을 끊어 버리는, 즉 가로채는 경향 때문에 나타난다. 그러나 쇼와 새들러에 따르면, 중간에 가로채는 횟수만으로는 대화에서 누가 지배력을 행사하는지 정확히 파악하기 힘든데, 남성은 적극적으로 아이디어를 제안하기 위해 가로채기를 시도하는 반면, 여성은 상대의 제안에 동의하거나 혹은 강조하기 위해 가로채기를 시도하는 경향이 나타나기 때문이다(Shaw & Sadler, 1965). 이러한 문제점을 해결하기 위하여 연구자들은 대화 발의 혹은 화제 전환 횟수를 함께 사용할 것을 제안한다. 누가 주로 대화를 발의하고 화제를 전환하는가는 담론 분석에서 누가 권력을 행사하는가를 측정하는 척도로서 흔히 사용되는 도구다. 일반적으로 남성은 여성보다 훨씬 자주 대화 발의와 화제 전환의 역할을 담당하는 반면, 여성은 주로 남성의 이와 같은 기여에 동의, 지지, 이해 등의 반응을 제시하는 역할을 담당한다. 이와 같이 발의보다는 반응을 주로 행하는 여성의 메시지는 짧고, 여성의 참여는 어떤 이슈를 제안하고 해결하기보다는 대화를 지속하려는 바람에 의해 주도된다(Kaplan & Farrell, 1994).

이상의 연구 결과들을 토대로 탄넨은 여성의 말하기 스타일을 상호 의존적이고 협력적이라고 정의하는 반면, 남성의 대화 스타일은 독립적이며 위계적인 지위를 강하게 주장하는 특성을 지닌다고 주장한다(Tannen, 1990). 여기서 중요한 것은 서로 다른 어휘와 참여 방식을 사용함에도 불구하고 남녀 간에도 커다란 장애 없이 일상적으로 커뮤니케이션이 이루어진다는 사실이다. 이것은 남녀 간 커뮤니케이션에도 사회적으로 합의되고 두 성 모두에 의해 수용되는 권력 관계가 존재함을 의미한다. 웨스트와 질머맨(1985: 119)은 남녀 간 커뮤니케이션에 대한 기존 연구들의 분석 결과들을 종합하여 남성들은 여성들이 자신의 순서를 충분히 활용하고, 대화를 발전시키기 위해 기여할 수 있는 권리를 지닌 동등한 대화 파트너임을 부인한다고 결론을 내린다.

현실 세계에서 이루어지는 남녀 간 커뮤니케이션은 불평등한 권력 관계를 토대로 이루어지며 그 과정에서 나타나는 남성과 여성, 각각의 전형적인 커뮤니케이션 패턴은 바로 이 불평등한 권력 관계를 반영하는 것임을 알 수 있다. 그렇다면 과연 현실 세계의 커뮤니케이션 환경과는 매우 다른 환경을 창출하는 CMC에서는 남녀 간 불평등한 관계가 약화되고 그 결과 성에 따른 전형적인 커뮤니케이션 패턴을 발견하기 어려워지는가?

2) 가상 공간과 커뮤니케이션 패턴

CMC는 현실 세계에서 이루어지는 커뮤니케이션, 특히 면 대 면 커뮤니케이션과 다르다. 대면 커뮤니케이션의 경우, 커뮤니케이션이 이루어지는 당시 사회적 맥락에 따라 상호 작용 방식이 달라진다(Kiesler & Sproull, 1986: 1494~5). 대면 상황에서는 사회적 지위에 따라 차지하는 공간의 위치와 크기가 다르며, 설령 모르는 사람과 대화를 한다고 해도, 상대의 목소리, 얼굴, 분위기, 옷차림, 몸짓, 말하는 태도, 성별, 예상되는 나이 등을 통해 그 사람의 사회적인 지위를 가늠해 볼 수 있으며, 짐작되는 사회적 지위에 맞게 그 사람을 대하게 된다.

이와 달리 CMC에서는 익명성을 전제로 하며, 물리적인 직접 접촉 없이 컴퓨터 화면에 나타나는 텍스트에 주로 의존한다. 따라서 대화가 이루어지는 방, 앉는 위치, 옷차림 등의 상황적 맥락과 자세, 표정, 몸짓, 시선 등의 비언어적 행위가 전달되지 않음으로써 사람들의 지위, 권력, 명성 등을 추론할 수 있는 단서들이 전달되지 않는다. 이와 같이 사회적 지위 단서가 결여된 문자를 중심으로 커뮤니케이션이 이루어지므로 상대방이 정직하게 알려 주지 않으면, 그가 어떤 사회적 지위를 지니는지, 어떤 상황에서 그리고 어떤 감정으로 커뮤니케이션하는지 알 수 없다. 물론 CMC에 참여하는 사람들이 매체의 이와 같은 특성 혹은 제약에 수동적으로 따르기만 하는 것은 아니다. CMC 참여자들은 이 새로운 매체에 부족한 부분을 채움으로써 커뮤니케이션 내용을 풍부하게 만들기 위해 그 동안 다양한 노력을 시도했다. 컴퓨터 자판을 이용하여 CMC 참여자들이 스스로 만들고 발전시키는 일종의 CMC용 언어는 다양한 노력 가운데서도 가장 일반화된 것이라 할 수 있다. 이 새로운 언어는 CMC 상황에서 커뮤니케이션의 내용을 빈곤하게 만듦으로써 커뮤니케이션의 효율성을 떨어뜨리는 비언어적 단서 부족을 보완하는 역할을 한다. CMC용 언어의 대표적인 예로는 웃음소리, 몸짓 등의 물리적 행동이나 반응을 언어화한 표현이나, 이모티콘 emoticon 이나 스마일리 smiley 와 같이 물리적 행동을 재현하는 텍스트 캐릭터(박현구, 1997; Reid, 1991) 등을 들 수 있다. 그러나 이러한 새로운 언어 역시 CMC의 비언어적 단서 부족을 어느 정도 보완할 수 있어도 대체할 수는 없으며, 무엇보다도 참여자들의 사회적 지위를 알려 주는 단서들을 거의 전달하지 못한다. 따라서 CMC에서는 성, 인종, 계급, 외양 등에 따라 부여되는 사회적 지위의 영향력이 감소할 가능성이 높다.

또한 CMC에서는 정보가 빠르게 교환되며, 사회적 피드백이 적고, 메시지 작성과 다른 사람과의 상호 작용에 대한 규범이 확립되지 않았기 때문에 기존의 사회적 기준이 덜 중요하게 된다. 따라서 전통적인 커뮤니케이션에서는 지위가 높은 사람들이 주로 말하고 의사 결정을 내렸다면, 사회적 지위에 대한 단서들을 감추는 CMC에서는 집단의 구성원들이 좀더 평등하게 커뮤니케이션할 수 있게 됨으로써, 소수 집단 혹은 피지배 계층의 견해가 피력될 수 있다(Kiesler, Siegel, & McGuire, 1984: 1125~6). 바로 이러한 특성으로 인해 CMC는 다른 여타 커뮤니케이션 매체보다도 본질적으로 더욱 민주적이라는 낙관적인 전망이 제기되며, 많은 경험적 연구 결과들은 이 낙관적인 전망을 뒷받침한다.

예를 들면, 교육자들은 학생들의 창의성과 협력을 강화시키고 학생과 선생 간의 커뮤니케이션에 존재하는 전통적인 장벽들을 무너뜨릴 수 있는 CMC의 잠재력에 높은 평가를 보낸다(Kiesler, Siegel, & McGuire, 1984; Kahn & Brookshire, 1992). 페미니스트들 역시 지위와 성을 표시하는 단서들이 부재한 상황 속에서 남성과 여성 간에 더욱 평등한 커뮤니케이션이 이루어진다는 증거에 의해 매우 고무되어 있다 (Graddol & Swann, 1989).

그러나 CMC가 평등한 공간임을 뒷받침하는 위의 연구 결과들은 주로 인위적인 상황에서 단발적인 실험을 통해 도출된 것으로서 실제 CMC의 모습으로 일반화하기에는 무리가 따른다. 그와 달리 실제 CMC의 모습은 불평등한 현실의 커뮤니케이션 모습과 매우 유사할 수도 있다. 실험 상황이 아닌 실제 가상 공간의 성 평등성을 다룬 연구들의 결과가 낙관적이지만은 않다는 것이 그 가능성을 보여 준다.

그 가능성의 1차적인 근거는 아직까지 컴퓨터를 매개로 한 가상 공간의 성비가 현실의 성비와 다른 모습을 유지한다는 점이다. 구체적으로 가상 공간에서는 남성의 비율이 현실보다 더 높게 나타난다. 물론 최근 인터넷이 일반화되면서 가상 공간의 남녀 성비는 현실의 그것과 유사해지는 추세지만, 여전히 여성보다는 남성의 비율이 더 높다. 세계적인 인터넷 이용자 조사 회사인 Netvalue에서 발표한 결과[3]에 따르면, 2000년 7월 인터넷 매체가 가장 보편화되고 여성 이용률 역시 높은 국가인 미국의 경우, 여성과 남성의 성비는 46% : 54%로 최근 여성 이용률이 급속히 높아지는 양상을 보이고 있지만 여전히 남성의 비율이 더 높다. 영국은 인터넷 이용자 가운데 여성이 차지하는 비율이 40.5%, 독일은 34.8%, 프랑스는 37.4%로 나타난다. 한편 인터넷 이용률이 아주 빠른 속도로 증가하는 한국의 경우에도 여성의 이용률 역시 급속히 증가하지만 여전히 남성의 비율이 더 높게 나타난다. 유사한 시기에 국내 인터넷 이용자 조사 회사인 Digitalrep에서 발표한 결과[4]에 따르면, 2000년 6월 인터넷 이용자 가운데 여성과 남성은 39.1% : 60.9%로 나타났다.

여성에 비해 남성이 수적으로 우세한 가상 공간에서 성 불평등

---

3. 자세한 내용은 http://www.nic.or.kr 참조.

4. 자세한 내용은 http://www.digitalrep.co.kr 참조.

을 심화시키는 또 하나의 요인은 컴퓨터 및 인터넷 이용 시간과 이용 능력의 차이다. 앞서 제시한 조사 결과에 따르면, 한국의 경우 남성 인터넷 이용자의 절반 정도는 한 달에 24일 이상을 사용하는 중이용자 *heavy user*인 반면 여성 인터넷 이용자 가운데 이용자 비율은 37.6%에 머문다. 컴퓨터와 인터넷 이용 경력 역시 여성에 비해 남성이 훨씬 길게 나타난다. 이와 같은 편향이 나타나는 주요 원인은, 우선 언제나 새로운 테크놀로지를 생산하고, 초기부터 사용하는 사람들은 대부분 남성이라는 데 있다. 이는 오늘날에도 대부분의 사회에서 기계는 성 역할 가운데 남성적인 가치를 지닌 것으로 사회화되는 것과 밀접한 관련을 지닌다. CMC가 이루어지기 위해 필요한 컴퓨터와 통신 장비 분야에서도 프로그래머나 엔지니어의 절대 다수는 남성이다. 남성들이 만들어 내는 소프트웨어 프로그램은 자연스레 남성성을 강조하는 것이 대부분이며, 이 소프트웨어들은 다시 어려서부터 남자아이와 여자 아이의 컴퓨터 인식과 활용에 큰 영향을 미친다. 이와 같은 순환 고리 속에서 남성과 여성은 CMC를 행하기 위해 통과해야 할 첫 관문, 즉 가상 공간에 참여하는 데 있어서도 불평등한 모습을 나타낸다.

가상 공간 참여의 불평등은 가상 공간에서 이루어지는 커뮤니케이션의 불평등으로 이어진다. CMC에서도 남성들은 여전히 커뮤니케이션을 독점하고, 여성 및 소수 집단을 소외시키는 공격적인 어투가 난무하며, 또한 여성을 대상화시키는 포르노그라피는 점점 더 자극적인 형태로 유통되며 온라인 성 폭력은 지속적으로 증가하는 추세를 보인다 (Kramarae & Talyer, 1993). 더욱이 다른 어떤 형태보다도 참여자 스스로가 정체성을 창조할 수 있는 기회 혹은 가능성이 많은 머드, 무5에서조차

---

5. 마크 포스터는 가상 공간이라 해서 모두 동일한 정도로 정체성이나 관계들을 새롭게 형성할 수 있는 것은 아니라고 말한다. 전자 게시판의 대화보다는 메모를 주고 받는 것 같은 간단한 대화가, 간단한 대화보다는 채팅이, 채팅보다는 머드나 무 같은 게임에서 서로 대화를 하는 과정에서 개인이 스스로의 정체성을 창조할 수 있는 기회가 더 많아진다.

도 남녀는 성별에 따라 다른 커뮤니케이션 특징을 보인다(Poster, 1995).

이 글의 주요 관심사인 성별 커뮤니케이션 패턴 차이를 다룬 기존 연구들 역시 CMC가 현실 세계와 유사함을 보여 준다. 다시 말해 현실 세계에서는 첫째, 참여 방식에서 둘째, 말하는 스타일에서 성에 따라 전형적인 커뮤니케이션 패턴이 존재하는데, 기존 연구들은 이러한 차이가 현실 세계의 언어를 매개로 커뮤니케이션이 이루어지는 CMC에서도 유지됨을 보여 준다.

먼저 남녀 간 커뮤니케이션 참여 방식의 특성을 살펴보자. 헤링은 두 가지 CMC 학술 포럼의 참여자들을 대상으로 남녀의 토론 참여 방식을 비교 분석했다(Herring, 1993; 1994; 1996). 분석 결과 포럼 회원의 남녀 성비는 남성 이용자가 훨씬 많으며, 그나마 개별 주제 토론에 참여하는 여성의 비율은 포럼 회원의 전체 여성 비율보다도 더 낮게 나타났다. 평균적인 글 길이에서도 여성의 글은 남성의 글보다 더 짧았다. 헤링의 일련의 연구들은 성별 참여 비율과 글 길이 등 참여량의 차이를 경험적 분석 방법을 통해 체계적으로 검증하지 않았다는 한계를 지니고 있지만, 온라인 포럼 역시 남성들에 의해 지배됨을 보여 준 대표적인 연구로서 인용되었다(Jaffe, Lee, Huang & Oshagan, 1993).

그러나 단순히 참여 비율과 글 길이 등 참여량에 대한 분석 결과만을 토대로, 온라인 토론 역시 남성들에 의해 지배된다고 주장하기에는 다소 무리가 있다. 권력을 가진 참여자의 경우, 참여량 자체는 적지만 토론 과정에서 화제를 전환하고 대안이나 방향을 제시하는 중요한 역할을 담당함으로써 토론 과정을 지배할 수도 있기 때문이다. 참여자 간 권력 관계를 분석하는 데 초점을 두는 담론 분석에서 '누가 많이 말하는가'라는 양적인 기준과 함께 '누가 대화를 발의하고 화제를 전환하는 역할을 담당하는가'라는 질적인 기준을 사용하는 것도 이러한 문제점을 인식하기 때문이다. 따라서 CMC 상황에서도 현실과 유사하게 참여자의 지위에 따라 불평등한 참여가 이루어짐을 입증하려면 참여량과 참여 역할이라는 두 가지 기준을 함께 사용하는 것이 타당하다. 기존 연구들은 참여량 측면에서 여성보다는 남성이 CMC를 지배함을 보여 주지만, 성별 참여 역할 차이에 대해서는 별다른 논의를 진척시키지 못한다.

비록 다른 연구 목적들을 지녔지만, 국내에서도 최근 이러한 주제를 부차적인 수준에서나마 다룬 연구들이 등장한다. 박혜진(2000)은 채팅 참여자들을 대상으로 한 심층 인터뷰를 통해 남성과 여성이 다른 대화 태도로 대화에 참여함을 보여 준다. 구체적으로 채팅을 하는 데 있어 남성들은 자신의 의견이나 감정을 잘 드러내기 때문에 말이 많고 대화에 적극적으로 참여하면서 같은 대화방에 있는 이성에게 관심을 표현하는 경우가 많다. 이에 비해 여성은 에티켓을 잘 지키면서 채팅하지만 주로 상대가 묻는 말에 답하는 식으로 대화에 참여하고, 같은 대화방에 있는 사람들이 자신에게 관심을 가져 주면서 질문을 해야만 계속 참여하는 경우가 많다는 것이다.

여기서는 CMC 상황에서도 현실과 유사하게 남성이 여성보다 지배적으로 참여할 것으로 예측한다. 이를 구체화하면 다음과 같다.

연구 가설
1. CMC에서 남성의 참여는 여성의 참여보다 지배적일 것이다.
1–1. CMC에서 남성은 여성보다 자주 그리고 한번에 길게 참여할 것이다.
1–2. CMC에서 남성은 여성보다 토론 방향 제시를 많이 할 것이다.

한편 여성과 남성은 글쓰는 스타일에서도 서로 다른 특징을 나타낸다. 탄넨(1990)에 따르면, 현실 세계에서 여성은 사회적 상호 의존성을 표현하도록 사회화된다. 이와 같은 사회화는 정서 혹은 감정 노출, 갈등 회피, 단정적인 표현 제한, 다른 사람들에 대한 지지 표현, 개인 정보 노출 등을 표현하는 커뮤니케이션 스타일로 이끌어진다. 반면에 남성들은 위계적인 권력과 독립성을 표현하도록 사회화된다.

그러므로 남성의 커뮤니케이션 스타일은 단정적인 의견을 제시하고, 다른 사람에 대한 지지 표현을 피하며, 사적인 노출을 피하는 경향을 특징으로 한다.

이와 같이 성에 따라 정형화된 커뮤니케이션 패턴들은 성에 대한 사회적 단서의 상당 부분이 여과되는 CMC에서도 유지된다. 헤링 (1993; 1994)에 따르면, 온라인 토론에 게재된 글에서도 전형적인 '남성적,' '여성적' 특징들을 발견할 수 있다. 여성적 스타일은 약한 주장, 애매한 표현, 사과하기, 변명, 질문, 다른 사람 지지하기, 다른 참여자들을 이해하기 등의 특징을 보이는 반면, 남성적 스타일은 강한 주장, 자신만만함, 단정적으로 말하기, 논쟁, 수사적 질문, 권위적 성향, 타인에 대한 도전, 유머, 빈정거림 등의 특징을 지닌 것으로 요약할 수 있다.

제프 등은 현실 세계의 성별 커뮤니케이션 패턴에 대한 탄넨의 주장 일부를 CMC 상황에서 경험적으로 검증했다(Jaffe, Lee, Huang, & Oshagan, 1993). 연구자들은 남성보다는 여성이 사회적 상호 의존성을 표현하는 사회 정서적이고 관계적인 커뮤니케이션 패턴을 자주 사용하는 현상이 CMC에서도 유지된다고 가정하고, CMC 맥락에서 여성적 패턴의 특징을 이모텍스트 *emotext* 와 이모티콘의 사용, 지지와 옹호 표현, 자신 언급, 개인 정보 밝히기, 다른 사람 언급 등으로 조작화했다. 미국 중서부 대학의 교양 강좌 학생들을 대상으로 한 분석 결과, CMC에서도 여성과 남성의 커뮤니케이션 패턴은 서로 다르게 나타났다.[6]

---

6. 이상의 결과는 기존 연구들의 결과와 일치하는 것이다. 그러나 제프 등은 여기서 한 걸음 더 나아가 CMC 내에서 익명성의 정도가 다를 경우에도 커뮤니케이션 패턴의 성차가 현실과 동일하게 유지되는가를 분석했다. 분석 결과 CMC 내에서도 자신의 성이 노출될 가능성이 높은 실명과 자신의 성을 스스로 통제할 수 있는 기명 상황의 결과가 다소 다르게 나타났다. 구체적으로 여성은 남성보다 자신의 성을 감추거나 바꾸는 경향이 높으며, 남성도 기명 상황에서는 여성만큼은 아니더라도 여성적 커뮤니케이션 패턴을 사용하는 정도가 높아지는 것으로 나타났다. 연구자들은 이상의 분석 결과를 CMC 내에서도 커뮤니케이션 패턴의 성차는 여전히 유지되지만 자신의 정체성을 인위적으로 조작할 수 있는 CMC의 특성은 그

표 1. CMC에서 남녀 간 커뮤니케이션 스타일 비교

	남	여
갈등 상황 대처 방식	잘난 체하기	사과하기
	다른 사람에게 반대하기	다른 사람 지지하기, 옹호하기
	비속어 사용하기	경어 사용하기
주장의 강도	일반화하기	주장 제한하기
	단정적으로 표현하기	
감정 표현		이모티콘 사용하기

이상의 기존 연구들을 토대로 CMC에서도 성에 따라 전형적인 커뮤니케이션 스타일이 존재하며, 그 전형성은 현실의 전형성을 반영함을 알 수 있다. 다시 말해 CMC에서도 여성의 전형적인 커뮤니케이션 스타일은 상호 의존성을, 남성의 전형적인 커뮤니케이션은 위계와 독립성을 특징으로 한다. 그러나 아직까지 기존 연구들은 주장의 수준에 머물러 있을 뿐 CMC에서 상호 의존적 패턴과 위계적 / 독립적 패턴을 체계적으로 조작화하여 경험적 검증을 시도하지 못한다. 그나마 조작화 과정을 통해 경험적 분석을 시도한 제프 등도 탄넨이 제시한 남녀 간 대화 스타일 차이를 여성적 패턴에만 초점을 맞추어 측정한다. 무엇보다도 기존 연구들은 이 연구의 분석 대상인 한국어의 특성(예: 경어 사용)을 고려하지 않으며, 한국어를 대상으로 한 체계적인 연구는 아직까지 이루어지지 않았다. 따라서 탄넨이 제시한 일상 생활에서의 남녀 간 커뮤니케이션 스타일 차이를 CMC 상황에서

성차의 정도를 어느 정도 완화시키는 데 기여한다고 해석한다. 따라서 앞으로 CMC가 인기있는 대중 매체로 채택될 경우, 여성과 남성의 커뮤니케이션 패턴을 특징짓는 권력 불균형이 사회적으로 점차 감소해 나갈 수 있을 것으로 전망한다. 비록 제프 등의 연구는 앞서 제시한 연구들과 다소 다른 전망을 제시하지만 텍스트만이 교환되는 CMC에서도 성별 커뮤니케이션 패턴이 다르다는 점에서는 기존 연구들의 주장과 일치한다.

경험적으로 검증하고자 하는 이 연구에서는 기존 연구들에서 제시한 기준들을 포괄하고 한국어의 특성을 함께 고려한 분석틀을 새롭게 구성할 필요성이 제기된다. 이를 위해 이 글에서는 온라인 토론을 분석 대상으로 설정하고 다음과 같은 분석틀을 구성하고자 한다.

표 1에 나타나듯이 이 글에서는 기존 연구의 결과를 토대로 상호 의존적인 여성과 독립적 / 위계적인 남성의 커뮤니케이션 스타일을 구분하는 기준으로서 갈등 상황에 대한 대처 방식, 주장의 강도, 감정 표현 정도 등 세 가지 기준을 선정했다.

상호 의존적인 커뮤니케이션 스타일을 CMC에서도 유지한다면, 여성은 다음과 같은 특징을 지닐 것이다. 먼저 커뮤니케이션 과정에서 타인과의 긍정적 관계 형성과 유지를 중시하는 여성은 CMC에서도 다른 참여자들과 갈등 상황이 빚어지는 것을 회피하려고 노력할 것이다. 따라서 여성은 다른 사람을 비난하거나 반대하기보다는 자신과 같은 입장에 있는 사람을 지지 또는 옹호하며, 다른 사람의 비난에 대해 그냥 지나치거나 자신의 주장을 되풀이하기보다는 그에게 사과할 것이다. 이에 더해 여성은 경어를 사용함으로써 갈등 상황을 미연에 방지하거나 혹은 갈등 상황이 심화되지 않도록 노력할 것이다. 한편 주장을 할 경우에도 여성은 자신의 입장을 다른 사람이 따르기를 강요하기보다는 자신의 입장을 알리는 정도로 제한하는 경향이 있다. 따라서 여성은 주장을 일반화하기보다는 자신의 생각으로 한정하며, 어투에서도 단정적인 표현 사용을 제한할 것이다. 또한 여성은 감정 노출에 대해 부정적인 평가가 이루어지는 토론 상황에서도 남성보다 자주 감정을 표현하는 경향이 있다. 이러한 경향은 CMC의 토론에서도 유지될 것이다. 즉, 여성은 비언어적 매체 사용이 제한적인 CMC에서 흔히 감정 노출의 수단으로 이용되는 이모티콘을 온라인 토론 상황에서도 남성보다 자주 사용할 것이다. 이상의 논의를 연구 가설로 표현하면 다음과 같다.

2. CMC에서 여성은 남성보다 상호 의존적인 커뮤니케이션 스타일을 자주 사용할 것이다.

2-1. 여성은 남성보다 갈등 상황을 피하려는 성향(사과하기, 다른 사람 지지 혹은 옹호하기, 경어 사용하기)이 강할 것이다.

2-2. 여성은 남성보다 약한 주장(주장 제한하기)을 할 것이다.

2-3. 여성은 남성보다 감정적 표현(이모티콘)을 자주 사용할 것이다.

한편 남성은 독립적 / 위계적 커뮤니케이션 스타일을 CMC에서도 유지한다. 구체적으로 관계 유지보다는 위계 확립을 중시하는 남성은 갈등 상황에 맞서 경쟁을 통해 상대방보다 우위에 서려는 경향이 있다. 따라서 남성은 겸손하기보다는 잘난 척하며, 다른 사람을 지지하기보다는 도전하고, 일상 생활에서 금기시되는 커뮤니케이션 행위(*flaming*)를 빈번히 사용할 것이다. 또한 자신의 주장을 강하게 제시함으로써 다른 사람들이 자신의 주장을 따르도록 노력한다. 이를 위해 남성은 자신의 주장이 권위와 일반성을 갖추고 있음을 보여 주려 하며 단정적인 표현을 자주 사용할 것이다.

3. CMC에서 남성은 여성보다 위계적이고 독립적인 커뮤니케이션 스타일을 자주 사용할 것이다.

3-1. 남성은 여성보다 갈등 상황에 맞서려는 성향(잘난체 하기, 다른 사람에게 반대하기, 비속어 사용하기)이 강할 것이다.

3-2. 남성은 여성보다 강한 주장(주장 일반화하기, 단정적으로 표현하기)을 할 것이다.

3. 연구 방법

1) 표본

CMC 상황에서 성별 토론 참여 방식과 글 스타일의 차이를 알아보기 위해 1차적으로 분석 대상으로 선정한 것은 국내 PC 통신사인 천리안에 유사한 시기에 개설된 세 개의 온라인 토론방("국민 연금 폐지하라!!!," "여성 단체의 [군 복무 가산점 폐지 운동]에 관하여," "표절 음반 법적으로 대처하자")이었다. 여러 통신사 가운데 천리안을 선택한 이유는 첫째, 천리안은 하이텔과 함께 국내에서 이용자 규모가 가장 큰 통신사이며, 둘째, 이용자가 자기 소개글을 공개할지 또는 공개하지 않을지 여부를 선택할 수 있고, 셋째, 토론에 참여할 때 실명이 아닌 아이디로 참여한다는 점에서 유사한 규모로 실명을 사용하는 하이텔에 비해 익명성을 전제로 한 CMC 연구에 적합하기 때문이다. 한편 천리안 토론방에서 열린 토론들 가운데 위의 세 가지를 선택한 이유는, 기존 연구(Herring, 1993)에 따르면 토론 주제에 따라 토론 성격이나 성을 위시한 토론 참여자의 특성이 달라질 수 있기 때문이다.[7] 즉, 토론 주제의 영향력을 통제하기 위해 이 연구에서는 정치, 사회, 문화 등 서로 다른 주제의 토론방을 선정했다.

　다음 단계로 분석 대상 토론방 참여자들의 성별을 확인했다. 참여자들의 성별 확인을 위해 이 글에서는 세 가지 방법을 사용했다. 우선 세 토론방에 한번이라도 글을 게재한 사람을 대상으로 전자 우편을 보내고 이를 회수함으로써 성을 파악했다. 이 방법으로 총 106명의

---

7. 다루어지는 주제 혹은 소재는 공적인 문제를 다루는 토론 상황뿐만 아니라 사적인 대화가 오가는 채팅 상황에서도 성별에 따라 차이를 보인다. 채팅 상황에서 남성들은 주로 컴퓨터 기기, 오락 게임, 헤비메탈 음악에 관심을 보이고 여성들은 대개 가요나 영화, 순정 만화 등을 선호하는 경향이 있다. 따라서 컴퓨터 기기나 오락에 관련된 단어를 방 제목에 써 넣으면, 그 방에 들어오는 사람은 주로 남성이고, 반대로 순정 만화를 기입하면 그 방에 들어오는 사람은 여성이라고 짐작하며 채팅이 이루어진다(박혜진, 2000: 49).

표 2. 세 토론방의 전체 참여자 / 글의 수와 성이 밝혀진 참여자 / 글의 수

	토론 기간	총 참여 인원 (명)	게재된 전체 글 수(건)	성별이 밝혀진 사람(명)		성별이 밝혀진 사람이 쓴 글 수(건)	
				남	여	남	여
국민 연금	1999. 5. 4~5. 25	96	194	39	5	48	7
가산점	1999. 6. 7~6. 28	76	213	46	11	125	29
표절 음반	1999. 5. 27~6. 17	122	322	25	19	105	70
합계		294	729	110	35	278	106

성을 파악했다. 둘째, '나는 남잔데……' 혹은 '저는 여잔데……'처럼 자신의 글에서 성별을 밝힌 것을 통해 37명의 성을 파악했다. 마지막으로 토론에 참여한 사람들의 자기 소개를 조회하여 2명의 성을 파악했다. 이 가운데 두 토론에 참여함으로써 이중 계산된 남자 7명과 여자 2명을 제외하면, 이와 같은 방법들로 성을 확인한 사람은 모두 136명이며, 남자는 103명, 여자는 33명이었다. 이 연구의 내용 분석은 성이 확인된 136명의 참여자가 게재한 384개의 글(남성 278개, 여성 106개)을 대상으로 실시되었다. 결과적으로 천리안의 세 개 토론방의 토론 기간과 총 참여자 수와 게재된 총 글의 수, 그리고 성이 밝혀진 사람 수와 글의 수를 간략히 도표화하면 표 2와 같다.

　최종적인 내용 분석 대상 선정에서는 성별이 확인된 참여자 가운데 다른 사람에 비해 극단적으로 많은 참여 횟수를 기록한 예외적인 참여자들을 제외했다. 이들을 분석 대상에 포함시킬 경우, 분석 결과가 이들 소수의 예외적인 참여자의 영향에 의한 것인지, 아니면 이 연구에서 의도했던 성별 커뮤니케이션 패턴 차이를 보여 주는 것인지 확신하기 어렵기 때문이다. 표 3은 성별이 확인된 사람들의 토론 참여 횟수를 빈도 분포로 나타낸 것이다. 남녀 모두 한 번 참여한 사람들이

표 3. 성별이 확인된 사람들의 토론 참여 횟수 빈도 분포

	참여 횟수										합계
	1회	2회	3회	4회	5회	6회	7회	8회	9회	10회 이상	
남	68 (66%)	14 (14%)	6 (6%)	7 (7%)	2 (2%)	–	1 (1%)	–	1 (1%)	4 (4%)	103 (100%)
여	16 (48%)	7 (21%)	4 (12%)	1 (3%)	2 (6%)	2 (6%)	–	–		1 (3%)	33 (100%)

가장 많으며, 2회 이상부터는 참여 횟수가 증가함에 따라 빈도가 점차 줄어드는 유사한 분포의 형태를 띤다. 또 하나의 특징은 참여 횟수가 10회 이상인 참여자의 경우, 그 수는 소수지만 이들의 참여 횟수는 매우 급격히 증가한다는 점이다. 이 예외적인 참여자들을 배제한 이후 선정된 최종 분석 대상자 수는 남성이 99명, 여성이 32명이며, 글 수로는 남성의 글이 168개, 여성의 글이 68개이다.

이 글에서 분석 단위를 개인이 아닌 글로 설정한 것은 면 대 면 토론과 다른 온라인 토론 진행 방식의 특성을 고려했기 때문이다. 동일한 시간과 공간에서 이루어지는 면 대 면 토론에서는 토론자들이 어떤 역할과 커뮤니케이션 스타일을 구사하는지 개개인을 단위로 총체적으로 파악할 수 있다. 이와 달리 서로 다른 시간과 공간에서 참여하는 온라인 토론의 경우, 참여자들의 의견 개진과 상호 작용은 게재된 글들을 대상으로 이루어진다. 즉, 참여자들의 반응은 개개인에 대해서 이루어지는 것이 아니라 자신의 참여 시기에 근접해서 올려진 글들에 대해서 이루어진다. 또한 개인을 분석 단위로 할 경우, 토론방에서 서로 다른 비중을 차지하는 사람들이 동일하게 취급되는 문제점을 지닌다. 예를 들어, 여러 번 참여하고서도 한 번만 토론 방향을 제시한 사람과 한 번 참여했지만 토론 방향을 제시한 사람은 토론 방향 제시 횟수에서 동일하게 1회로 처리된다. 이러한 문제점들을 감안하

여 이 글에서는 내용 분석 대상의 단위를 사람이 아닌 글로 설정했다.

여기서 한 가지 문제는 최종 분석에 포함시킨 참여자 수와 게재된 글 수가 전체 분석 대상의 약 40% 내외에 머물렀다는 점이다. 이는 대부분의 온라인 조사에서 나타나는 현상처럼 이 연구에서도 역시 성별 확인 메일에 대한 회신율이 낮은 데서 비롯된 것으로서 만일 여성과 남성 가운데 특정 성만이 온라인 조사에 적극적이었다면 분석 결과에 치명적인 문제를 야기할 가능성을 지닌다. 그러나 여기서는 회신이 특정 성에 편중되어 이루어지지 않았다고 판단했다. 그것은 한국 PC 통신 전체 이용자의 성비가 대략 남성 70% 대 여성 30%[8]라 했을 때 그 비율이 이 연구에서도 크게 벗어나지 않는 상태로(남성 76% 대 여성 24%) 유지되기 때문이다. 또한 기존 논의에서 지적한 것처럼 토론 주제별로 성이 밝혀진 남녀 비율도 다르게 나타나고 있는데, 정치 일반보다는 여성 단체에서 제시한 사회 문제를 주제로 다룬 토론방에서, 이 두 가지보다는 문화 현상을 주제로 다룬 토론방에서 여성의 참여 비율이 높게 나타나고 있기 때문이다. 이상의 근거를 토대로 이 연구에서는 성에 따라 회신에 체계적인 경향성이 나타나지 않았다는 판단 다음 추후 분석을 실시하였다.

2) 주요 변인 측정 방식

CMC에서 나타나는 성별 커뮤니케이션 패턴 차이를 내용 분석하기 위해 이 연구에서 사용한 주요 변인은 토론 참여의 지배성과 커뮤니케이션 스타일이다.

---

8. 1997년 국내 PC 통신 이용 비율은 남성이 86%, 여성이 14%였으며, 1998년에는 여성의 비율이 약 30% 정도로 증가한 것으로 조사되었다(중앙일보, 1999. 3. 2, 허윤나, "여성 정보화 교육 심각하다"). 그러나 최근에는 PC 통신 이용률이라는 자체가 다소 모호한 표현이 되었다. 그것은 그 동안 폐쇄적으로 운용되던 PC 통신 회사들이 인터넷을 통한 서비스를 시작하면서 점차 폐쇄성을 걷어 내기 때문이다. 따라서 최근에는 PC 통신 이용률에서도 남녀 격차가 줄어드는 현상이 나타난다.

(1) 토론 참여의 지배성

이 글에서 토론 참여의 지배성은 양적인 측면과 질적인 측면으로 나누어 측정했다. 먼저 양적인 측면은 참여 빈도와 참여 길이로, 질적인 측면은 대화 방향 제시의 횟수로 측정했다. 여기서 참여 빈도는 1인당 평균 글 게재 수, 참여 길이는 1회 게재당 평균 글자 수와 낱말 수[9]로 측정했다. 토론에 자주 그리고 길게 참여할 경우 양적인 측면에서 지배적으로 참여하는 것으로 정의했다. 한편 참여 지배성의 질적인 척도인 대화 방향 제시는 토론 방향 제안과 문제 해결 혹은 대안 제시 횟수로 측정되었다. 흔히 담론 분석에서 대화 발의나 화제 전환은 토론을 통제 혹은 지배하는 데 매우 중요한 것으로서 일반적으로 권력을 지닌 참여자가 행할 수 있는 행위로 간주된다. 그러나 의장이 토론 주제를 발의하고 주도하는 온라인 토론에서는 의장 이외의 참여자가 토론 주제를 발의하거나 전환하는 경우가 거의 없다. 이와 같은 온라인 토론의 특성을 감안하여 여기에서는 단순히 의장이 발의한 토론 안건에 대해 찬성 또는 반대하는 데 그치지 않고 토론 진행 과정을 비판하면서 토론 방향을 제안하거나 혹은 문제 해결 방안 내지 대안을 제시하는 경우를 질적인 측면에서 토론에 지배적으로 참여하는 것으로 정의했다.

(2) 성별 커뮤니케이션 스타일: 상호 의존성과 독립성 / 위계성

CMC 참여자들은 자신의 성에 부합하는 전형적인 커뮤니케이션 스타일, 즉 여성은 상호 의존적인 스타일을, 남성은 독립적 / 위계적 스타일을 어느 정도 사용하는지 비교 분석하기 위해 이 글에서 사용한 기준은 크게 세 가지 — 갈등 상황 대처 방식, 주장의 강도, 감정 표현 정도 — 이다. 이 세 가지 비교 기준들은 기존 연구들(Tannen, 1990;

---

9. 기존 연구에서 흔히 사용하는 평균 줄 수를 참고하지 않은 이유는 대개 통신에 글을 올릴 때 보는 이들의 편의를 위해 한 줄씩 띄우고 글을 쓰지만, 예외적인 경우도 많기 때문이다.

Herring, 1993; Jaffe, Lee, Huang, & Oshagan, 1993)에서 제시한 다양한 특성들을 유형화하여 연구자가 선정한 것이다. 이상의 기준을 토대로 이 글에서는, 여성의 상호 의존적 스타일은 갈등 회피, 약한 주장, 감정 표현을 많이 사용하는 것으로 정의했다. 또한 남성의 독립적 / 위계적 스타일은 감정 표현을 자제하는 반면, 갈등 혹은 경쟁 상황 조장 혹은 맞섬, 강한 주장을 많이 사용하는 것으로 정의했다.

각 개념들의 측정 방식을 구체적으로 설명하기에 앞서 한 가지 지적하고 싶은 것은 아직까지 한국어를 대상으로 전형적인 성별 커뮤니케이션 스타일을 체계적으로 다룬 연구가 거의 없다는 점이다. 따라서, 이 연구에서는 영어 사용자들을 대상으로 한 기존 연구들의 측정 방식을 그대로 적용할 수밖에 없었다. 이러한 현실을 감안하여 이 연구에서는 내용 분석의 신뢰도를 높이기 위해 전체적인 글의 분위기 혹은 표현보다는 특정 단어나 어휘 등의 사용 여부를 중심으로 측정하는 방식을 선택했다.

먼저 갈등 상황 대처 방식은 회피하기와 맞서기로 구분된다. 여성 스타일의 특성인 회피하기는 다른 사람에게 사과하거나 지지, 옹호하는 경우와 경어를 사용함으로써 다른 사람의 감정 자극을 피하는 것으로 정의했다. 구체적으로 '사과하기'는 다른 사람이나 글을 언급하면서 '미안(죄송)하다,' '잘못했다'는 단어를 사용한 경우를, '지지, 옹호하기'는 '○○님(또는 ○글) 훌륭하다, 지지한다, 맞다'고 직접 언급한 경우와 직접 언급은 없어도 지지하는 내용을 담은 경우를 포함시켰다. '경어 사용'은 '~해요,' '~입니다'라는 존칭 어미 사용 여부로 측정했다.

남성적 스타일의 특징인 갈등 상황 조장 혹은 맞서기는 잘난 척 하거나 다른 사람의 의견에 반대하거나 비속어를 사용하는 것으로 정의했다. '잘난 척하기'는 '잘난 내가,' '너희들을 위해서 내가,' '~을 해 주겠다'와 같은 표현을 사용한 경우로, '다른 사람에게 반대하기'는 '○○님(또는 ○글)에 반대한다, 비판한다, 틀리다'라고 직접 언급한 경우와 직접 언급은 없어도 비판하는 내용을 담은 경우를 포함시켰다. 비속어 사용하기는 욕을 사용한 횟수로 측정했다.

주장의 강도는 약한 주장과 강한 주장으로 구분된다. 여성의 특징인 약한 주장은 스스로 주장을 제한하는 것으로 정의했다. 구체적으로 '나 / 저'와 같이 1인칭 주어를 사용한 이후 '~라고 생각한다, 혹은 본다,' '~인 것 같아요, 혹은 ~가 아닐까요?'처럼 주장을 자신의 입장으로 국한시키거나 모호하게 표현하는 것으로 측정했다. 남성의 특징인 강한 주장은 '해야 한다,' '이는 바로 ~이다'와 같이 자신의 주장을 일반화하거나 '반드시,' '확실히,' '정말,' '꼭,' '결코'와 같은 강조 부사를 사용하면서 단정적으로 표현하는 것으로 측정했다. 한편 감정 표현의 정도는 이모티콘의 사용 빈도로 측정했다.[10]

3) 분석 방법

CMC에서 남성과 여성의 커뮤니케이션 패턴을 비교 분석하기 위해 이 글에서는 먼저 분석 대상자들이 토론방에 올린 글들을 대상으로 참여 방식과 성별 글쓰기 스타일에 대해 위에서 제시한 측정 방법을 사용하여 내용 분석했다. 두 명의 코더 간 신뢰도는 전체 항목들에 대해 .69~1.00로 대부분 높은 수치를 기록했다. 각 항목의 신뢰도는 기술하면, 대화 방향 제시($\alpha = .87$), 사과하기($\alpha = .92$), 지지 옹호($\alpha = .71$), 경어 사용($\alpha = .98$), 주장 제한하기($\alpha = .82$), 이모티콘($\alpha = 1.00$), 잘난 척하기($\alpha = .80$), 반대하기($\alpha = .91$), 비속어 사용($\alpha = .98$), 주장 일반화

---

10. 이모텍스트 emotext 역시 비슷한 목적으로 사용되지만, 한글의 경우 축약, 생략, 전이, 연철 등 다양한 문법 파괴 현상과 속어와 은어까지도 포괄하는 등 그 범위가 지나치게 넓으며 아직까지 개념 정의가 명확하지 않은 실정이다. 무엇보다도 감정 표현을 위한 의도적 사용을 확신할 수 있는 이모티콘과 달리 이모텍스트는 단순히 글을 빨리 쓰기 위해 혹은 실수로 사용하는 경우를 통제할 수 없으므로 이 연구에서는 이모텍스트를 분석 대상에서 제외했다.

하기($\alpha = .69$), 단정적 표현($\alpha = .85$)이다. 이상의 내용 분석 자료를 토대로 남성과 여성, 두 집단 간 평균 차이 검증 방법(t-$test$)을 사용하여 연구 가설들을 검증했다.

4. 성차에 따른 컴퓨터 매개 커뮤니케이션 패턴 분석

1) 성별 토론 참여 방식

먼저 온라인 토론에서도 토론 참여 방식은 성별에 따라 다르며, 일상 세계의 토론과 마찬가지로 남성이 토론을 지배 혹은 주도할 것으로 예측한 가설 1을 검증했다. 이를 위해 성별 온라인 토론 참여 방식을 비교 분석한 결과, 가설 1은 부분적으로만 검증되었다. 구체적으로 양적인 측면에서는 예측과 달리 유의미한 차이가 나타나지 않은 반면, 질적인 측면에서는 예측했던 것처럼 유의미한 차이가 나타났다.

먼저 가설 1-1에서 예측했던 것과 달리 남성과 여성은 참여 횟수나 참여량에서 유의미한 차이를 보이지 않았다. 더욱이 참여 횟수는 분석 결과의 방향도 예측과 다르게 나타났다(여성 평균 2.13회, 남성 평균 1.70회). 그러나 참여자 간 대화가 지속되기보다는 대다수 참여자가 토론 주제에 대한 자신의 의견을 한번 개진하는 데 그치는 온라인 토론방의 성격을 감안할 때, 여성이 남성보다 미미하나마 자주 의견을 개진하는 것이 큰 의미를 지니는 것은 아니다. 예측과 반대 방향의 결과가 나타나긴 했지만 그 차이가 유의미한 것은 아니며, 어떤 토론방이든지 참여자 성비의 불균형으로 인해 전체적으로 보면 여전히 남성들의 글이 여성들의 글보다 자주 게재되기 때문이다.

한편 평균 참여 길이에서 남성과 여성은 유의미한 차이를 보이지 않았다. 구체적으로 남성들은 총 168건의 글을 게재했는데, 한번

표 4. 성별 토론 참여 방식 비교 분석

		남		여		t값
		평균	표준 편차	평균	표준 편차	
참여 횟수		1.70	1.37	2.13	1.54	−1.48(N.S)
		(n＝99)		(n＝32)		
참여량	글자 수	505.68	740.16	493.79	416.43	.13(N.S)
		(n＝168)		(n＝68)		
	낱말 수	110.48	158.73	106.96	97.64	.17(N.S)
		(n＝168)		(n＝68)		
방향 제시하기		.41	.77	.19	.47	2.68***
		(n＝168)		(n＝68)		

* p < .10, ** p < .05, *** p < .01

글을 게재할 때마다 평균적으로 글자 505.68개, 낱말 110.48개를 사용함으로써 총 68건의 글을 게재하고 한번 글을 게재할 때마다 평균적으로 493.79개의 글자와 97.64개의 단어를 사용한 여성과 거의 유사한 참여량을 보였다.

이상의 분석 결과들은 적어도 양적인 측면에서는 온라인 토론방에서도 남성이 여성보다 지배적으로 참여할 것이라는 이 연구의 예측들이 입증되지 않음을 보여 주는 것이다. 다시 말해 온라인 토론에서는 남성이라고 해서 여성보다 자주 그리고 한번에 길게 의견을 개진하는 모습을 보이지 않는다. 이러한 결과는 참여자들 간에 지속적인 의견 교환이 이루어지는 면 대 면 토론과 달리 단발적인 의견 제시가 일반적인 CMC 토론의 특성이 성에 따른 차이보다 강하게 영향을 미치기 때문에 나타난 것으로 해석할 수 있다.

한편 가설 1–2는 성별로 참여 방식에서 질적인 차이를 보일 것이라고 예측했다. 예측했던 것처럼 남성은 여성보다 자주 대화의 방향을 제시하는 역할을 담당하는 것으로 나타났다. 구체적으로 남성의 글 한 건당 평균 대화 방향 제시 횟수는 0.41회로서 여성의 글 한 건당 평균 0.19회보다 많으며, 두 집단 간 차이($t=2.68$)는 $p < .01$에서 유의미한 것으로 나타났다.

이는 다시 말해 온라인 토론에서 토론 방향을 정하고 문제를 해결하거나 대안을 제시하는 등 주도권을 행사할 수 있는 중요한 역할을 주로 남성이 담당함을 보여 주는 것이다. 따라서 토론에서 어떤 역할을 담당하느냐 즉, 단순 참여자의 역할에 그치느냐 아니면 토론을 통제하는 역할을 수행하느냐로서 측정한 질적인 측면에서는 남성과 여성이 서로 다른 참여 방식을 보이며, 여성보다는 남성이 온라인 토론을 지배하는 집단임을 알 수 있다.

토론 참여 방식에 관한 이상의 분석 결과들은, 자신과 타인의 성에 관한 정보가 상대적으로 적게 노출되는 온라인 토론은 남성이 양적으로나 질적으로나 지배적으로 참여하는 현실 세계의 토론보다 상대적으로 평등하게 이루어짐을 의미하는 것으로 해석할 수 있다. 적어도 양적인 측면에서 참여자들은 성별로 유의미한 차이를 보이지 않기 때문이다. 그러나 온라인 토론의 방향을 이끌어 나가는 것은 여전히 남성이다. 평균 참여 빈도나 길이에서 남성과 대등한 참여를 보인다 하더라도 여성은 여전히 단순 참가자 역할에 머무른다. 결론적으로 참여 방식의 측면에서 온라인 토론은 외견상 혹은 양적으로는 성 평등의 새로운 경향을 나타내는 듯하지만 내면적으로는 성차이의 기존 경향이 온존하는 이중적인 양상을 지닌다.

2) 성별 커뮤니케이션 스타일

가설 2와 가설 3은 자신과 타인의 성에 관한 정보 노출이 제한적인 CMC에서도 온라인 토론 참여자들이 현실 세계에서 자신의 성에 전형적인 스타일로 간주되는 커뮤니케이션 스타일을 그대로 사용할 것이라는 예측을 토대로 제기된 것이다. 먼저 현실 세계에서 타인에게 의존적이며 관계 유지 및 지속을 중시하는 여성의 전형적인 커뮤니케이션 스타일로 간주되는 상호 의존적 스타일은 CMC에서도 남성보다는 여성에 의해 더 많이 사용될 것으로 예측했던 가설 2를 검증해 보았다.

성별 상호 의존적 스타일 사용에 관한 비교 분석 결과, 가설 2는 부분적으로 검증되었다. 다음의 표 5에서 알 수 있듯이 우선 여성은 스스로 자신의 주장을 제한하는 약한 주장을 남성보다 더 많이 사용

표 5. 성별 상호 의존적 커뮤니케이션 스타일 사용 비교 분석

		남		여		t 값
		평균	표준 편차	평균	표준 편차	
갈등 회피하기	사과하기	.07	.29	.16	.61	− 1.24(N.S.)
		(n=168)		(n=68)		
	다른 사람 지지 · 옹호하기	.12	.41	.13	.52	−.21(N.S.)
		(n=168)		(n=68)		
	경어 사용하기	5.60	11.73	7.82	9.90	− 1.38(N.S)
		(n=168)		(n=68)		
약하게 주장하기	주장 제한하기	2.58	3.76	4.40	4.48	− 3.17***
		(n=168)		(n=68)		
감정적인 표현	이모티콘 사용하기	.13	.50	.53	1.75	− 1.88*
		(n=168)		(n=68)		

* p < .10, ** p < .05, *** p < .01

하는 것으로 나타났다. 구체적으로 여성은 글 한 건당 4.4회의 주장 제한하기를 사용한 반면, 남성은 2.58회를 사용했으며, 두 집단 간 차이(t = −3.17)는 p < .01에서 유의미하게 나타났다. 따라서 관계 유지 및 지속을 중시하는 여성의 경우, 다른 사람에게 자신의 입장 따르기를 강요하기보다는 자신의 생각이나 입장을 알리거나 불확실하게 표현하는 정도로 주장을 제한하는 성향이 강할 것이라고 예측한 가설 2–2는 검증되었다.

가설 2–3은 감정 표현 정도에서 나타나는 성차에 관한 것이었다. 관계 유지 및 지속을 중시하는 여성은 감정 노출이 제한되는 토론 상황에서도 남성보다 자주 자신의 감정을 표현할 것이라고 예측했다. 분석 결과 여성은 온라인 토론에서도 CMC의 전형적인 감정 표현 수단으로 사용되는 이모티콘을 평균 0.53회 사용한 반면, 남성은 평균 0.13회 사용했다. 두 집단 간 차이(t = −1.88)는 p < .05 기준에는 못 미치지만 p < .10에서는 유의미하게 나타난다.

그러나 여성은 '사과하기,' '다른 사람 지지·옹호하기,' '경어 사용하기'를 통해 갈등 상황을 회피하려는 성향이 남성보다 강할 것이라고 예측한 가설 2–1의 타당성은 검증되지 않았다. 여성은 이 세 가지 유목 모두를 남성보다 많이 사용하기는 하지만 그 차이가 유의미한 정도는 아니기 때문이다. '사과하기'와 '다른 사람 지지·옹호하기'는 영어권 참여자들을 분석 대상으로 한 기존 연구들에서 매우 전형적인 여성 스타일로서 간주되었던 행위들이다. 그렇다면 이 연구의 분석 결과가 기존 연구의 결과를 입증하지 못한 이유는 무엇인가? 그 이유에 관한 추론은 갈등 대처 방식 항목에서 남성 역시 다소 혼란스러운 결과를 보이므로 함께 논의하는 것이 효율적으로 판단된다. 따라서, 이에 관한 추론은 뒤에서 다루기로 하고 여기서는 먼저 기존 연구들에서 다루지 않았던 '경어 사용하기' 항목의 분석 결과를 살펴보자. 원래의 예측은 갈등을 회피하려는 성향이 강한 여성이 자신의 의견을 제시할 때 존대말 어미를 사용함으로써 타인에 대한 자극을 제한할 것이라는 것이었다. 그러나 분석 결과 여성이 남성보다 경어를 많이 사용하긴 하지만 그 차이가 유의미하지 않은 것으로 나타났다. 특히, 한국어에서 여성적 어미로 알려진 '~(해)요'와 남성적 어미로 알려진 '~입니다' 사용에서도 성별 차이는 유의미하지 않았다. 이는 온라인 토론의 경우, 호칭에서는 '~님'이, 어미에서는 '~(해)요'가 경어라기보다는 거의 평상어처럼 사용되는 현상을 반영한 결과로 해석할 수 있다.

그렇다면 남성의 커뮤니케이션 스타일은 현실 세계와 CMC에서 어떻게 나타나는가? 여기에서는 CMC에서 나타나는 남성의 커뮤니케이션 스타일 역시 현실 세계의 모습을 반영할 것이라고 예측했다. 아울러 남성의 전형적인 커뮤니케이션 스타일을 독립적 / 위계적 스타일로 정의했으며, 구체적으로 감정 표현하지 않기, 갈등 상황 조장 혹은 맞서기, 강하게 주장하기로 정의했다. 먼저 표 5에서 알 수 있듯이 남성은 이모티콘을 사용하여 감정을 표현하는 횟수가 여성보다 적다.

또한 표 6에 나타나듯이 남성은 여성보다 강한 주장을 제시한다. 구체적으로 남성은 자신의 주장을 단순히 자신만의 주장이 아닌 보편적으로 옳은 주장인 것처럼 일반화시켜 표현하는 경우가 여성보다 많으며($t = 1.67$, $p < .10$에서 유의미), 단정적 표현 역시 여성보다 더 많이 사용한다($t = 4.94$, $p < .01$). 따라서 가설 3-2는 검증되었다.

한편 남성의 갈등 상황 대처 방식에 관한 분석 결과는 부분적으로만 타당한 것으로 나타났다. 먼저 남성은 여성에 비해 '잘난 척하기'와 '비속어 사용하기'를 많이 행하는 것으로 나타났으며, 그 차이는 $p < .05$에서 유의미하다. 그러나 '잘난 척하기'는 남녀 모두 평균이 거의 0에 가깝게 나타나므로 해석에 주의할 필요가 있다. 다시 말해 남녀 모두 거의 사용하지 않는 스타일로서 다만 극소수의 남성들이 간헐적으로 사용하는 행위라 할 수 있다. 한편 '비속어 사용하기'

표 6. 성별 독립적/위계적 스타일 사용 비교 분석

		남		여		t값
		평균	표준 편차	평균	표준 편차	
갈등 조장 혹은 맞서기	잘난 척하기	.05	.27	.01	.00	2.54**
		(n=168)		(n=68)		
	다른 사람에게 반대하기	.65	1.62	.62	.79	.15(N.S)
		(n=168)		(n=68)		
	비속어 사용하기	.51	1.18	.19	.67	2.62**
		(n=168)		(n=68)		
강하게 주장하기	주장 일반화하기	2.58	4.12	1.68	2.76	1.67*
		(n=168)		(n=68)		
	단정적 표현 사용하기	2.00	2.74	.78	1.06	4.94***
		(n=168)		(n=68)		

* p < .10, ** p < .05, *** p < .01

의 남녀 차이는 보다 분명하게 나타난다. 이상의 분석 결과는, 남성
은 여성에 비해 온라인 토론에서도 사회적으로 금기시되는 행위들을
빈번하게 사용한다는 측면에서 갈등 상황을 조장하거나 맞서는 성향
이 강함을 보여 주는 것이다. 그러나 남성이라고 해서 여성보다 '다
른 사람에게 반대하는' 성향이 더 강한 것은 아니다. 두 집단 간 차
이는 유의미하지 않은 것으로 나타났다.

　여기서 한 가지 고려해야 할 것은 여성적 스타일이나 남성적 스
타일 분석 결과 모두 '갈등 상황 대처 방식'에서 문제를 드러낸다는
점이다. '사과하기'와 '다른 사람 지지·옹호하기'는 영어권 참여자들

을 분석 대상으로 한 기존 연구들에서 매우 전형적인 여성 스타일로서, '다른 사람에게 반대하기'는 매우 전형적인 남성 스타일로 간주되었던 행위들이다. 그렇다면 이 연구의 분석 결과가 기존 연구의 결과를 입증하지 못한 이유는 무엇인가? 그 이유는 크게 두 가지로 추론할 수 있다. 우선 분석 대상의 차이를 들 수 있다. 기존 연구들의 경우 서로간 의견 교환이 지속될 수 있는 동호인 포럼(Herring, 1993, 1994)이나 대학의 교양 과목 게시판(Jaffe, Lee, Huang, & Oshagan, 1993) 등을 대상으로 한 반면, 이 연구의 분석 대상은 2~3주 정도의 짧은 기간에 성에 관계없이 다수의 참여자들이 단발적으로 자신의 의견을 제시하고 떠나는 행위가 주류를 이루는 토론방이었다. 따라서 참여자 간의 지속적인 의견 교환 과정에서 주로 나타나는 행위인 '사과하기'나 '다른 사람 지지·옹호하기,' '다른 사람에게 반대하기'를 연구하는 데 있어 일반 온라인 토론방을 연구 대상으로 삼는 것 자체가 문제일 가능성이 높다.

더욱 근본적인 문제 제기는 기존 연구들과 이 연구의 분석 대상자들이 지닌 규범과 가치관의 차이를 반영한 결과일 수도 있다는 점이다. 다시 말해 서양의 개인주의를 근거로 설정된 기존 가설들을 집단주의 규범이 강하게 작용하는 한국적 상황에 적용하는 데 따른 문제일 수도 있다. 집단주의 규범이 강한 한국의 경우, 남성이라도 다른 사람 의견에 분명하게 반대하기보다는 우회적으로 혹은 사과나 지지 옹호의 표현과 함께 자신의 의견을 제시함으로써 타인과의 관계를 불편하지 않게 유지하려는 성향을 여성과 별 차이 없이 지닐 가능성도 존재하기 때문이다. 유사한 가능성이 여성에게도 존재하는데 사회적인 기대나 참여도가 낮음에 따라 집단주의 규범을 내재화할 기회가 상대적으로 적은 한국 여성의 경우, 남성만큼 반론 지향적일 수 있는 가능성이 있다. 따라서 '갈등 상황 대처 방식'은 외국의 항목을 그대로 적용하기보다는 한국적 상황에 맞게 분석 대상 유형이나 참여자의 속성을 다양화해서 추후에 보다 엄밀한 분석을 실시할 필요성이 제기된다.

이상의 분석 결과들을 토대로 할 때, 여성과 남성은 현실 세계에서 사용하는 성 전형적인 커뮤니케이션 스타일을 CMC에 그대로 옮겨 놓지 않지만 여전히 성 전형성에서 자유롭지 못한 것을 알 수 있다. 자신과 타인의 성에 관한 정보가 전면적으로 노출되는 현실 세계와 달리 온라인 토론에서 여성은 남성보다 갈등을 회피하려는 성향을 더 강하게 드러내지 않으며, 남성은 여성보다 다른 사람에게 반대하는 성향을 더 강하게 드러내지 않는다. 다시 말해 타인의 의견을 지지, 옹호하거나 반대하는 데 있어 그리고 타인에게 사과하는 데 있어 남성과 여성은 거의 차이를 보이지 않는다. 그러나 온라인 토론에서도 현실 세계에 존재하는 많은 성 전형적인 커뮤니케이션 스타일들이 발견된다. 온라인 토론에서도 여전히 여성은 감정 표현을 자주하고 약한 주장을 제기함으로써 타인과의 관계를 지속 혹은 유지시키기 위해 커뮤니케이션에 참여한다는 현실 세계의 기존 이미지를 재생산해 낸다. 남성 역시 감정 표현을 자제하면서도 사회적 규범을 빈번히 깨뜨리는 자신감을 표현하며 강한 주장을 제기함으로써 타인과의 위계적 관계에서 우월한 지위를 차지하기 위해 커뮤니케이션에 참여한다는 기존 이미지를 온라인 토론에서도 여전히 고수하는 것이다.

5. CMC와 성 불평등의 재생산

커뮤니케이션이 이루어지는 상황적 맥락과 참여자들의 비언어적 행위가 전달되지 않는 기술적 특성으로 인해 CMC는 사회적 지위 차이에 따른 불평등을 해소할 수 있는 대안적인 매체로서 주목받았다. 그러나 CMC에서도 여전히 현실 세계와 유사하게 성 전형적인 커뮤니케이션 패턴이 발견됨을 부분적으로나마 입증한 이 연구의 결과는 인간의 행위가 단순히 기술에 의해서만 결정되지 않음을 보여 준다.

가부장적 권력 관계가 존재하는 현실 세계에서 커뮤니케이션을 주도하거나 혹은 더 나아가 지배하는 집단은 남성으로 알려졌다. 사회적으로 합리적이고 믿을 만한 존재로서 규정되는 남성은 이와 같은 사회적 편견에 부합되도록 독립적이고 위계적인 커뮤니케이션 스타일을 구사한다. 이에 반해 여성은 커뮤니케이션 과정에서 권력을 행사하지 못하는 집단이다. 믿을만한 존재라기보다는 감정적이고 의존적인 존재로 규정되는 여성의 커뮤니케이션 스타일의 특징은 상호 의존성이다. 이와 같이 참여자들이 성에 따라 서로 다른, 즉 성에 따라 각기 전형적인 커뮤니케이션 패턴을 사용하는 것은 가부장적 사회에서 오랫동안 지속되어 온 사회화의 결과다. 따라서, 자신과 타인의 성에 관한 정보가 전면적으로 노출되는 면 대 면 상황에서 개인이 사회의 규범 혹은 기대에서 벗어나는 커뮤니케이션 패턴을 사용하기란 쉽지 않다.

반면에 CMC는 자신과 타인의 성에 관한 정보 전달이 제한적이며, 이에 더해 참여자 스스로 이를 통제할 수 있는 기술적 가능성을 지닌 새로운 매체다. 따라서, 기술적 가능성으로만 판단한다면, CMC는 가부장적 현실 세계에 견고하게 구축된 사회적 장벽을 뛰어넘어 남녀 간에도 평등한 커뮤니케이션이 이루어질 수 있는 공간이다. 이 연구의 분석 결과에서도 제한적이나마 그 가능성이 발견된다. 비록 참여자들의 절대적인 성비 불균형의 문제가 여전히 존재한다 하더라도 일단 온라인 토론에 참여한 경우 성에 따라 참여 횟수나 참여량 등 양적인 측면에서 차이를 보이지 않는다. 이는 남성이 자주 그리고 한번에 오래 말하는 특권을 지닌 현실 세계의 토론 참여 방식과 다른 모습이다. 이에 더해 토론 과정에서도 여성이라고 해서 갈등을 회피하는 성향이 더 강하거나 남성이라고 해서 다른 사람에게 반대하는 성향이 더 강한 것은 아니다. 이러한 모습은 사회적 지위 혹은 권력 차이를 반영하는 성 전형적인 갈등 상황 대처 방식이 사용되는 현실과 다소 다른 모습이다.

그러나 이 연구의 분석 결과들은 현실과 다른 모습보다는 현실을 반영하는 CMC의 모습을 더욱 강하게 제기한다. 분석 결과, 참여자들은 온라인 토론에서도 여전히 현실 세계에서 사용하는 성 전형적인 커뮤니케이션 패턴들을 대부분 그대로 사용하기 때문이다. 온라인 토론에서도 남성은 여성보다 지배적으로 참여하며, 독립적이고 위계적인 커뮤니케이션 스타일을 여성보다 많이 사용한다. 구체적으로 온라인 토론방의 절대 다수를 차지하는 남성은 토론의 방향을 이끄는 중요한 역할을 담당한다. 커뮤니케이션 내용에 있어서도 남성은 합리적이고 독립적이라는 사회적 편견에 부합되도록 자신의 의견을 독자적으로 전개하며 감정 표현을 자제한다. 또한 자신의 의견이 정당함을 강하게 주장하고 사회적 규범을 깨뜨리는 자신감을 드러낸다. 이에 반해 온라인 토론에서 소수에 속하는 여성은 그나마 남성이 이끄는 방향을 따라가는 단순한 참여자 역할에 그친다. 그 내용에 있어서도 여성은 타인에 의존하여 자신의 의견을 전개하고, 자신의 의견을 타인에게 강요하거나 혹은 일반화시키지 않으며 감정 표현의 자제가 요구되는 상황에서도 자주 자신의 감정을 표현한다.

이 결과들을 토대로 CMC에서도 남성과 여성이 서로 다른 커뮤니케이션 패턴을 사용한다고 주장하는 데에는 큰 무리가 없을 것으로 판단된다. 비록 양적인 참여 방식과 갈등 상황 대처 방식에서 유의미한 차이를 발견하지 못함에 따라 이 연구의 예측을 완전 검증하지는 못했지만, 이 경우에도 분석 결과의 방향은 원래 예측했던 것과 대체로 일치하기 때문이다. 따라서 적어도 성에 관한 한, 현실 세계의 문제점을 해결할 수 있는 새로운 공간이라기보다는 그것을 반영하고 재생산하는 경향이 더욱 강한 공간, 즉, 여전히 성에 따른 차이가 온존하는 공간으로 CMC를 바라보는 것이 더욱 타당한 시각이라 할 수 있다.

결론적으로 매체의 기술적 특성은 현실 세계와 다른 새로운 커뮤니케이션 공간으로 나아갈 수 있는 길을 제공하지만 아직까지 CMC는 현실 세계에서 크게 벗어나지 못한다. 그 주된 이유 가운데 하나는 CMC에서도 역시 현실 세계의 언어가 정보·의사 교환 수단으로 사용된다. 물론 CMC만의 독특한 대체 언어들이 만들어지고 널리 사용되기도 하지만 그럼에도 불구하고 여전히 텍스트를 구성하는 가장 지배적인 요소는 현실 세계의 언어다. 현실 세계에서 언어는 객관적인 의사 소통 수단이 아니며 기존의 권력 관계를 합리화하고 강화시키는 매우 중요한 도구이다. 언어 사용자들은 사회의 기대에 부응하여 저마다 자신의 지위, 권력 등에 적합한 언어 체계를 사용함으로써 기존의 권력 관계를 유지·강화시키는 데 기여한다. 따라서 참여자들의 사회적 지위를 추론할 수 있는 비언어적 단서들이 전달되지 않는다 하더라도, 참여자들이 현실 세계에서 사용하는 언어 체계를 그대로 사용하는 한 CMC는 여전히 참여자 간 사회적 지위 차이에 관한 충분한 단서가 전달 또는 교환되는 공간이라 할 수 있다.

다시 말해 단지 기술적 특성 그 자체만으로는 CMC가 현실 세계로부터 전적으로 자유롭거나 또는 현실 세계의 불평등을 해소할 수 있는 대안이 될 수 없다. 오히려 CMC가 이루어지는 현재의 가상 공간은 현실 세계의 불평등을 확대 재생산할 가능성이 더 큰 공간이다. 따라서 단순히 현실 세계의 성 불평등이 해소되는 공간으로서가 아니라 성 평등을 실현하기 위해 적극적으로 참여하고 성차를 극복할 수 있는, 즉 기존의 편견을 무너뜨릴 수 있는 새로운 커뮤니케이션 패턴을 만들고 정착시키기 위해 노력해야 할 또 하나의 공간으로서 CMC를 바라보는 것이 타당할 것이다.

이와 같은 노력을 위해 가장 시급한 것은 당위적인 차원에서가 아니라 경험적인 차원에서 현실의 **CMC**의 모습을 엄밀하게 그리고 체계적으로 분석하는 것이다. 사회적 장벽이 더 이상 장벽으로 존재할 수 없는 대안적이고 민주적 공간으로 만들어 가기 위해서는 먼저 현재의 모습을 정확하게 파악해야 하기 때문이다. 특히 이 작업은 **CMC**에 관한 전망이 무성하지만 경험적 연구의 축적은 미미한 우리나라에서 매우 절실하게 필요한 작업이다. 이 연구는 그 필요성에 따라 진행된 것이었다. 그러나 이 연구 역시 시험적인 수준에 머무름을 인정할 수밖에 없다. 이 연구가 지닌 가장 큰 한계는 시대, 상황, 문화, 사용자와 무관할 수 없는 언어를 분석함에 있어 외국어 혹은 영어 텍스트를 대상으로 한 분석틀을 별다른 수정 없이 한국어 텍스트에 거의 그대로 적용했다는 점이다. 물론 영어를 대상으로 한 기존 연구들을 비판적으로 검토한 이후 이 연구만의 분석틀을 재구성하긴 했지만, 그럼에도 불구하고 여전히 이 분석틀이 한국어 텍스트에도 적합한 것이라고 단언하기는 힘들다. 한국어 사용자들의 성별 커뮤니케이션 패턴에 관한 연구 자체가 미미하며 더욱이 **CMC** 상황을 대상으로 한 연구는 거의 전무한 상태므로 이 연구의 분석틀의 타당성을 비교할 대상 자체가 존재하지 않기 때문이다.

물론 국내 **CMC** 상황(특히, 채팅 상황)을 연구 대상으로 성 전형성 혹은 성차를 연구한 논문들이 최근 발표되며, 이 연구들에서 부차적인 수준으로나마 성별 커뮤니케이션 패턴 차이를 다루는 것은 매우 고무적인 현상이라 할 수 있다. 예를 들면, 먼저 성별에 따라 사용하는 대화명이나 아이디의 특성이 다름을 보여 주는 연구들(윤세정, 1999; 정영태, 1999)이 있다. 이 연구들에 따르면, 채팅 이용자들이 사용하는 아이디와 대화명은 여성적, 남성적, 중성적인 것으로 구분할 수 있는데, 보통 *man, women, boy, girl, king, princess*, 남자, 여자, 소녀 등 성을 나타내는 단어들이 들어 있지 않아도 부드럽고, 예쁘고, 귀엽고, 감성적인 것은 주로 여성들이 사용하는 것이고 그렇지 않은 것들은 남성들의 것이라고 여겨진다.

다음으로 채팅방에서 남성과 여성이 사용하는 언어체 *language style*가 다름을 보여 주는 연구들(구자순, 1999; 박혜진, 2000)이 있다. 이 연구들은 채팅 사용자들이 서로 익명으로 대화를 하는 상황에서도 상대방의 어투를 통해 상대의 성을 짐작할 수 있다고 주장한다. 구체적으로 남성과 여성의 언어체에서 가장 눈에 띄는 차이는 웃음소리와 감탄사로, '호호,' '히히,' '후후,' '헤헤,' '히힛,' '픕,' '훗,' '앙,' '아잉'같이 부드럽고 약한 발음이 나는 단어를 구사하면 여성으로 여겨지는데 반해, '하하,' '냐하핫,' '흐흐,' '쿠쿠,' '푸캬캬,' '후헤헤,' '켁,' '뜨아,' '우씨' 등 상대적으로 강하고 거친 발음의 단어를 주로 사용하면 남성일 것이라고 생각된다. 그리고 '~요,' '~니?' '~구,' '~여' 등의 어미를 자주 사용하거나 발음나는 대로 자판을 두드리면 여성으로, '~냐,' '~다,' '~고' 등을 자주 쓰면 남성으로 추측된다.

그러나 위 연구들 역시 아직까지 시험적인 수준에 머무르며, 성전형적 언어체 분석을 주요 연구 목적으로 다루지 않은 것들이 대부분이다. 따라서 대부분의 연구들은 CMC에서 사용되는 한국어를 대상으로 성전형적 언어체를 포괄적이고 체계적으로 다루기보다는 몇몇 현상을 단편적으로 다루는 데 그친다. 여기서 중요한 것은 이제 이와 같은 단편적인 연구들을 토대로 CMC에서 사용되는 성별 커뮤니케이션 패턴을 포괄적이고 체계적으로 분석할 수 있는 분석틀을 만드는 작업이 필요하다는 점이다.

또 하나 이 연구가 지닌 방법론적인 문제는 성별 커뮤니케이션 패턴 차이를 분석하는 데 있어 내용 분석 단위를 개인이 아닌 글로 설정했다는 것이다. 물론 온라인 토론방의 특성을 고려한 설정이었으며, 무엇보다도 남녀의 참여 빈도 분포가 유사한 형태를 띠고, 예외적인 참여자들을 제외함에 따라 참여도가 분석 결과에 결정적인 영향을 미칠 가능성이 크지 않다는 판단을 근거로 한 설정이었다. 그럼에도 불구하고 글을 분석 단위로 설정함에 따라 개인의 토론 참여도 가 분석 결과에 미치는 영향력을 완전히 통제하지 못했다는 한계는 여전히 남는다. 따라서 후속 연구에서는 온라인 토론의 특성을 감안 하면서도 성별 차이 그 자체를 더욱 정밀하게 검증할 수 있는 방법 론의 모색이 필요할 것이다.

결론적으로 학문적으로 CMC 분야에서 현재 가장 시급한 과제는 CMC의 텍스트뿐만 아니라 한국어에도 적합한 분석틀을 개발하고 정 교화하는 작업이다. 이에 더해 일반 온라인 토론, 포럼, 채팅 등 다양 한 상황으로 연구 영역을 확장시키고 참여자들의 속성을 다양화하여 체계적으로 비교하는 작업도 시급하다. 이러한 과정을 통해 경험적 연구들이 축적될 때, CMC에 관한 전망은 현실성을 띨 것이며 이 공 간을 민주적으로 만들 수 있는 토대가 마련되는 것이다.

참고 문헌

구자순 (1999). "사이버 공간에서 성 정체성과 의사 소통 형태," <사이버커뮤니 케이션학보>, 제4호, pp.5~40.

김유정·조수선 (1999). "새로운 매체, 새로운 성 차별: 컴퓨터 매개 커뮤니케이션 을 중심으로," '사이버 스페이스: 또 다른 성 차별의 공간인가' 심포지엄 발표문. 한국언론학회 여성커뮤니케이션연구회 제99–2차 쟁점과 토론.

박현구 (1997). <PC 통신 게시물의 유사 언어적 표현에 관한 연구>, 석사 학 위 논문, 연세대학교 대학원 신문방송학과.

박혜진 (2000). <컴퓨터 매개 커뮤니케이션에서 성 정체성 구성: 텍스트 중심 채팅에서 성 바꾸기 사례를 중심으로>, 석사 학위 논문, 연세대학교 대 학원 신문방송학과.

윤세정 (1999). <온라인 성 폭력에 대한 여성학적 접근>, 석사 학위 논문, 이화여자대학교 대학원 여성학과.

정영태 (1999). <온라인 성 폭력: 가상 공간에서의 여성 배제>, 석사 학위 논문, 계명대학교 대학원 여성학과.

Bruner, E. M. & Kelso, J. P. (1980). "Gender differences in graffiti: A semiotic perspective," in C. Kramarae (ed.), *The Voices and Words of Women and Men.* Oxford: Pergamon Press, pp.239～52.

Culter, R. H. (1996). "Technologies, relations and selves," in L. Strate, R. Jacobson, & S. Gibson (eds.), *Communication and cyberspace.* Cresskill: Hampton Press, pp.317～33.

Durbrovsky, V. J., Kiesler, S., & Sethna, B. N. (1991). "The equalization phenomenon: Status effects in computer-mediated and face-to-face decision-making groups," *Human-Computer Interaction,* 6, pp.119～46.

Eble, C. C. (1972). "How the speech of some is more equal than others," *Papers presented at the Southeastern Conference on Linguistics.* Washington, DC: Georgetown University.

Fowler, R. (1986). "Power," in T. A. Van Dijk (ed.), *Handbook of Discourse Analysis.* London: Academic Press, pp.61～81.

Goldsmith, A. E. (1980). "Notes on the tyranny of language usage," in C. Kramarae (ed.), *The Voices and Words of Women and Men.* Oxford: Pergamon Press, pp.179～91.

Graddol, D. & Swann, J. (1989). *Gender Voice.* London: Blackwell.

Harding, S. (1975). "Women and words in a Spanish village," in R. Reiter (ed.), *Towards an Anthropology of Women.* New York: Monthly Review Press, pp.283～308.

Herring, S (1993). "Gender and democracy in computer-mediated communication," *Electronic Journal of Communication,* 3(2), http://dc.smu.edu/dc/classroom/Gender.txt.

──── (1994). "Gender differences in computer-mediated communication: Bring familiar baggage to the new frontier," http://seamonkey.ed.asu.edu/～mcisaac/emc598ge/Herring.html.

──── (1996). "Posting in a different voice: Gender and ethics in computer-mediated communication," in C. Ess (ed.), *Philosophical Perspectives on Computer-mediated Communication.* New York: State University of New York Press, pp.115～45.

Holliday, M. A. C. (1970). "Language structure and language function," in J. Lyons (ed.), *New Horizons in Linguistics*. Harmondsworth: Penguin.

Jaffe, J. M., Lee, Young-Eum, Huang, Li-Ning, & Oshagan, H. (1993). "Gender, pseudonyms, and CMC: Masking identities and baring souls," http://research.haifa.ac.il/ ~ jmjaffe/genderpseudocmc/.

Kahn, A. S. & Brookshire, R. G. (1992). "Using a computer bulletin board in a social psychology course," *Teaching of Psychology*, 18(4). pp.245 ~ 9.

Kaplan, N. & Farrell, E. (1994). "Weavers of webs: A portrait of young women on the net," *The Arachnet Journal on Virtual Culture*, 2(3).

Key, M. R. (1972). "Linguistic behavior of male and female," *Linguistics*, 88, pp.15 ~ 31.

Kiesler, S., Siegel, J., & McGuire, T. W. (1984). "Social psychological aspects of computer-mediated communication," *American Psychologist*, 39(10), pp.1123 ~ 34.

Kiesler, S. & Sproull, L. (1986). "Reducing Social Context Cues: Electronic Mail in Organizational Communication," *Management Science*, 32(11), pp.1492 ~ 512.

Kramarae, C. (1980). "Proprietors of language," in S. McConnell-Ginel, R. Broker, & N. Furman (eds.), *Women and Language in Literature and Society*. New York: Praeger, pp.93 ~ 110.

——— & Tayler, H. J. (1993). "Women and men on electronic network: A conversation or a monologue?" http://gertrude.art.uiuc.edu/wits/publications.html#52.

Lakoff, R. (1975). *Language and Woman's Place*. New York: Harper & Row.

Nelson, C. (1985). "Envoys or otherness: Difference and continuity in feminist criticism," in P. Treichler, C. Kramerae, & B. Stafford (eds.), *For alma mater: Theory and practice in feminist scholarship*. Urbane: University of Illinois Press.

Nichols, P. C. (1984). "Networks and hierarchies: Language and social stratification," in C. Kramarae, W. M. O'Barr, & M. Schulz (eds.), *Language and Power*. London: Sage.

Poster, M. (1995). "Cyberdemocracy: Internet and the public space," http://www.hnet.uci.edu/mposter/writings/demo.html.

Reid, E. (1991). "Electropolis: Communication and Community on Internet Relay Chat" (cited 1999. 10. 20.), ftp://ftp.lambda.moo.mud.org/pub/Moo/papers/clectropolis.txt.

Seigel, J., Dubrovsky, V., Kiesler, S., & McGuire, T. W. (1986). "Group processes in computer-mediated communication," *Organizational Behavior and Human Decision Processes*, 37, pp.157 ~ 87.

Shaw, M. E. & Sadler, O. W. (1965). "Interaction patterns in heterosexual dyads varying in degrees of intimacy," *The Journal of Social Psychology*, 66, pp.345～51.

Tannen, D. (1990). *You Just Don't Understand*. New York: Ballantine.

Walther, J. B. (1993). "Anticipated ongoing interaction versus channel effects on relational communication in computer-mediated interaction," *Human Communication Research*, 20(4), pp.473～501.

West, C. & Zillmmerman, D. H. (1985). "Gender, language, and discourse," in T. A. Dijk (ed.), *Handbook of Discourse Analysis*. London: Academic Press, pp.103～24.

http://www.digitalrep.co.kr의 News Room의 하위 메뉴인 Press Release 가운데 2차 인터넷 이용자 조사 결과

http://www.nic.or.kr/krnic/home/stat/cgi-bin/stat_board/announ/view_use.html?id＝106&code ＋announ&start＝0

6. 섹슈얼리티와 젠더의 교차 지점에서 본 사이버 성 폭력

김명혜 · 이나영

1. 사이버 공간은 또 다른 성 폭력의 장인가

인류 역사를 크게 변화시키고 있는 제3의 물결이 밀려오는 정보화 사회는 이제 운명처럼 우리 삶 속에 자리 잡았다. 개인용 컴퓨터의 대중화[1]와 초고속 통신망이라는 인프라의 구축, 컴퓨터 게임방(PC방)의 확산은 첨단 통신 기술의 발전이라는 기술적인 측면은 물론 개개인의 사고 방식, 생활 양식, 인간 관계, 그리고 전지구적 정보 유통에 이르기까지 정보화 사회는 인류의 존재 방식에 큰 변화를 일으키고 있다.

정보화 사회가 초래한 가장 큰 변화는 사이버 공간 *Cyberspace* 이라는 새로운 공간의 출현일 것이다. 사이버 공간은 장소와 물질에 기반한 현실 세계와는 달리 컴퓨터와 통신 기술에 의해 형성되는 네트워크 속에 존재하는 초현실적 공간이다(김성국, 1998). 일반적으로 사이버 공간은 실시간, 익명성, 비대면성, 탈공간성, 비물질성, 쌍방향성,

---

1. 1998년 한국정보문화센터(ICC)에 의해 실시된 조사에 따르면, 이미 전체 가구의 절반 정도인 44.5% 가 개인용 컴퓨터(PC)를 보유한 것으로 나타났다.

문자 언어를 통한 커뮤니케이션 등으로 특징지어지며, 탈중심화, 탈서열화, 자유로운 접근과 개방성 등으로 인해 평등과 해방의 공간으로 인식되기도 한다. 실제로 사이버 공간의 주된 의사 소통 방식인 컴퓨터 매개 커뮤니케이션(computer-mediated communication: CMC)2은 개개인의 사회적 지위와 역할에 관한 비언어적 정보를 배제할 수 있다는 점에서 보다 자유롭고 평등한 인간 관계를 가능하게 할 수 있다. 현실과는 다른 정체성으로 새로운 인간 관계를 맺거나 기존의 인간 관계를 확대할 수 있게 됨으로써 사이버 공간이 일종의 해방구의 역할을 할 수 있는 가능성을 지니게 되는 것이다. 정보화 사회의 민주적 기능을 신봉하는 학자들은 사이버 공간이 현실 세계의 정체성 가운데 주요 부분인 성별, 나이, 학력, 직업 등을 드러내지 않고 자유롭게 진입하거나 퇴장할 수 있다는 점에서 여성과 장애인과 같은 사회적 약자들에게 상대적으로 평등한 환경을 보장하는 전자 민주주의를 예상하기도 한다.

그렇다면 과연 지금의 사이버 공간이 여성들에게 평등과 해방의 장이라는 의미를 지니고 있는가? 사이버 공간의 주체는 성별과 무관한 속성을 지니는 것인가? 익명성의 무기로 하는 CMC의 과정에서 나타나는 성 담론의 양상은 어떠한가?

이와 같은 물음에 대해 양미연(1999)은 수평적 관계, 네트워크의 확장, 가상 공동체의 형성, 의사 소통의 원활화 등의 특성을 들어 사이버 공간은 기존의 가부장적 질서로부터 해방의 의미를 지닐 수 있다고 하였다. 그러나 그 동안 인류가 사용해 왔던 기술의 역사를 살펴볼 때 기술은 여성적이기보다는 남성적인 속성을 띠어 왔다. 첨단

---

2. CMC는 "커뮤니케이션 과정에서 컴퓨터가 핵심적인 기능을 수행하는 양식으로서, 전자 우편 *electronic mail*, 전자 게시판 *electronic bulletin board*, 원격 회의 *tele-conferencing* 등과 같이 사람들 사이의 메시지의 창조, 저장, 전달의 기능을 수행하는 커뮤니케이션 테크놀로지"라고 정의된다(Dutton, W. H., E. M. Rogers & S. H. Jun, "Diffusion and social impacts of personal computer," *Communication Research* 14(2), 1987, pp.219~50; 양미연, 2000, 재인용).

·기술인 컴퓨터도 원래 전쟁용으로 개발된 사실을 상기할 때 사이버 공간 속의 문화 또한 남성들을 중심으로 고안되어 여성 억압적인 요소가 이미 내재되어 있을 수도 있다.

테크놀로지에는 성이 없지만 테크놀로지의 표상은 종종 성을 지닌다(Springer, 1996)는 말처럼 역사상 새로운 매체는 언제나 인간의 성적 욕망에 호소하여 발전되어 왔다.[3] 실제로 인터넷은 인간의 성적 욕망을 폭발적으로 수용하는 대표적인 매체가 되었다. 인터넷 웹 사이트 가운데 가장 많은 것이 포르노 사이트며, 기술적인 측면에 있어서도 배너 광고, 전자 결제, 상호 링크 등의 핵심 기술이 모두 포르노 사이트를 통해 발전해 왔다(홍성태, 2000). 그렇다면 인터넷이라는 새로운 매체 속에서 구현되는 욕망은 과연 누구의 것인가? 그 때의 인간은 또 누구를 지칭하는가라는 물음에 대한 대답은 인터넷이라는 사이버 공간을 창조하고 또 지속적으로 발전시켜 나가는 주체가 누구인가를 생각할 때 명확해진다.

남성적 주체에 의해 확산되고 있는 인터넷 포르노와 더불어 남성 중심적인 사고와 실천이 지닌 여성 억압적인 측면을 가장 잘 드러내 주는 예가 사이버 성 폭력[4]이다. 최근 '사이버 성 폭력'에 관한 세미나에서 한 교수는 인터넷 이용자의 절반 이상이 사이버 공간에서 성 폭력을 당한 경험이 있는 것으로 조사되었다[5]고 밝혀 놀라움

---

3. 티어니와 스프링거(Tierney, 1994; Springer, 1996, 재인용)는 인쇄술의 발명에서부터 소설, 사진, 영화, VCR, 컴퓨터, 유료 전화 서비스에 이르기까지 커뮤니케이션 매체를 성적 표현의 수단으로 사용한 것에 대해 보고하고 테크놀로지의 역사와 에로틱한 것의 역사가 밀접히 연결되어 있음을 밝히고 있다.

4. 한국성폭력상담소의 정의에 따르면 사이버 성 폭력이란 원치 않는 성적인 언어 ── 외모와 성적 취향에 관한 것이나 음담패설 등 ── 나 이미지를 사용함으로써 위협적, 적대적, 공격적인 통신 환경을 조성하여 상대방의 통신 환경을 저해하거나 현실 공간에서의 피해를 유발한 경우를 말한다. 또한 명시적으로 성적인 접근이나 제안이 아니더라도 성적인 은유나 암시로 상대방으로 하여금 불쾌감을 느끼게 한 경우도 사이버 성 폭력이라 할 수 있다.

5. 서울대 아동가족학과 이순형 교수가 최근 PC 통신 유니텔의 이용자 2168명을 대상으로 실시한 '사이버 성 폭력 의식 및 실태 조사'에 따르면 채팅을 하다 성적 메시지를 받은 응답자가 54.1%(1035명), 전

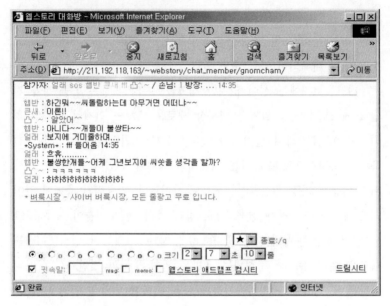

성적인 리비도가 무한대의 탈주선을 향해 질주하는 사이버 공간.

을 안겨 준 바 있다. 성 폭력의 방법으로는 채팅을 이용한 것이 가장 많았고 전자 우편 게시판이 그 다음이었으며 대상은 주로 여성과 청소년이었다고 한다. 1998년 PC 통신업체인 나우누리 조사에서도 응답자 가운데 남성 68%, 여성 85%가 사이버 성 폭력을 목격했거나 피해를 입은 것으로 드러났다.

　사이버 성 폭력은 주로 대화방(채팅)이나 게시판에서 많이 발생하며, 전자 우편이나 쪽지 보내기(메모 기능) 등을 통해 이루어진다. 국내 주요 PC 통신사인 천리안, 하이텔, 유니텔, 넷츠고, 나우누리, 채널아이의 가입자 수가 2000년 4월 기준 1148만 명이며(한국전산원, 2000: 53),[6] 인터넷 사용 인구 또한 전체 인구의 33.1%를 넘어 선[7] 이

<hr>

자 우편을 통해 음란물을 받은 응답자도 47.4%(907명)나 되는 것으로 조사되었다(한국경제, 2000. 5. 30). 한편 사이버 성 폭력 피해 신고 센터에서 최근 네티즌들을 상대로 한 설문에서는 "사이버상에서 성적인 모욕을 당한 적이 있나?"라는 질문에 응답자의 61.9%가 당한 경험이 있다, 14.3%가 목격한 적이 있다고 답하여 앞의 설문 결과보다 조금 더 높은 수치를 보여 준다. http://www.gender.or.kr/

시점에서 사이버 성 폭력은 일부만의 문제이거나 사이버라는 온라인 공간만의 문제일 수 없으며, 그러한 현상은 결국 현실이라는 오프라인 공간과 어떤 방식으로든 연관성을 지닌다는 문제 의식에서 이 글은 출발한다. 이 글은 우리 내면의 또 다른 자아와 감춰진 욕망, 무엇보다 섹슈얼리티8가 성별화되는 측면에서 사이버 성 폭력의 문제를 다루려고 한다. 현실의 억압과 제약 속에 갇혀 있던 성적인 리비도가 그 무한대의 탈주선을 향해 질주하는 사이버 공간. 그러나 그 탈주의 선들이 뻗어 나가는 방식과 그 종착역은 어디인가? 사이버 공간에서 성적 욕망이 구성되고 구현되는 방식은 무엇인가? 개개인의 성적 욕망은 성별과 무관한 속성을 지니는가라는 질문은 이 글의 핵심적 주제이다.

새로운 기술을 만드는 주체는 인간이며 새로운 환경을 어떻게 받아들이고 그 내부적 공간을 어떻게 적극적으로 만들어 나갈 것인지를 고민하는 주체도 결국은 인간이다. 그러므로 새로운 문화 현상을 보다 정치적으로 올바른 것으로 만들기 위한 작업은 들여다보기, 이해하기, 적극 개입하기, 변화시키기, 대안 문화로 만들어 나가기라는 전략적 단계를 밟아 나가는 일이 필수적이다. 그런 의미에서 이 글은 오늘날의 사이버 성 폭력을 이해하고 분석하여 결국은 해체시

---

6. 2000년 4월 기준 PC 통신 이용률은 30.9%이며, 남성 이용률은 37.3%, 여성 이용률은 24.4%로 남성이 여성보다 여전히 PC 통신을 더 많이 이용하는 것으로 조사되었다(한국정보문화센터, 2000).

7. 한국인터넷정보센터 조사에 따르면, 인터넷 이용자는 2000년 3월 말 기준 1400만 명이며 조사 대상 인구 100인당 33명 정도가 인터넷을 이용하는 것으로 나타났다. 연령별 인터넷 이용률은 20대 59.1%, 10대 51.5%, 30대 29.2%, 40대 18.6%, 그리고 50대 3.3% 순이며, 성별 이용률은 남성이 41.5%, 그리고 여성은 24.6%로 여전히 남성 이용률이 높게 나타났다(한국인터넷정보센터, 2000).

8. 섹슈얼리티 Sexuality 는 성적 욕망, 실천들, 정체성 등을 의미하며, 여성, 혹은 남성으로서 우리 자신이 가지고 있는 의식까지를 포함한다. 또한 성적인 관계뿐만 아니라 우리의 성적인 느낌이나 관계들, 우리 자신을 정의하는 방식, 타인이 우리를 정의하는 방식을 모두 포괄하는 개념이다. 한 사람에게는 성적인 것이 다른 사람에게는 성적이지 않을 수 있으며, 그 기준은 시대와 장소에 따라 다를 수 있으므로 이 개념은 다소 유동적이라 할 수 있다(이나영, 1999).

키고자 하는 것이 목적이다.

이와 같은 목적 의식을 갖고 이 글은 성 폭력이 주로 발생한다는 PC 통신의 대화방과 인터넷 채팅 사이트들[9]을 중심으로 사이버성 폭력의 문제를 다루며, 여성 네티즌으로서 2000년 상반기 동안 PC 통신의 대화방과 유명 채팅 사이트를 중심으로 참여 관찰을 수행하였다.

2. 사이버라는 새로운 영토

사이버 문화는 사이버 공간이라는 새로운 정보 통신 기술의 개발 및 이용과 관련하여 나타나는 다양한 문화적 현상을 의미한다(홍성태, 2000). 익명성, 개방성, 자율성이라는 특징으로 대변되는 이 새로운 문화 현상은 미래의 문화, 분열의 문화, 저항의 문화라는 이미지를 가진다. 고길섶(2000)은 인간의 신체적 상상을 뒤엎는 새로운 영토에의 절단과 흐름이 생성되는 곳으로 사이버 채팅 공간에 주목하고 있다. 낯선 사람과의 자연스러운 대화, 채팅 언어의 독특한 문법 파괴 등은 들뢰즈와 가타리의 용어를 빌리면, 리좀 *rhizome* 적 ── 뿌리 없는 식물과 같이 한군데 정착하지 않고 여기저기 떠돌아다니는 ── 말하기라고 하며 이는 근대성의 코드에 대한 전복과 저항의 의미로 해석된다. 리좀적 말하기는 어떠한 억압과 검열에도 저항하며 무정형적으로 탈코드화하는 탈주만이 사이버 공간 속에 존재한다. 리좀적 말하기와 더불어 사이버 공간은 시공간의 자유로운 이동을 가능케 해 줌으로써 네티즌들을 유목민화 *nomad* 하고 있다. 채팅 공간은 탈코드화되고 유

---

9. 사이버 성 폭력 방지 센터의 설문(2000. 7)에 따르면, 사이버 성 폭력이 가장 많이 발생하는 곳은 대화방(65.9%)이며, 그 다음으로 전자 우편(9.3%), 기타(9.0%), 공개 게시판(7.4%) 등의 순으로 나타났다. http://www.gender.or.kr/

목민화된 네티즌들이 리좀적 말하기라는 존재 방식으로 일시적으로 머무르는 공간이다. 여기서는 네티즌들이 자신의 욕구에 맞추어 자유로이 이동하는 공간으로서의 채팅 공간에 주목하고, 정체성과 욕망에 초점을 맞추어 그 특징을 알아보고자 한다.

1) 분열적 정체성의 무한 복제와 확장

사이버 공간은 비물질적인 공간이다. 현실이라는 물리적 공간에서 인간은 '몸 *body*'이라는 외피를 갖지만 사이버 공간은 그러한 몸이 지닌 시간과 공간을 동시에 점해야 한다는 물리적 제약과 한계를 벗어날 수 있는 공간이다. 몸은 경험과 의식을 연결시키는 매개체이자 개별적 정체성 *identity* 이 행위로 구현되는 장소이다. 정체성이란 "자신이 누구이며 어떤 사람인지 스스로 내리는 규정"(배은경, 1999)이자 자기 자신이 무엇을 해야 하고, 어떻게 해야 하는지에 대한 판단의 종합이다. 여기에는 한 개인이 자기 자신을 정의 내리는 것과 같은 '개별적 정체성'과 특정 사회 운동의 주체라든지 민족 등과 같은 '집단적 정체성'의 두 가지 개념이 모두 포함된다(배은경, 1999). 우리는 개별적 정체성과 집단적 정체성을 끊임없는 자기 성찰의 과정을 통해 조화시키려고 하며, 실제로 개별적 정체성은 그것이 형성되는 기반인 사회적 맥락에서 자유로울 수 없다. 그러한 의미에서 정체성은 사회적 과정을 통해 끊임없이 만들어지고 형성되는 것이라 할 수 있다.

근대 서구 철학은 개인 *individual* 이라는 개념을 상정함으로써 정체성을 자명한 것이자 진정한 *authentic* 것이며 불변의 통일성을 지닌 것으로 간주하여 왔으며, 때로는 사회 관계가 지니는 진정한 억압적 성격을 느끼지 못하게 하는 허위 의식의 산물이라는 것을 은폐하였다(Weedon, 1993). 그러나 포스트모더니즘에서의 정체성은 더 이상 단일한 고정 불변의 주체가 아니라 담론적 실천과 투쟁을 통해 확보되는 것이며, 담론의 효과이기도 하다. 동일한 주체, 안정적 자아는 한 마디로 환상일 뿐이다. 후기 구조주의 정신 분석학자인 라캉은 생물학적 욕구 *demand* 와 상징계 질서 안의 요구 *need* 간의 간극과 격차로 인해 욕망 *desire* 이 생기며, 그러한 욕망은 결국 타자의 욕망, 인정 욕망이 된다고 했다. 인간은 그러한 인정 욕망으로 인해 스스로를 타자가 욕망하는 특정 형태의 주체로 만들어간다. 그러므로 자아라는 주체는 어떤 중심성과 통일성도 갖지 못하며 타자의 담론, 타자의 욕망으로서의 무의식의 결과물일 뿐이다(이진경, 1994).

사이버 공간은 그러한 포스트모더니즘의 정체성의 개념과 놀라울 정도로 친화력을 보인다. 컴퓨터 모니터 앞에 앉아 있는 주체는 접속과 동시에 상대에 따라 옷을 갈아입듯이 쉽게 정체성을 조작하거나 변화시킬 수 있다. 컴퓨터상의 기표로서의 정체성은 더 이상 물적 조건을 지니고 있는 기의와 상응해야 할 필요성을 느끼지 못한다. 기의의 강제성이 없어진 네티즌의 정체성은 기표들의 가벼운 유희에 지나지 않는다. 기표들의 유희로 가능해진 사이버 정체성은 익명성과 비대면성으로 자기 복제와 변형, 은폐와 과장으로 복수의 정체성을 가능하게 하며 이로써 피부색, 성별 등의 필연이 무화될 수 있는 가능성마저 지닌다. 사이버 공간은 여성 또는 남성이라는 현실, 학생이라는 현실, 아줌마라는 물적 현실의 벽을 자유롭게 넘나들 수 있는 공간이다. 사이버 공간에서 부유하는 유목민이 되어버린 네티즌들은 자신이 지닌 시공간적 제약을 넘어서 다른 집단으로 자유롭게 넘나들 수 있다. 이는 현실 안에 존재하는 모든 코드화에 대한 저항의 담론을 형성할 여지를 갖게 함과 동시에 탈코드화를 가능케함으로서 일탈적 행위들을 가능케한다. 금기라는 한계선을 넘나듦에 대한 강제적 규제는 존재하지 않는다. 적어도 외양적으로는 현실 공간에서 소외당하고 억압받는 소수 집단에 대한 어떠한 집단적 규율이나 통제 체제도 갖고 있지 않다.

사이버 공간에서 개인의 정체성은 화면을 통해 나타나는 이미지나 텍스트에 의해 매개되므로 접속하고 있는 대상에 따라 분절화되어 나타나기도 하고 상호 작용의 메커니즘을 통해 구성되기도 한다. 즉, 네티즌은 총체적 자기로서 정체성을 드러낼 필요가 없으며 즉각적인 상황에 따라 부분적이고 개별적인 정체성의 일부만을 꺼내 보이기도 하고 완전히 다른 '내 안의 나'를 보여 주기도 하며, 또 다른 나를 발견하기도 하는 것이다. 그렇게 구성되는 주체는 무한 복제와 무한 확장이라는 기술적 속성을 등에 없고 끝도 없이 분화될 수 있다. 접속의 현재성만이 사이버 주체의 현존 방식이며 그러한 주체는 해체와 분열을 끊임없이 반복한다. 따라서 사이버 공간은 현존의 불완전성과 물리적 현실의 한계를 벗어나고자 하는 인간의 몸부림에 대한 해방구가 될 수도 있다. 물적 현실이 지닌 고정된 정체성에서 탈출하여 전자적 전달에 의해 지속적으로 와해되고 새로운 형태를 부여받으며 분열에 분열을 거듭하는 자아는 해방의 담론을 생성 가능하게 한다.

누구인들 정체성을 마음대로 선택하고 갈아입을 수 있다는 달콤한 사이버 공간의 유혹에서 자유로울 수 있으랴? 그러나 접속이 종료되는 순간 다시 드러나는 현존의 문제는? 결국 접속을 가능하게 하는 것은 우리의 손가락 근육과 두뇌의 상호 작용의 결과가 아닌가?

2) 욕망과 쾌락의 탈주선

사이버 공간에서의 정체성 놀이는 해방구로서의 가능성뿐만 아니라 일탈적 욕망의 출구로서의 현실을 맞닥뜨리게 한다. 일탈적 욕망의 출구 역할을 톡톡히 하는 PC 통신의 대화방과 인터넷의 채팅 사이트라는 공간에 들어서면 성적 리비도가 넘쳐 남을 느낄 수 있다. 채팅의 참여자들은 10대에서 50대에 이르기까지 남녀 노소를 불문하고 대화 상대를 찾아 혹은 일회성 사랑을 좇아서 성적 욕망과 아슬아슬하게 줄타기한다.

사이버 공간의 특징인 익명성과 비물질성은 사회적 금기로 인해 억눌려있던 성적 욕망을 과감히 드러내는 것을 방조한다. 사이버 공간에서의 성적 욕망의 분출은 비가시적인 쌍방향성으로 인해 더욱 증폭된다. 다음은 대표적인 인터넷 채팅 사이트인 sayclub에 개설된 대화방제로서 노골적인 성적 욕구의 표현 창구로서의 면모를 여실히 보여 준다(2000. 8. 3).

```
부산 모임 6595 1/3 끝까지 쏠게요 이쁜이만 퍽사절 redwin123
아무나 모임 6595 1/2 아줌마의 "욕구불만"이라는 방 queenfredric
대구 모임 7362 1/4 나 대구에 처음 놀러 왔거든? 우리랑…… EUROPE1999
하이틴 남자 친구 찾음 2/4 나 사랑받구 시포~ ♡ (부산고딩방!!!) pkyb1004 wslove83
부산 모임 2439 1/2 촉촉히 이불을 적실 녀…… sunking92
부산 모임 91200 1/3 여기겜방 알바 엉아랑 놀아여…… 전 18…… csw0614
하이틴 모임 5661 1/4 XX 즐길녀 빨랑와…… m018y
부산 모임 5941 1/2 내 원룸에 없는 건…… 너 뿐야…… kiwi94
아무나 모임 4331 1/2 수다스럽고 잘 노는 여자분만…… a5445v
부산 모임 4647 1/2 이젠 좀 이쁜 여자 만나구 싶다 demisodar
부산 모임 2697 1/2 제게 발을 핥는 영광을 주실 여자분…… rlaalsrl77
부산 모임 4344 1/2 야한 얘기 나눌 부산녀만 adultsex8
하이틴 모임7942 무제한 우리 야기좀 하자…… say7749bye  werther77
부산 진짜 대화 1/4 진짜 대화좀 하재!!! 성의 노예가 ? lavaguy
부산 모임 98948 1/2 가벼운 대화 22이상녀 환영 ubelongtome0
부산 모임 3764 1/2 야한 얘기하실 성인 여성분~ ~ junta00
```

채팅 사이트가 전세계에서 가장 발달된 나라가 한국이라는 비공식 통계가 나오고 실제로 사이버 커뮤니케이션과 무관한 사이트에서 조차(예를 들어, 신문사 사이트, 상거래 사이트 등) 앞을 다투어 채팅 공간을 마련하는 것을 보면 가히 CMC 커뮤니케이션이 면 대 면 의사 소통 방식을 압도하고 있다[10]는 느낌마저 준다.

sayclub 2000년 8월 18일 저녁 11시 현재
    채팅 개설된 방: 9877개
    현재 사용자: 4만 4361명
skylove 2000년 8월 18일 11시 10분 현재
    인원: 2만 636명

이처럼 많은 사람들이 사이버 공간 속에 포진하고 있는 이유는 무엇일까? 욕망은 금기의 부재로 인해 더 강렬해지는 걸까? 현실 속에서 자유로운 남녀 간의 만남에 그어져 있는 눈에 보이지 않는 금기의 선, 성적 금기는 가상 공간에서 여지없이 무너진다. 그들은 여과 없이 자신들의 욕망을 드러내고 그 욕망의 그물망에 상대가 걸리기를 기다린다. 때로는 주체적으로, 때로는 본의 아니게 욕망의 그물망에 포획되면서 개개인의 욕망은 사이버 공간에서 서로 얽혀 들어간다. 구조 이전의 욕망, 언제든 변이 가능한 욕망들이 자신들을 현실에서 포섭하고 규제하려는 구획하려는 제도적 장치들을 탈주하여 선으로 모여든다.

이러한 욕망은 결국 푸코[11]식의 권력과의 관계 설정의 틀에서 해석되기보다는 들뢰즈와 가타리식의 욕망 개념에 더 부합된다. 들뢰즈와 가타리에게 욕망은 무의식적 에너지의 능동적 흐름이다. 이는 상실된 대상이나 결핍에 대한 수동적인 반작용이 아니라 창조적이고 생산적인 에너지의 흐름으로 고정된 표상 체계에 구속될 수 없는 역동성을 지닌다(전경갑, 1999). 그런 유목적인 욕망의 흐름을 억제하고 절단시키는 사회적·제도적 장치가 코드인데, 이는 코드화 *encoding* 장

---

10. PC 통신 업체들은 달마다 대화방 이용자 베스트 100을 뽑는데, 다음은 대표적 PC 통신업체인 천리안의 2000년 7월 한달 대화방 최고 이용자의 이용 시간이다. "대화방 이용 시간 최고(대화방 순위 베스트 100 중)는 하루 19시간 48분 32초, 100번째가 11시간 26분 4초."

11. 푸코는 ≪성의 역사≫ 1권에서 섹슈얼리티에 관한 담론과 장치들을 통해 그 이면에 작동하는 권력 관계를 드러내고 권력의 효과를 분석하였다. 그는 섹슈얼리티의 역사적 구성성과 특수성을 강조하면서 성적 욕망과 권력의 작동 관계를 밝히고 있다.

치라고 불린다. 학교나 가정, 직장 등의 사회적 제도와 법, 규범, 규율 등의 장치들은 인간의 욕망을 통제하고 식민화한다. 그러나 인간의 욕망은 긍정적 의지의 개념이며 본질적으로 자유롭고 기계적이며 끊임없이 무언가를 만들어 내는 생산적인 흐름이므로 결코 표상 체계에 구속되지 않으며 자신을 통제하려는 코드화하는 힘과 권력 의지에 저항하고 대립한다. 그렇다면 규율화되지 않은 욕망의 흐름으로 가득찬 분열자 *schizo* 의 세계이자 리좀처럼 떠돌아다니는 자유로운 항해자의 공간인 사이버 공간(라도삼, 1998)으로 사람들이 몰리고, 그 속에서 자유로운 리비도의 흐름을 만끽하면서 기존의 규범과 질서 체계에 저항할 여지를 만드는 것은 당연한 일이다. 그럼에도 불구하고 욕망이 접합되고 실현되는 지점이 현실 속의 성별 체계와 무관한 것인가 하는 문제는 여전히 남는다.

3) 환상과 실재의 결합

사이버 공간의 섹슈얼리티는 몸이 매개되지 않는 성적 쾌락이라는 매혹이 존재한다(Saenz, 1998). 몸이 포기됨으로써 오히려 위험 없는 욕망에 대한 환상이 고양된다. 그러나 그러한 욕망은 역설적으로 몸과 에로틱한 감정이 분리되면서도 묘하게 일치하는 순간 충족된다.

채팅시 모니터를 사이에 둔 두 사람은 모니터상에 뜨는 텍스트만을 근간으로 서로의 욕망을 교환한다. 이것은 두뇌 작용에서 일어나는 환상에 지나지 않는 것이 아니라 실재 상황이다. 상대방의 반응과 느낌이 깜박이는 커서 속에서 즉각적으로 상대에게 전달되며 이는 욕망의 흐름을 타고 서로에게 느껴진다. 욕망은 눈에 보이지 않는 상대에 대한 환상과 언어적 상상력이 결합되면서 극대화된다. 몸이 느끼고 반응하면서 욕망은 현실로 구현되는 것이다. 채팅 참여자들은 실제로 존재하는 물질적 공간이 아니라는 것을 인식하고 있지만 채팅

언어의 현재성'으로 인해 채팅을 대면적 커뮤니케이션과 유사한 상황
으로 느끼게 되는 것이다(윤세정, 1999). 그 순간 그들에게 사이버는 더
이상 가상 공간이 아니라 실재 공간으로 존재한다. 비록 로그 아웃의
순간 사라지고 마는 신기루일망정.

```
**** 40  보고 싶다
**** 21  나두
**** 40  정말 만지고 싶어
**** 21  그래
**** 40  얼굴도
**** 40  손도
**** 21  느껴지는 것 같다.
**** 40  뽀뽀해 줘
**** 21  그래. ♡
**** 40  이마에 했지?
**** 21  아니
**** 40  그럼?
**** 21  이마… 볼… 손등… 눈… 귀… 그리고…
**** 40  느껴져, 니가…
                              2000. 7. 5. Intizen의 일 대 일 대화방에서
```

위의 사례는 사이버 공간에서의 커뮤니케이션 방식이 '단지 글'
에 불과한 것이 아니라 담론적 행동이 물질적 효과를 낳을 수 있음
을 보여 주는 하나의 예이다. 환상은 환상에 그치는 것이 아니라 실
재와 결합됨으로써 강렬한 욕망을 실현시킨다. 사이버 공간은 몸 없
는 욕망, 몸만으로는 구현될 수 없는 욕망이 쾌락이라는 현실로 나타
나는 곳이다.

스텐저(1996)의 말처럼 "우리가 실재라고 부르는 것이 어쨌든 일
시적인 합의에 불과하다면" 우리는 대체 무엇을 실재라고 할 수 있

으며 그렇지 않은 것은 또 무엇인가?

요약하자면 사이버 공간은 익명성, 비대면성, 탈공간성 등의 특징으로 정체성의 무한 복제와 확장이 가능하며 이런 가능성은 사회적 규범과 코드에 의해서 억압되어 있었던 섹슈얼리티를 마음껏 표현하고자 하는 일탈적 욕망을 실천할 수 있는 기회를 제공한다. 익명성을 보장받는 온라인상에서의 성적 욕망에 대한 담론은 담론으로 그치는 것이 아니라 실재와 결합하여 실질적인 쾌락을 생산한다. 사이버 공간이 이렇듯 억압받지 않는 섹슈얼리티 표출의 장으로 자리잡고 있는 가운데 한 가지 의문은 섹슈얼리티가 누구에 의해, 어떤 방식으로 표상되는가 하는 것이다. 바로 이 지점은 사이버 공간에서 젠더의 이슈가 필연적으로 등장하게 되는 지점인 것이다.

3. 욕망의 성별화 — 사이버 성 폭력

앞서 왜 사이버 공간의 어떤 특성들이 성적 욕망을 적극적으로 투사하는 공간으로 자리매김하는지를 고찰해 보았다. 여기서는 사이버 공간에서의 성적 욕망 *sexuality*이 성별 *gender*에 따라 다른 양상으로 구체화되며 그 과정에서 사이버 성 폭력의 위험이 도사리고 있다는 것을 지적하고자 한다. 사이버 성 폭력은 주로 대화방에서 많이 발생하는데 '쪽지' 보내기나 대화 도중에 이루어지며, 간혹 게시판이나 전자우편 등을 통해 발생하기도 한다. 여기서는 사이버 성 폭력의 구체적인 특징을 알아보고 물리적인 몸을 매개하지 않는 성 폭력이 가지는 실재성에 초점을 맞추려 한다. 그리하여 가상 공간의 단순한 성적 환상과 욕망에 그치는 것이 아니라 위계적으로 성별화된 현실의 반영물이자 실재로 현실 속에서 그 효과를 발휘하고 있음을 밝히고자 한다.

1) 사이버 성 폭력의 특징 및 현실성

정정수(1999)는 사이버 성 폭력의 특징으로 첫째, 온라인에 접속해 있는 상태에서 발생하므로 접속의 중단을 통해 전적으로 이용자가 통제할 수 있다는 점, 둘째, 비언어적 단어의 결여와 익명성이라는 CMC가 지닌 속성에서 발생한다는 점, 셋째, 동일한 가해자에 의해 지속적으로 발생하기보다는 일회성이 강하다는 점을 들고 있다. 여기서는 폭력적인 방법으로 욕망을 구현하는 사이버 공간의 현실을 드러내려고 한다.

(1) 폭력적 말걸기 ─ 욕망의 이름으로

사이버 성 폭력은 일종의 폭력적인 말걸기를 통해 일방적인 성적 욕망을 드러내는 행위라고 볼 수 있다. 폭력적인 말걸기 유형으로는 대화명과 대화방제 등의 '소극적인 방법'과 쪽지 보내기 등의 '적극적인 방법'으로 나눌 수 있다.

일단 사이버상에서의 말걸기는 대화명과 대화방 방제를 통해 상대를 파악하고 선택하는 작업에서 시작된다. 대화방을 이용하건 일대 일 채팅을 하건 간에 채팅 참여자들은 아이디(ID)나 대화명을 통해 자신의 인격을 드러내게 되어 있다. 채팅에서 대화를 시작할 때 상대방의 정보를 알 수 있는 근거는 이러한 아이디와 대화명일 뿐인 경우가 대부분이며, 대화자는 이를 통해 자신의 정체성을 구성하고 상대의 정체성을 탐색하게 된다. 이른바 사이버 인격이 형성되는 것이다.

이용자들은 대화명을 바꿈으로 인해 누구나 자신의 타고난 성별을 갈아입을 수 있으며 *gender-swapping*, 자신의 성 정체성을 가릴 수 있는 중성적 대화명을 사용할 수도 있지만 실제로는 자신의 성별을 강조하는 대화명이 압도적이다. 다음 예에서도 드러나듯이 대화명을 통

대화방 사용자 대화명	
팝콘(＊＊＊＊) ＊자 / 22	꿈꾸는 소저
하늘이(＊＊＊＊) ＊자 / 17	노란우산
난나(＊＊＊＊) ＊자 / 23	불나
neo(＊＊＊＊) ＊자 / 27	블루걸
구름사냥(＊＊＊＊) ＊자 / 33	엘레강스
영호(＊＊＊＊) ＊자 / 31	아이리스
BAT(＊＊＊＊) ＊자 / 27	여르미
장～비(＊＊＊＊) ＊자 / 33	은경공주
철이얘(＊＊＊＊) ＊자 / 25	줄리엣
야간비행(＊＊＊＊) ＊자 / 39	지니이쁘
쏜톤국장(＊＊＊＊) ＊자 / 28	행복순이……
이승환(＊＊＊＊) ＊자 / 24	29세기혼남
풍운(＊＊＊＊) ＊자 / 33	가이
헉…!(＊＊＊＊) ＊자 / 27	강건마
딸기(＊＊＊＊) ＊자 / 25	고인돌
한지선(＊＊＊＊) ＊자 / 21	권영길
水蓮(＊＊＊＊) ＊자 / 35	달타냥
송화(＊＊＊＊70) ＊자 / 30	뚜벅이
계상어빠부인(＊＊＊＊6) ＊자 / 16	마징가
한송이(＊＊＊＊6) ＊자 / 32	바트심슨
	제우스
	쿨가이……
2000. 8. 20. Intizen 대화방	2000. 8. 18. 천리안 대화방

해서 성별을 쉽게 짐작할 수 있다.

  사이버 공간은 무성적 *asexual* 인 특성을 가질 수 있음에도 불구하고 사이버 공간을 점하는 네티즌들은 현실 세계에서 성별화된 존재라는 점이 자신의 성 정체성을 무의식적으로 드러내고 있다. 그 대표적인 예가 자신의 대화명을 정하는 것에서도 나타난다. 현실 세계에서 자신의 이름이 자신의 의지와는 상관없이 부모 등에 의해서 작명되는 데 반해 대화명은 전적으로 이용자 스스로에 의해 지정될 수 있음에도 불구하고 여성 이용자들은 좀더 여성스러운 대화명을 남성들은 좀더 남자다움을 드러낼 수 있는 대화명을 사용함으로써 이용자들은 자신의 성별 정체성을 굳이 숨기려 하지 않는다. 대화명이 예쁘면 왠지 실제 외모도 그럴 것 같은 환상을 가지게 되고 대화자들은 그런 환상의 바탕에서 이성에 대한 말걸기를 시도하게 된다. 일반적으로 예쁜 여자를 연상시키는 아이디나 대화명에 남성들의 접근이 더 많다는 사실은 여성 이용자들이면 누구나 공감하는 현실이다.

다음 예에서 보듯이 대화명은 성별을 드러내는 역할뿐만 아니라 대화명을 사용하는 주체가 지닌 성적인 의도를 드러내는 구실도 한다.

물건, 대물, 섹시남, SSIP171, sexymale., 죽여줘

주로 남성 이용자들에게서 많이 발견되는 이런 종류의 대화명은 그들의 명백한 성적 의도를 드러낸다는 점에서 여성 이용자들에게 불쾌함과 당혹감을 안겨준다. 이런 대화명을 가진 사람이 접근해 오면 일단 여성들은 경계하게 되고 이름이 주는 느낌으로 인해 주눅들기도 한다.

한편 대화방을 선택하는 이용자들에게 대화방의 방제는 가장 중요한 선택의 근간이 된다. 일반적으로 이용자의 개별적 정체성을 나타낸다고 생각되어지는 대화명이 섹슈얼리티를 호명하기 위해 젠더적 특성을 주로 사용한다고 본다면, 그 안에 모이는 사람들의 집단적 정체성을 나타낸다고 여겨지는 대화방은 다른 성별과의 만남을 위해 섹슈얼리티를 사용한다.

다음의 사례는 인터넷의 한 유명 채팅 사이트에 남성들이 개설한 대화방제들을 따온 것인데, 여기에서 보듯이 대화방의 제목에 명백히 성적인 의미를 함축하거나 성적인 의도를 지닌 단어를 사용하는 경우가 많음을 알 수 있다. 특히 비공개 대화방의 경우 그 대화방을 들어갈 수 있는 키워드 자체가 KISS, 애무, SEX 등인 경우마저 있다고 한다(정정수, 1999). 이는 사이버 공간에서 성적인 접근과 만남 자체를 원하지 않는 여성 이용자들에게 성 폭력의 의미로 다가올 수

서울 운명 1/4 우연으로 만나서 인연으로„

부산 모임46036 1/2 X섹 뭐든지 내가 책임진다…녀만

서울 모임45517 1/4 ㄴ ㅏㅈ ㅏㅂ ㅏㅂ ㅏㄹ ㅏ~ 아스?…

대학생 모임46216 1/8 오늘 밤은 왠지 잠두 안 오고…^^ @@@

대전/ 충청 모임27899 1/2 외로워 바람 피우고 싶은 여자분만…

초보 모임44951 1/2 부산대…번개할 여만…드라이브 천국

대전/ 충청 모임43678 1/3 외로운 밤 저와 함께 지내실 분???

대구 모임43941 1/2 번개 한번 합시다 ………… 여우만 환영…

부산 모임54247 1/2 당신을 위한 기다림이 헛되지 않기를…

부산 모임45307 1/2 세이를 떠난다~ X파트너할 여만…

대전/ 충청 모임46551 1/2 작게 사랑하고 오래 그리워하기……^o^

부산 모임44085 1/2 촉촉히 젖자…ㄴㄴ 님//

대구 모임44316 1/2 2;2 지금…대구여만

대전/ 충청 장난 사절 1/2 나 먹어 봐…먹으면 상 준다……여자만…

2000. 8. 14. Sayclub 에 개설된 대화방제

있다. 대화명에서도 드러나듯이 대화방을 개설하는 주체들은 남성이 거의 대부분을 차지하고 있다. 남성이 개설한 대화명은 노골적인 성적 표현을 하는 것도 상당수이다. 대화명의 성별화가 무의식적으로 진행됨과 동시에 대화 내용에 있어서도 남성과 여성의 대화 방식은 현실 속의 방식을 그대로 답습하는 경우가 많다. 남성의 경우 공격적이고, 능동적인 자세를 견지하고 있다면 여성의 경우는 수동적이고 방어적 자세를 취하는 경우가 자주 눈에 띈다.

아이디나 대화명, 대화방제가 '소극적인 말걸기'의 방법이라면 쪽지 보내기와 일 대 일 대화 신청은 '적극적인 말걸기'의 수단으로 이용된다. 적극성은 주체적 의도를 담보한다.

위의 사례에서 보듯이 남성들은 자신들의 성별 정체성을 숨김없이 드러내며 여성들에게 말걸기를 시도한다. 그들의 제안은 솔직한 대화를 원함을 가정하고 있지만 대화를 원하는 상대가 이성이며 그 '솔직함' 이라는 단어에 숨은 은유를 이해해야 될 필요가 있다.

이쯤 되면 그들의 의도는 명백해진다. 자신이 대화하고 싶은 상대를 고른다는 적극성과 일방적인 성적 제안이 동시에 나타나는 경우이다.

자아 확장을 위해, 혹은 심심해서 시간 '죽이기'의 수단으로 채팅의 말걸기가 시도되기도 하지만 일방적인 방식으로 성적 욕망을 드러내는 수단으로 쪽지 보내기가 행해질 때 이는 명백한 성 폭력의 함의를 지닌다. 사실 사이버상에서 여성들이 의외로 성 폭력을 많이 당하는 곳이 대화방 대기실이다. 성 폭력을 "상대방의 의사에 반反하여 가하는 성적 행위로 모든 신체적·언어적·정신적 폭력을 포괄하는 개념"이라고 본다면, 길에 비유되는 대기실은 모르는 사람에 의해 우연히 발생하는 성 폭력이 지니는 의미와 비슷한 구성 요건을 지닌다. 길 가다가 모르는 사람이 엉덩이나 가슴을 쓱 만지고 도망가는 기분에 머리가 쭈뼛 서고 가슴이 철렁한다는 한 논문의 연구 대상자의 말처럼 낯선 이에 의한 원하지 않는 성적 접근과 제안에 대부분의 여성들은 당황하고 불쾌해 한다(윤세정, 1999). 그럼에도 불구하고 피해자는 무시로 일관하거나 대화명 변경이나 성별 은폐 등을 통해 스스로 조심하고 경계하는 이외의 별다른 적극적 대응을 하지 않으면서 일회적인 일로 치부하는 경우가 대부분이다.[12]

(2) 사이버 성 폭력의 실현

사이버 공간에서 성적 욕망의 발현은 현실 세계 속에서 성별화된 성적 욕망의 발현과 큰 차이가 없다. 오히려 사이버 공간의 비대면성의 특징은 남성들로 하여금 자신의 성적 환상과 공격적 성향을 더욱 극대화하도록 부추긴다. 사이버 공간에서의 성적 욕망의 발현은 단순한

---

12. 사이버 성 폭력 피해 신고 센터의 설문(2000. 7)에 따르면 "사이버 성 폭력을 당했을 경우 어떻게 하나요?"라는 질문에 응답자의 52.9%가 그냥 무시한다고 답했으며, 이는 같은 방법으로 수치심을 준다(17.6%), 사과를 요청한다(11.6%), 신고한다(11.4%) 등 보다 높은 수치를 보여 준다. http://www.gender.or.kr/

말걸기 차원에서만 머무르지 않는다. 대화방 안에서의 직접적이고 본격적인 성적 제안이나 음담패설, 전자 우편, 게시판 등을 통해 이루어지는 사이버 스토킹은 사이버 공간이 남성적인 폭력이 여과 없이 실현되는 공간으로 기능하게 한다.

길에 비유되는 대기실에서의 성적인 제안을 담은 쪽지가 간단하게 무시될 수 있는 것과 달리 대화방이나 일 대 일 채팅 속에서 이루어지는 성적인 언설은 여성들에게 훨씬 심각한 폭력으로 다가올 수 있다. 다음의 예에서 보듯이, 남성 대화자는 노골적으로 성적인 대화를 진행하고자 하는 데 반해 여성 대화자는 소극적이며 회피하는 듯한 인상을 준다. 여성 대화자가 소극적으로 대처하고 있는 가운데 남성 대화자의 성적 공격성은 더욱 공격적이 되리라는 것은 자명하다.

***** 1014 안녕하세요
bluerain240 안녕

***** 1014 지금 어디신가요
bluerain240 집이죠

bluerain240 그 쪽은?

***** 1014 저도 집이예요
***** 1014 연세가 31인가요
bluerain240 네

***** 1014 결혼은 하셨어요?
bluerain240 노코멘트

***** 1014 지금 혼자예요?
***** 1014 머 입고 있어요? 난 팬티만 입고 있는데
bluerain240 네

***** 1014 팬티는 무슨 색 입고 있어요?
bluerain240 글쎄

2000. 6. 2. Intizen 일 대 일 대화방

위와 같은 방식의 대화가 여성 대화자에게 당혹감, 성적 수치심을 유발하고 있다는 증거는 대화방에 참여했던 여성이 성적인 공격을 당하고 나서 느꼈던 당혹감을 드러낸 다음의 사례에서 잘 보여 준다.

번호: 41659 / 41690
등록일: 2000년 07월 24일 12:52
등록자: XICOM
조회: 150 건
제목: 저질스런 남자들

안녕하세요?
저는 이 니라고 합니다. 그런데 제가 어느 곳에서 채팅을 하구 있는데… 글쎄 저밖에 여자가 없더라구요… 근데 그 남자들이… 유방이 어쩌구… 성기가 어쩌구 하며 절 당황스럽게 만들더라구요… 근데… 그 남자들이 나 혼자 여자라며… 그래머인지… 그런 것을 물었어요…다 여자의 신체 얘기만여…

PC 통신 천리안 게시판

위의 예에서 보듯이 일단 인사를 하고 상호 관계성을 유지하면서 드러나는 성적 의도는 여성들을 당혹하게 할 뿐만 아니라 인간에 대한 배신감마저 느끼게 한다고 한다. 사이버 공간 속에서의 섹슈얼리티도 현실에서와 마찬가지로 '관계 속의 성'으로 인식하는 여성들은(윤세정, 1999) 대화 도중 갑작스럽게 드러나는 남성들의 일방적인 성적 의도에 일시적이나마 쌓였던 상호적 관계성이 깨진 것으로 인식하고 자아에 충격을 받는다. 특히 최근 증가하고 있는 화상 채팅에 의한 성 폭력[13]은 가상 공간이 현실과 만나는 접점에서 이루어진다는

---

13. 아우성 성상담소의 상담 쪽지에서 한 네티즌은 "한 남자가 화상 채팅 도중 캠(PC 카메라)을 거기에 대며 비비고 주물렀고 나보고 옷을 벗어 보여 달라"고 했다고 실토했으며, 다른 네티즌은 "화상 채팅 도중 상대 남자가 성기를 보여 주면서 나에게도 옷을 벗고 가슴과 음부를 캠으로 비비라고 했다"며 불쾌감을 드러냈다(경향신문, 2000. 7. 5).

점에서 여성들에게 심각한 불쾌함을 야기시키고 있다. 인터넷 대화방을 통해 인터뷰에 응한 응답자는 대화방이나 일 대 일 채팅 공간에서 이루어지는 성 폭력을 현실에서 아는 사람에 의해 의도적으로 이루어지는 성 폭력에 비유하기도 하였다.

> 음, 아는 사람에 의한 의도적인 성 폭력과 비슷하다고 할까? 실컷 다른 얘기하면서 공감대가 형성되려고 할 때 갑자기 너 자위해 봤냐, 섹스 상대는 몇 명이냐, 남자 고를 때는 어떠하냐 등의 질문이 뜨면 정말 황당하고 기분 나쁘죠.
>
> 2000. 7. 28. 천리안 직딩방에서

대화방 내의 성적 폭력이 '로그인' 상황에서 주로 발생하는 것이라면 사이버 스토킹은 가상 공간과 현실을 넘나들며 상대방을 집요하게 괴롭힐 수 있다는 점에 그 심각성이 있다. 사이버 스토킹은 다양한 경로로 이루어지는데 채팅이나 게시판 등을 통해 알게 된 여성이 주요 표적이 되며, 심한 경우에는 자신도 모르게 유통된 개인 신상 정보가 포르노 게시판에 등록되어 스토킹을 당한 사례[14]도 있다고 한다(최은정, 1999). 최근에 일어난 '김헌일 사건'은 대표적인 사이버 스토킹의 유형이라 할 수 있다.[15]

사이버 공간 속의 섹슈얼리티가 온라인 공간 안에서만 한정되지 않는 또 다른 예로 폰섹과 컴섹, 번섹[16]을 들 수 있다. 물론 자발적

---

14. 실례로 채팅 사이트에 등록할 때 자신의 신상 명세와 휴대폰 번호를 상세히 기록했던 20대 여성이 지속적으로 음란 전화에 시달리거나 심지어 음란 사이트 게시판에 자신의 전화 번호가 올려져 있었다는 사례가 정보통신윤리위원회에 접수된 바 있다. http://www.gender.or.kr/

15. 최근 한 인터넷 사이트의 경제 소모임에서 한 여성을 5개월 동안 집요하게 스토킹한 남성이 경찰에 의해 긴급 체포된 사건으로, 그는 게시판에 그 여성의 이름이 거론된 110여 개의 게시물을 지속적으로 올렸는데, 그 내용은 조롱과 노골적인 욕설, 여성 비하적이고 성적 수치심을 유발하는 것이었다고 한다(여성신문, 2000. 7. 21, 2000. 8. 18).

16. '폰섹'은 Phone 과 Sex, '컴섹'은 Computer 와 Sex 의 합성물로 일종의 채팅 은어라 할 수 있는데, 전자는 온라인상에서 만난 상대와 전화 음성을 통해 이루어지는 섹스이며, 후자는 컴퓨터 모니터를 사이

동의라는 관점에서 본다면 이러한 유형들은 성 폭력이라 지칭될 수 없겠지만 남성과 여성의 관계 속에서 이해되는 맥락의 문제로 본다면 끊임없이 여성을 성적 대상으로 규정하고 한정하며, 그러한 관점에서만 여성을 다룬다는 점에 그 문제의 심각성이 있다.

번호: 20626 / 20639
등록일: 2000년 7월 24일 14:46
등록자: W76325
조회: 117건
제목: 아저씨의 거짓말……

몇칠 전 77방에서 그 때 55년생 아저씨를 또 만났다.
분명 저번에 감자방에서 만났던 그 아저씨
그 사람은 자기가 우리 또래라고 속이고 계속 떠들어 대는 거야
그 아저씨께 아저씨 어제 저 못 보셨어요?
물었지?
그 아저씨 왈!!
절대로 자기 아니래
아저씨들 지조를 지킵시다.
채팅해서 거짓말하면 안 되지?!
그런 아저씨들이 꼭 원조 교제니 그런 거 하더라구
그럼 안 되지?

PC 통신 천리안 게시판

위의 사례는 나이 어린 여성에게 접근하기 위해 자신의 나이를 속이고 대화를 시도한 경우로 사이버 공간의 익명성이 정체성의 위장을 허용하는 것을 악용하고 있다. 현실 세계에서 나이 어린 여성을 선호하는 성향은 사이버 공간에서도 연령을 위장하여 접근하는 음험한 행동

에 두고 글을 통해 서로의 감정과 느낌을 전달하며 이루어지는 가상 섹스이다. 이에 반해 '번섹(번개＋섹스)'은 온라인에서 대화하던 상대와 즉흥적으로 만나 오프라인상에서 이루어지는 실제 섹스를 의미한다.

으로 표출된다. 특히, 최근 문제가 되고 있는 채팅을 통한 원조 교제의 경우나 번개를 위해 나갔던 여학생이 성 폭행 당한 사건 등은 사이버 공간이 결코 현실과 무관한지 않음을 입증하는 사례라 하겠다.

번섹의 사례

사랑을 잃고 나는 쓰네 잘 있거라. 짧았던 밤들아~ ~ ~ ~ ~ ~ 중략 잘 있거라 더 이상 내 것이 아닌 열망들아! 장님처럼 나 이제 더듬거리며 문을 잠그네———기형도 시인이자 산문가이자 세기의 천재 작가인 기형도의 빈집이란 글이다. 비록 기형도는 자신의 진정한 사랑을 열망으로 잊고 말았지만 나는 사랑도 아닌 너무나 어처구니 없는 현실을 열망으로 보내야 했다.

내가 73방에 들어온 지 3년이지만 번개에 많이 나가지 못했기에 그리 친한 친구는 없다. 어쩌면 이런 글을 남기는 나를 친구들은 다시 매도할지도 모른다. 그러나 나의 이 분노를 잠재우기 위해서 그리고 마음보다 다친 나의 자존심을 위해서 나는 이 글을 쓰고 이제 천리안을 떠난다. 즐거운 추억도 남기지 못한 채……

73방의 두 번째 번개에서 그를 만났다. 이미 그는 73방에서 유명하였고 그가 거친 무수한 많은 여자들도 있었다. 그것이 본인이 의도이든 그 여자들의 의도이든……

그러나 나는 그런 것들이 그리 문제가 되지 않는다고 생각했고 그와 나의 마음으로 모든 것을 감싸 안을 수 있다고 생각했다. 나의 착각이었지만…… 이미 사랑이 아닌 것에서 출발하고 있었는지도 모른다. 그는 당시 불안한 내 삶에서 어느샌가 큰 버팀목이 되고 있었던 것이다. 그런 그가 나는 그저 한번 자기 인생에 지나가는 여자로 인정해 버렸다. 나의 생일 선물로 무지하게 큰 선물을 한 것이다. ──다른 여자가 생긴 것 ── 그냥 지나가는 여자를 7개월 이상 만났던 것이고 나는 그에게 말 그대로 섹스 상대밖에 안 된 것이다. 우습지만……

새로운 그녀에게도 "우리 아기야, 너를 만나면 만날수록 니가 너무 좋아진다"고 속삭이겠지. 그녀와 노래방에 가서 어김없이 "좋은 사람 있으면 소개시켜 줘"란 베이시스의 노래를 불러 달라고 하겠지. 그리고 그녀에게도 침대에서 너의 몸매가 제일 이쁘다고 말해 줄까?

술에 취한 밤에 이젠 내가 아닌 그녀에게 어김없이 전화를 걸어 자기 속에 엉켜드는 이야기를 하겠지 글고 아주 어줍잖게 그녀를 애정어린 감시의 끈으로 엮겠지 지난 여자들은 진짜 좋아한 게 아니고 나에겐 오직 너뿐이란 어설픈 단어를 이용해 그녀를 설득하고 안심시키고 또 다른 여자를 자신의 복종과 지배로 이끌어 들이겠지 후후후

마지막으로 내가 그에게 바라는 것은 그리고 그의 친구 같지 않은 친구(유유상종이겠지)에게도 바라는 건 무수한 사람들 틈에서 나를 선택한 것을 후회하고 몸서리 치겠지만 너도 나만큼 힘들어야 한다는 것.

참재! 아니 이상현! 차마 그 여자의 이름은 밝히지 않겠다 너가 이제 그 새로운 여인을 너의 댁으로 꼬시기위해 8 월3일 부산으로 가는 열차나 버스를 탄다고 하지! 그래서 나에겐 올 여름 휴가가 없다고 했구나! 너도 이런 나를 죽이고 싶지? 뻔뻔스럽게 앉아서 너의 그 잘난 친구와 쳇팅하는 모습을 보는 순간 나도 너를 죽이고 싶었다. 내가 너무 바보 같아서 나는 그저 당하고만 있었던 거야! 난 그냥 모두가 잘 어울리는 친구라고 73방을 생각했다 그런데 이제 그 73방에서 배신당하고 바보같이 물러간다. 내 젊은 날의 한때를 그런 인간을 만난 걸 후회하면서… 나에게 커다란 멍자국을 만들어 놓은 너에게 너의 가슴에 피멍들 그 날을 되씹은채 오늘도 나는 남은 소주 반병을 비우며 나의 가슴의 멍을 아주 조금씩 지워 가고 있을 뿐이겠지. 혹시 그녀에게도 너를 괄시하면 무섭게 복수할 거라고 말했을까?

73방에서 그동안 나를 알고 있던 친구들! 나에게 무지 실망했을지도 모르겠다. 내가 체팅이라는것 남자라는 것을 너무 몰랐던 바보 같음의 한풀이인지도 모르겠다. 이 나이 들어서 이런 일을 당해 보니 사실 지금 내가 잘하고 있는건지도 모르겠고 하지만 이제 다른 누구도 이런 식으로 친구들을 이용하고 관계를 맺어서는 안 된다고 생각한다.

2000. 7. PC 통신 천리안 게시판에서

2) 성별화된 욕망의 결과물

사이버 성 폭력은 오프라인 공간에서의 성 폭력과 마찬가지로 주로 여성을 대상으로 남성들에 의해 이루어지고 있다. 상대적 자율성과 통제성이 보장되며 물리적 접촉이 없는 가상 공간임에도 불구하고 채팅 언어의 특성과 그 현실성으로 인해 실제로 여성들은 성 폭력 상황을 체험하고, 현실 속에 존재하는 바로 '그 남성'에 의해 '그 여성'은 자아에 충격을 입는다. 실제로 오프라인 공간의 성 폭력으로 전이되기도 한다.

사이버 공간은 결코 현실이라는 물리적인 공간의 틀을 크게 벗어나 있지 않다. 이미 여러 논문에서 밝혀진 바와 같이 사이버 공간은 기존의 현실 공간 속의 성차 이데올로기를 그대로 반영하고 있으며(성시정, 1999), 사이버 공간 속의 주체들은 성별화된 방식으로 의사소통을 하고 있다(양미연, 2000).[17] 또한 여성은 여전히 부차적인 존재

17. 양미연은 그의 논문에서 일반적으로 남성은 전통적인 남성성으로 여겨지는 공격성, 자기 자신에 대한

로 치부되며 여러 가지 형태의 괴롭힘과 성적 모욕에 노출된다는 것도 지적되고 있다(포스터, 1999). 결국 현실 속에서 여성을 규정하고 다루는 방식이 사이버 공간 속으로 그대로 전이되는 것이다. 그것은 성적인 상호 교류가 아니며 익명성과 남성성을 이용하여 여성을 끊임없이 성적으로 대상화하는 것이다.

오히려 사이버 공간은 생활이라는 맥락이 제거된 채 성적 욕망이라는 부분만이 부풀려져 더욱 음란한 모습으로 여성을 호명한다. 사이버 공간 속의 인간 관계가 배제된 채로 진행되는 성적 담론은 에로틱하다기보다는 포르노적이라고 해야 할 것이다. 사이버 성 폭력에서 남성은 여성을 끊임없이 한 인간이 아닌 남성의 쾌락에 봉사하는 성기로 축소, 환원하는 언설을 시도한다. 여성은 사이버 공간 속에서 불특정 남성 다수의 성적 대상으로 위치지워지고 다루어지며 이는 다시 현실 속의 여성의 모습을 재규정하고 재생산하는 역할을 하게 되는 것이다. 사이버 대화에서 여성의 성 주체성을 확보하는 것은 현실 세계에서 여성이 자신의 성적 권리와 주체성을 주장하는 것만큼 어려운 것이 현실이다.

센즈(1996)는 가상 현실의 경계 붕괴가 성적 친밀성의 붕괴와 결합될 때 무의식은 가학적인 분노로 표출된다고 하였다. 사이버 공간 속에서 성적 리비도는 끊임없이 생성되고 부추겨지나 여전히 오프라인 공간과 같은 진부한 방식으로 이루어진다. 현실에서 억제되고 억압된 리비도가 사이버 공간에서 충족되는 방식 또한 여전히 현실 속의 남녀 간 권력 관계라는 틀에서 크게 벗어나 있지 않다. 억압된 리비도가 무한 탈주선을 찾는 방식은 우리 사회의 남성 위주의 문화적 각본을 크게 벗어나지 않으며 탈주선들의 종착역은 결국 우리 사회에서 여성을 다루고 이해하는 방식과 지점에서 이탈해 있지 않았다.

자신감과 적극성을 사이버 공간 속에서도 보여 주는 반면, 여성은 관계 지향성과 지지성의 경향을 드러낸다고 밝힌 바 있다(양미연, 2000).

사이버 공간에서도 여전히 남성 중심적인 방식으로 욕망은 부추겨지고 남성의 눈으로 구조화되며 남성 주도적으로 실현된다. 남성들은 자신들의 방식으로 욕망을 드러내고 실현시키고자 하며 이것이 거부될 경우 분노를 표출하고 이를 실행시키기 위해 폭력을 사용하기도 한다. 그러므로 현실 안에 존재하는 남성 중심적 권력 관계는 사이버 상에서 그대로 재현되며 비록 성 폭력의 가해자가 그러한 성별 권력 관계를 의식하지 않았다 하더라도 자아 정체성에 심한 충격을 받은 피해자에게는 결과적으로 가부장적 질서를 강화시키는 요소로 작용하고 있는 것이다(쉐이드 & 슈웨버, 1996; 정정수, 1999에서 재인용).

가상 공간과 현실 공간은 결코 분리되어 있지 않다. 가상 공간이 현실에 존재하고 있는 인간이 만들고 참여하는 공간인 만큼 가상의 현실은 현실의 규범과 가치에서 완전히 자유로울 수 없다. 가상과 현실을 넘나드는 커뮤니케이션의 과정에서 인간의 성적인 욕망 또한 자유롭게 흐르지만 그러한 흐름은 여전히 젠더라는 문화적 각본에서 자유롭지 못하다. 그러므로 현재의 남성 중심적 문화 속에서 배태된 어떠한 문화도 본질적으로 남성 중심적일 수밖에 없다. 남성이 생산하고 발전시키며 남성들이 주로 소비하는 매체들의 속성은 결코 중성적 gender-neutral 이지 않게 되는 것이다.

결국 사이버 성 폭력은 섹슈얼리티가 아닌 젠더의 문제로 회귀하게 한다. 남녀 간 불평등한 권력 관계의 재현이며 힘없는 집단에 대한 권력을 지닌 집단의 일방적인 폭력이라는 남성 중심적 사고와 체계의 동어 반복이다. 이는 성별과 무관한 과학 혹은 기술이란 외피 속에 숨겨져 있는 남성성에 관한 문제이며 욕망이라는 이름 뒤에 감춰져 있는 성별 권력 관계의 문제다. 개개인의 욕망과 섹슈얼리티가 사회·문화적 맥락과 과연 무관할 수 있는 것인가? 젠더와 섹슈얼리티의 접합되는 지점으로 사이버 공간에 우리가 주목해야 되는 이유가 여기에 있다.

4. 사이버 공간에 다시 희망을 걸며

일반적으로 사람들은 사이버라는 새로운 영토 속에서 새로운 욕망을 추구하고 인간이 지닌 현존의 한계를 극복하고자 한다. 현실에서의 금기와 제약이 많은 사회일수록 익명성을 전제로 하며 무한 복제, 무한 분열의 공간이자 자유로운 인간 관계의 만남과 확장이 가능한 사이버 공간의 해방적 의미는 더욱더 클 수 있다. 그러나 현실에서와 마찬가지로 사이버 공간 속에서도 남녀 간의 권력 관계가 그대로 재현되고 있음을 사이버 성 폭력의 현실을 통해 알 수 있었다. 욕망이라는 이름 아래 이루어지는 폭력적 말걸기는 현실 속에 있는 바로 우리 여성들의 자아에 충격을 입히며 때로는 구체적인 폭력으로 이어지기도 한다. 그것은 결코 가상 공간의 가상 현실이 아니다.

그러나 어느 시인의 말처럼 아직도 오지 않은, 어쩌면 영영 오지 않을 수 있는 그 날에 대한 희망은 이미 우리 곁에서 싹트고 있는지도 모른다. 아직도 많은 여성들은 무시나 개별적 경고, 대화명 변경, 대화방 퇴실 등의 소극적인 방법으로 사이버 성 폭력에 대항하고 있는 현실이고 남성들은 사이버 성 폭력의 심각성에 대해 무감각한 실정이지만 그럼에도 불구하고 반격과 저항은 시작되고 있다. 사이버 공간 속에 내재한 성별 권력 관계를 인식하기 시작한 여성들은 여성들만의 연대 집단과 여성 전용 사이버 공간을 만들어 가고 있으며 사이버 성 폭력 사건에 대항하는 연대 모임이 만들어지고 있다. 사이버 성 폭력에 대한 인식도 점차 높아지고 있다. 이는 더불어 현실 속의 남녀 관계에 대한 민감성을 수반하게 될 것이다.

희망은 결국 사이버라는 공간이 지닌 특수성에 기인한다. 새로운 문화의 수용자이자 생산자일 수 있는 사이버 이용자들의 위치는 새로운 환경을 만들어 나갈 수 있는 여지를 제공한다. 누구나 틈새 낼 수 있는 여지, 그들의 행위와 경험이 새롭게 구조를 틀 지우고 결정지을 수 있는 여지가 생기는 것이다.

이는 여성의 욕망이 규범이나 관습의 눈치를 보지 않고 발산될 수 있는 가능성이 있음도 의미한다. 여성들은 현실 속에서 억압되고 제한 받던 그들의 욕망과 쾌락에 대한 새로운 담론을 생성할 수 있게 된다. 사이버 공간을 통해 여성들은 물적 현실이 주는 제약에서 벗어나 자아를 확대하고 자유롭고 안전하게 성적 쾌락을 탐구할 수 있는 가능성이 생기는 것이다. 실제로 상호간의 동의에 의해 이루어지는 컴섹은 남녀 간의 동등한 섹슈얼리티 구성, 성기 중심적 성(Sex)에서의 탈피라는 기대를 갖게 하기도 한다. 남성 중심적인 섹슈얼리티 개념에서 벗어나 상호 배려와 존중, 상호 만족을 기본으로 한다면 컴섹은 안전하고 유쾌한 섹스의 한 방법으로 인정될 수 있을 것이다. 하지만 성별에 민감하지 않으면서 욕망과 쾌락의 경제학만을 중시하는 경향에는 경계의 눈초리를 늦추지 말아야 함은 물론이다.

이를 위해서는 사이버 공간 속으로 여성들의 지속적인 진입이 전제되어야 하며, 여성이 주체가 되어 오프라인 공간을 새롭게 바꾸려는 작업이 병행되어져야 한다. 자기 방어만이 절대적인 해결책이 아니다. 실제로 현실에서 스스로를 소극적으로 방어하는 여성들에게 더 큰 공격이 가해지고 있지 않은가? 자기 해결은 문제의 근본적인 속성을 흐리게 할 뿐이다. 온라인 공간의 여성 억압적 측면에 대한 집단적 공격과 저항은 동시에 오프라인 공간의 억압성에 지속적인 문제 제기와 같이 이루어져야 한다. 결국 인간은 사회·문화적 동물이고 물적 근거를 가진 현실 속의 존재이다. 현실의 이데올로기와 제도의 변화가 수반되지 않은 채 사이버 공간의 변화를 바라는 일은 환상일 뿐이다. 우리는 온라인의 담론을 통해 오프라인이라는 틀거리를 균열시키고 오프라인의 제도적 물리적 변화가 온라인의 대안적 담론을 생성할 수 있도록 지속적으로 노력해야 할 것이다.

사이버 공간이 현실에서의 탈출이든 현실의 확장이든 로그 아웃과 동시에 우리는 다시 현실로 돌아오고 현실 속의 인간과 만나며 그들과 관계하기를 원한다. 또한 끊임없는 관계 맺기를 해야만 한다. 그러므로 답은 다시 현실이다. 결국 완전한 공간 이동은 없다. 분리된 4차원의 세계는 존재하지 않는다. 불완전한 탈주의 끝은 현실에 대한 자각과 성찰로 우리를 회귀하게 한다. 그러므로 현실 속에서 우리는 진정 어떠한 것이 평등하고 이름다운 인간 관계인지 지속적으로 고민해야 하며 현재의 성별 관계를 변화시키기 위해 끊임없이 노력해야 한다. 성 폭력 없는 현실이 성 폭력 없는 사이버 공간을 만들 것이며, 성별에 의한 어떠한 차별도 존재하지 않는 살맛 나는 세상이 행복한 사이버 세상을 만들 것이기 때문이다.

참고 문헌

고길섶 (2000). "채팅, 자유의 새로운 영토," ≪문화 읽기: 뻐라에서 사이버 문화까지≫. 현실문화연구.
권수현 (1999). "남성의 섹슈얼리티와 성 폭력," ≪섹슈얼리티 강의≫. 동녘.
김성국 (1998). "정보 사회의 정치 생활: 시민 사회와 민주주의," ≪정보 사회의 이해≫. 정보사회학회 편. 나남.
김현희·최문경 (2000). "정보 사회와 젠더," 제17차 춘계여성학회 자료집.
내일여성센터 (1999). "청소년 음란 문화 어떻게 할 것인가?" 청소년을 위한 내일 여성 센터 주최 심포지엄 자료집.
라도삼 (1998). "가상 공간에 대한 권력—욕망론적 접근," 한국언론학회 봄철 정기 학술 발표회 논문집.
배은경 (1999). "여성의 몸과 정체성," ≪새여성학 강의≫. 동녘.
변혜정 (1999). "성 폭력 의미 구성과 여성의 차이," ≪섹슈얼리티 강의≫, 동녘.
성시정 (1999). "사이버 공간과 성차 이데올로기," 신라대 여성연구논집, 제10집.

신현준 (1995). "들뢰즈와 가타리: 존재의 균열과 생성의 탈주," ≪철학의 탈주≫. 새길.

──── (1995). "들뢰즈 / 가타리: 분열증적 분석과 욕망의 미시 정치학," ≪탈현대 사회 사상의 패적≫. 한국산업사회연구회 편. 새길.

양미연 (1999). "사이버 공간은 여성에게 해방의 공간인가, 억압의 공간인가?" 부산대 여성학연구논집 8권 1호.

──── (2000). <사이버 공간에 나타난 여성성과 남성성>, 부산대학교 사회학과 석사 학위 논문.

위던, 크리스 (1993) ≪여성 해방의 실천과 후기 구조주의 이론≫. 조주현 옮김. 이대출판부.

윤세정 (1999). <온라인 성 폭력에 대한 여성학적 접근>, 이화여대 여성학과 석사 학위 논문.

윤택림 (2000). "사이버 공간에서 여성의 자리매김," 제17차 춘계여성학회 자료집.

이선영 (1999). <사이버 공간에서의 여성 배제 구조와 저항에 대한 연구>, 이화여대 여성학과 석사 학위 논문.

이진경 (1994). ≪철학과 굴뚝 청소부≫. 새길.

이나영 (1999). ≪포르노, 섹슈얼리티 그리고 페미니즘≫. 서원.

정보사회학회 편 (1999). ≪정보 사회의 이해≫. 나남.

전경갑 (1999). ≪욕망의 통제와 탈주≫. 한길사.

정정수 (1999). <온라인 성희롱에 대한 연구>, 동아대학교 사회학과 대학원 석사 학위 논문.

추병완. "정보 통신 윤리 의식의 확산 방안," http://www.cyberculture.re.kr/

최은정. "온라인에서 여성으로 살기," http://www.cyberculture.re.kr/

포스터, 마크 (1999). "사이버 민주주의," <현대사상>, 제7호, pp.618~2.

한국인터넷정보센터 (2000). 인터넷 이용자 실태 조사.

한국전산원 (2000). 정보화 백서.

한국정보문화센터 (2000). 2000년 정보 생활 실태 및 정보화 인식 조사.

홍성태 (1997). ≪사이보그, 사이버컬처≫. 문화과학사.

──── (2000). ≪사이버 사회의 문화와 정치≫. 문화과학사.

Dibbell, J. (1993). "A Rape in Cyberspace," The Village Voice (23 Dec.), pp.36~42; another version as "A Rape in Cyberspace"(Or *TinySociety, and How to Make One*), in J. Dibbell (1998), *My Tiny Life: Crime and Passion in a Virtual World.* Holt, Henry & Company Inc.; also Peter Ludlow (ed.) (1996). *High Noon on the Electronic Frontier: Conceptual Issues in Cyberspace. Cambridge*:

The MIT Press. http://hanbat.chungnam.ac.kr/~leejh/Gender.html

Haraway, D. J. (1991). "A Menifesto for Cyborgs: Science, Technology, and Socialist Feminism in 1980's," *Simians, Cyborgs, and Women: The Reinvention of Nature*, New York: Routledge. 임옥희 옮김 (1995). <문화과학>, 8호.

Herring, S. C. (1993). "Gender and Democracy in Computer-Mediated Communication," *Electronic Journal of Communication*, 3: 2; R. Kling (ed.) (1996). *Computerization and Controversy: Value Conflicts and Social Choices*, (2nd ed.), San Diego, CA: Academic Press, Inc., pp.476~89.

http://hanbat.chungnam.ac.kr/~leejh/Gender.html

Saenz, M. (1996). "The Capital Tunnel of Love: Virtual Sex with Mike Saenz" (Interview by Jeff Milstead & Jude Milhon), *Mondo 2000* 4(n.d) p.143. 정준영 옮김 (1998). ≪사이버 에로스≫. 한나래.

Spender, Dale (1995). "Women, Power and Cyberspace," *Nattering on the Net*. Pinifex Press.

Springer, Claudia (1996). *Electronic Eros: Bodies and Desire in the Postindustial Age.* 정준영 옮김 (1998). ≪사이버 에로스≫. 한나래.

Tierney, John (1994). "Porn, The low Slung Engine of Progress," *New York Times*, 9 January. ≪사이버 에로스≫. 정준영 옮김 (1998). 한나래.

사이버 성 폭력 피해 신고 센터 http://www.gender.or.kr/
"사이버 공간에서의 자아와 정체성" http://www.cyberculture.re.kr/
그 외 신문 기사

7. 인터넷 방송에 나타난
여성 이미지와 이용자의 문화적 해독

윤선희

1. 인터넷 방송과 선정성

영상 시대, 멀티미디어 시대라는 말을 증명이라도 하듯, 방송 환경이 변하면서 다채널 시대가 열리고 있다. 과거 4~5개 채널을 중심으로 온가족이 TV 앞에 모여 앉아 옹기종기 저녁 시간을 보내던 TV 시청의 시대에서 이제는 케이블 30개 채널, 2001년이면 위성의 도입으로 100개 채널의 시대를 맞이하게 되었다. 이와 더불어 불과 몇 년 사이 인터넷 방송의 도입으로 사실상 300개가 넘는 채널을 가지게 되었다. 또한 인터넷 방송은 가족 시청이라는 전형적인 TV 시청 패턴을 바꾸어 놓았다. 인터넷은 기본적으로 개인 매체로서 개인 단위로 시간의 구속성을 넘어 시청하는 새로운 방송 시청 패턴이 시작된 것이다.

이와 같이 인터넷 방송이 다채널의 총아로 등장하고 방송 시청 패턴을 바꾸어 놓으면서 영상 시대의 기술 발전을 실감하게 하는데, 과연 내용적인 측면에서는 어떤 변화를 초래했는가? 인터넷 방송은

· 자료 정리를 도와 준 한양대학교 여성학과 석사 과정 이화진에게 고마움을 전한다

흔히 기술 결정론자들이 가정하듯이, 인간의 개별적 취향과 관심을 만족시키고, 문화의 다양성을 구가하는가? 인터넷 방송도 다채널화·개인화된 매체 이용이 가능해지면서, 보다 민주적인 매체 이용과 의사 표현이 가능해졌는가? 인터넷 방송이 포스트모던 사회의 권력 해체 기제로 사용될 수 있는가?

이와 같은 문제에 해답을 찾기 위해 이 글에서는 우리 사회에 가장 깊이 내재해 있는 문화 권력의 측면, 매체에 나타난 여성의 이미지를 중심으로 인터넷 방송의 텍스트를 살펴보고자 한다. 인터넷 방송이 기존 방송 매체와 상이한 텍스트 구조를 가지는지 살펴보겠다. 텍스트 구조는 형식과 내용의 양 측면으로 분석이 가능한데, 인터넷 방송의 형식상 특징은 무엇이며, 이것이 내용에 어떻게 반영되는지 분석하려 한다.

현재 인터넷 방송 이용이 기존 매체를 대체할 만큼 크게 확산되지 않은 상태이지만, 벌써 언론을 통해 인터넷 방송의 위험성에 대한 경고의 목소리가 드높다. 특히, 인터넷 방송에 나타난 선정성의 측면은 심각한 사회적 우려를 자아내고 있다. 인터넷 방송의 주요 이용층이 10대와 20대라는 점을 감안할 때 인터넷 방송의 선정성이 청소년과 젊은층에 줄 영향은 자못 심각하다 할 것이다. 인터넷 방송의 선정성으로 고발되는 문제는 여성 진행자(*internet jockey*: IJ)나 출연자의 벗기기 경쟁이다. 인터넷 방송의 방송국 이름이나 프로그램 이름에서 선정성의 수위가 극히 높게 나타나고 프로그램에 드러난 성의 노골적 표현은 많은 사람의 눈살을 찌푸리게 한다.

인터넷 방송의 선정적 프로그램에 드러난 여성의 이미지는 극히 부정적으로 나타난다. 특히, 이들의 주요 시청자들이 청소년, 젊은이들이라고 생각할 때 여성에 대한 왜곡된 이미지가 줄 사회적 폐혜를 염려하지 않을 수 없다. 현 사회에서 최고의 기술 발전을 구가하는 인터넷 방송이 우리 문화에 뿌리 깊은 권력, 가부장제 이데올로기를 그대로 답습 혹은 고양한다는 것은 큰 문제점으로 인식된다.

그러나 여기에서 단지 인터넷 방송의 선정성 실태를 고발하고 문제점을 윤리적 기준에서 판단하고자 하는 데 그치지 않는다. 인터넷 방송의 텍스트 구조가 기존 매체와 다른 점은 무엇인지 그것이 문화 권력의 해체적 작업에 동원될 가능성은 무엇인지 알아보고자 한다. 여기서는 기존 방송과 상이한 인터넷 방송만의 텍스트 형식으로 인터랙티비티 *interactivity*에 초점을 맞춘다. 인터랙티브 미디어 형식이 인터넷 방송의 텍스트 내용에는 어떻게 반영되는지 알아보기 위해 이것이 가장 활발히 사용되는 인터넷 성인 방송을 살펴볼 것이다.

더 나아가 인터랙티브 인터넷 방송에 나타나는 여성 이미지를 정신 분석학적 이론을 통해 분석한 것이다. 통상 신문 등을 통해 보도되듯이 인터랙티브 미디어에서 여성의 이미지가 보다 노골적으로 성적 대상화되는 이유와 이용자들이 흔히 '저질'이라고 치부되는 이런 프로그램에 빠져드는 이유는 무엇인지 알아볼 것이다.

2. 인터넷 방송의 개념과 범위

현재 공식적으로 인터넷 방송 협회에 등록된 인터넷 방송만 해도 300개가 넘는다. 하지만 인터넷 방송이 무엇인가에 대해서 사업자나 소비자나 매우 혼란을 겪는 현실을 감안할 때, 인터넷 방송의 개념 정의부터 명확히 할 필요가 있다.

사실상 인터넷 방송이란 그 이름부터가 매우 이율 배반적인 패러독스를 가진 말이다. 방송이란 대중 사회의 소외와 병폐를 부추기는 핵심적 문화의 역모꾼으로 비판받았다. 불특정 다수를 대상으로 일방적으로 획일화된 의식과 취향을 이식시키는 일차원적 인간상의 메커니즘이며(Marcuse, 1964: Adorno & Horkheimer, 1972), 공공 영역 *public sphere* 의 쇠락을 초래(Habermas, 1987)하는 매체의 절정으로 인식되었다. 이에 반해 인터넷이란 도입부터가 동기야 어떻든 중심을 해체한 다원화로 시작했으며, 궁극적으로 개인화된 이해와 취향을 충족시켜 주는 매체를 목표로 발전한다. 이와 같은 브로드캐스팅의 방송과 포인트캐스팅으로서의 인터넷의 이율 배반을 해결하기 위해 보다 중립적인 개념인 웹캐스팅이 외국에서는 보다 널리 쓰인다.

웹캐스팅은 "실시간으로 또는 사전 제작된 오디오, 비디오 방송 버전을 전달하기 위해 웹을 사용하는 것"으로 정의된다(Cummins & Edwards; 최영, 1999: 18 재인용). 한편 이인희는 인터넷 방송을 "웹을 인터페이스로 하여 멀티미디어 컴퓨터 이용자가 인터넷을 통해 오디오 또는 비디오를 비롯한 다양한 형태의 정보를 자신이 원하는 대로 듣거나 볼 수 있도록 프로그램을 제공하는 것"이라고 정의한다(이인희, 1998). 이상의 정의는 인터넷 방송 혹은 같은 의미로 웹캐스팅을 개념화하기에 지나치게 광범위한 것으로 보인다.

여기에서는 한국에서 통상적으로 사용되는 관례에 따라 인터넷 방송으로 부르기로 하겠다. 이는 관례 이외에도 웹캐스팅이 보다 중립적인 개념이긴 하지만 웹을 통해 분포되는 모든 형태의 정보를 대상으로 하는 것은 지나치게 광범위하다는 문제점을 가지기 때문이다. 여기서 인터넷 방송은 다음과 같은 정의에 따라 보다 좁은 개념으로 사용하기로 하겠다. 첫째, 감각적 측면에서 인터넷 방송은 웹을 통해 분포되는 모든 정보를 대상으로 하지 않고, 직접적으로 감각 기관 *sensory system* 에 작용하는 정보 코드만을 대상으로 한다. 다시 말해, 인위적 상징 코드로 학습되는 문자, 숫자 등의 데이터 정보는 제외되고, 영상 *visual*, 청각 *auditory* 의 코드를 통해 감각 기관에 직접적으로 작용하는 정보를 대상으로 한다. 둘째, 인터넷 방송은 기술적 측면에서 특정 기술 기반을 구비한 것에 한정된 것으로 정의하기로 한다. 즉, 인터넷 방송은 1990년대 중반 이후 스트리밍 기술과 멀티캐스트 기술의 발달을 통해 가능해진 것이다. 스트리밍은 정보가 패키지 개념으로 한꺼번에 다운로드되는 것이 아니라, 마치 시냇물이 흐르듯 정보가 끊임없이 흘러들어가는 것으로 전체 정보가 다 뜨기까지 시차를 두고 기다릴 필요가 없다(최영, 1999: 67). 스트리밍은 1995년 리얼오디오 프로그램이 나오면서 시작되었는데, 실시간으로 정보를 받을 수 있는 획기적 기술로 명실 상부한 인터넷 방송을 가능케 한 기술적 기반이다. 한편, 인터넷 방송은 인터넷상의 모든 정보 전달 형태를 포함하지 않고, 멀티캐스트 방식을 인터넷 방송으로 정의하고자 한다. 멀티캐스트란 특정 정보를 불특정 다수가 아닌 원하는 클라이언트에게만 전달하는 방식을 뜻한다(Keys, 1997). 이는 일반 방송과 대별되는 인터넷 방송만의 특징으로 개인이 아닌 다수의 이용자를 대상으로 하되, 온 디맨드의 정보 전달을 가능하게 하는 기술이다. 요컨대, 여기서는 웹을 통한 정보 전달의 모든 형태를 인터넷 방송으로 보지 않고, 스트리밍과 멀티캐스트의 기술을 기반으로 시청각 코드를 통해 전달되는 정보를 인터넷 방송으로 정의한다. 셋째, 내용적 차원에서 인터넷 방송은 일반 방송과 혼재되어 사용되는 경우가 많다. 현재 인터넷 방송으로 지칭되는 사이트들의 정보 형태를 보면 세 가지 형태가 존재하는데, 기존 방송 프로그램을 인터넷을 통해 전달하는 경우가 그 하나고, 인터넷 방송용으로 독립 제작된 프로그램을 편성하는 것, 또 이 둘의 혼합 형태를 들 수 있다.

이 글에서는 인터넷 방송의 범위는 기존 콘텐츠의 인터넷 유통은 제외하고, 독립 인터넷 방송 프로그램을 주요 편성으로 하는 웹사이트를 대상으로 한다. 또한 인터넷 방송의 포털 사이트도 내용 차원에서 인터넷 방송에서 제외하려 한다. 2000년에 공식적으로 협회에 등록된 인터넷 방송만도 300여가 되는데, 이 가운데 위의 감각적·기술적·내용적 차원의 정의를 적용하여 인터넷 방송을 좁게 적용해 보면 130여 개를 인터넷 방송으로 범주화시킬 수 있다.

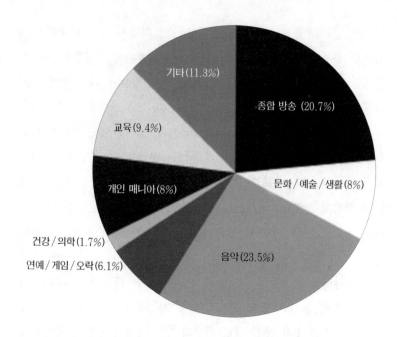

그림 1. 인터넷 방송 장르별 구성(www.castservice.com/about_webcast3.html)

　　현재 인터넷 방송의 이용 양태를 살펴보면, 아직 초기 단계에 그친
다. 한국의 경우 인터넷 방송의 이용 인구는 50만 정도로 추산된다(인터
넷 방송 협회). 또한 상업적으로 보면 아직 극히 열악한 수준이다. 인터넷
방송의 주된 수입원인 광고 시장의 경우 1999년 280억 원을 기록하며,
2000년에는 540억 원을 기록할 것으로 추산된다(LG Ad 내부 자료). 광고
외에 유료 이용자의 비율은 극히 적어 전체의 3%선에 그친다.

　　인터넷 방송 포털 사이트인 캐스트서비스(www.castservice.com)에서
는 인터넷 방송사 300개를 대상으로 설문 조사한 결과 인터넷 방송
의 현황을 분석한다. 인터넷 방송국의 장르별 구성을 보면, 음악이
23.5%로 가장 높고, 종합 채널이 20.7%로 나타났다. 교육, 문화, 예술
을 비롯하여 연예, 게임 등이 그 다음을 차지한다. 개인 매니아 채널
도 8%를 나타내 상대적으로 높은 비율을 보인다.

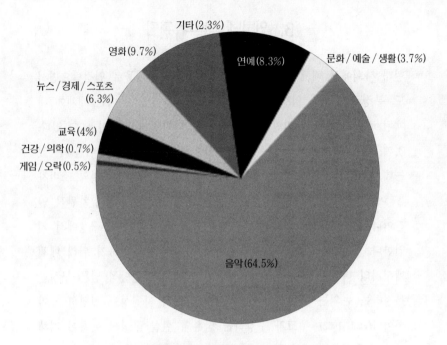

그림 2. 인터넷 방송 콘텐츠별 장르 구성(www.castservice.com)

각 방송사들의 콘텐츠를 장르별로 총합해 보면 역시 음악 프로 그램이 64.5%로 가장 높은 비율을 차지하고, 영화, 연예·오락, 뉴스, 경제순으로 나타난다.

인터넷 방송의 콘텐츠의 특성을 살펴보고 이것이 멀티미디어를 선도하는 바람직한 미래상을 보이는지 진단해 보고자 한다. 보다 구 체적으로는 기존 매체에 내재된 사회 문화적 권력의 측면이 인터넷 방송이라는 새로운 매체에는 과연 보다 해방된 형태로 나타나는가를 살펴볼 것이다. 더 나아가 권력의 유무가 어떤 형식으로 재현되는가 를 구체적으로 알아볼 것이다. 또한 기존 매체나 새 매체에 어떤 형 태로든 권력이 내재한다면, 이의 존재 이유는 무엇인지 밝혀 본다.

3. 인터넷 방송과 권력

현대 사회에서 매체가 대중 문화를 주도하는 매개물로 인정받으면서도, 부정적인 문화 영향에 대한 비판 소리가 높았다. 이는 매체에 내재된 권력적 측면에 기인한 것으로 이를 다차원에서 찾아볼 수 있다. 첫째, 매체에 내재된 권력은 커뮤니케이션 과정상에서 찾아볼 수 있는데, 담론의 일방적 흐름이다. 기존 매체는 담론의 생산자와 소비자를 이분법적으로 구분한다. 대중 문화 비판 이론가들이 일차원적 인간이나 공공 영역의 쇠퇴를 선언했던 것도 일방적 권력 구성에서 기인한다. 후에 문화 연구에서 수용자의 다원성을 설명하기 위해 매체 메시지의 다양한 해독을 말했지만, 이는 매체의 일방적 담론 구성을 부정하는 논의는 아니고, 일상적 삶의 방식의 다원성을 설명하는 이론이다(Hall, 1982). 푸코가 주장하는 담론의 현실 구성체 이론이 매체에도 적용된다고 본다면, 기존 매체의 일방적 담론의 발화 방식은 대중 문화의 가장 적나라한 권력으로 볼 수 있다(Foucault, 1972). 즉, 푸코가 말한 의사와 환자 간의 담론 방식은 말하는 자와 듣는 자를 양분화시키면서 과학적 담론의 권력 / 지식을 현실화시킨다. 이 때 담론의 내용을 따지기에 앞서 누가 말하는가가 권력에 가장 전제된 기반을 제공한다. 이를 매체에 적용해 보면, 일방적 담론의 발화 형식은 현대 사회 대중 문화를 실체화시키고, 그에 내재된 권력을 공고화시키는 핵심적 기제가 된다. 여기에서는 인터넷 방송에서 담론의 흐름에 어떤 형식적 변화가 있는지 보도록 하겠다.

둘째, 기존 매체에 개입된 권력은 내용적 차원에서 사회의 구조적 권력을 내재화시킨다. 전통 문화 연구에서는 이를 이데올로기 기구로 개념화하는데, 사회 권력의 토대인 자본주의를 공고화하는 문화적 장치를 지칭한다. 포스트알튀세르 혹은 포스트그람시를 구가하는 영국 문화 연구의 전통을 이어받아 매체 텍스트의 이데올로기 분석은 문화 연구에서 가장 많이 활용되는 분야다. 문화 연구에서 진행된 이데올로기 분석의 결과를 요약하면, 매체 텍스트에 내재된 자본주의 이데올로기와 성 차별을 배태하는 가부장제 이데올로기가 가장 빈번히 논의되는 문제다. 현 문화권에 가장 보편적으로 내재된 가부장제 이데올로기를 문화 권력의 핵심으로 보고, 인터넷 방송에는 어떻게 반영되는지 알아보자.

위와 같은 기존 매체에 내재된 형식과 내용적 차원의 권력이 인터넷 방송을 위시한 멀티미디어에는 어떤 변화를 보이는지 간파하는 것이 중요하다. 우선 멀티미디어가 새로운 시대를 대변하는 매체로서 각광받게 된 것은 매체 형식의 권력을 해체할 수 있을 것이라는 기대에서이다. 즉, 방송과 같은 대중 매체와 달리 멀티미디어는 디지털 기술의 발전에 힘입어 일방적 커뮤니케이션 흐름을 해체하고 쌍방적 담론의 생성을 가능하게 하는 인터랙티브 *interactive* 미디어라는 것이다. 인터넷 방송의 멀티캐스트는 온 디맨드 기능을 전제로 하므로 인터랙티비티에 의해 형식적 측면에서 권력 해체에는 우위를 차지하는 것으로 볼 수 있다.

그러면 일방적 커뮤니케이션의 권력 관계를 해체하고, 담론의 다차원적 구성이 가져온 현실 구성체는 어떤 모습으로 나타나는가? 결국 이 문제는 형식 차원의 권력을 내용 차원의 권력 작용으로 연계시켜 설명할 수밖에 없다. 인터넷 방송이 인터랙티브 기술의 제공으로 이용자들의 참여를 유도할 수 있게 되었는데, 인터랙티브는 어떤 방식으로 작용하며, 이는 어떤 내용의 담론을 구성하는가가 문제다.

현재 인터넷 방송에서 인터랙티비티는 기술적 가능성으로서 의의가 크지만, 정보 사회 혹은 멀티미디어 담론이 기대하는 것같이 민주주의, 인간 해방의 역할을 수행하는지는 의문이다. 인터넷 방송에서 인터랙티비티는 간헐적이지만, 다양한 형태로 나타난다. 첫째, 인터넷 방송에 나타나는 인터랙티비티 방식으로는 획일적 정보가 아니라, 복수의 가능성에서 수용자의 선택에 따라 내용이 구성되는 인터랙티브 텍스트의 형태를 들 수 있다. 예를 들어 인터넷 전문 영화 채널인 네오무비(www.neomovie.com)에 상영되는 <밀레니엄 살인 행진>의 경우 영화가 인터랙티브 텍스트로 구성되는데, 미스터리 살인 사건의 이 영화는 범인을 여덟 개 가능성으로 두고 이용자의 선택에 따라 영화 내용이 상이해진다. 흔히 게임이나 애니메이션도 이런 형식의 텍스트가 많은데, 복수의 이야기 구성 가능성 가운데 이용자가 선택한 대로 정해진 경로의 이야기 구성이 이루어진다.

둘째, 인터랙티비티가 보다 개방적으로 표현되는 형태로 수용자 제작 프로그램 형태다. 인터넷 방송 이용자가 직접 인터넷 방송 콘텐츠를 제작하여 전송하고 방송 콘텐츠가 구성되는 셀프TV, GaTV 등을 들 수 있다. 대부분 인터넷 방송국에서는 이용자들이 쉽게 제작에 참여할 수 있는 프로그램을 제공하고, 이용자들은 자신의 모습, 표현물을 업로드할 수 있다. 디비넷이나 노라보자 인터넷 방송, AniBS 등이 이러한 콘텐츠를 제공한다.

셋째, 가장 전형적인 인터랙티비티로는 프로그램을 진행하는 이른바 IJ와 쌍방적 대화에 참여하는 인터랙티브 대화 프로그램이다. 현재 내용 규제면에서 문제가 되는 성인 방송들은 대부분 이런 형식을 취하며, 그 외 음악이나 토크 쇼 프로그램에게 많은 방송사들이 인터랙티브 대화 프로그램을 진행한다.

이와 같은 인터넷 방송에서 사용되는 세 가지 유형의 인터랙티브 프로그램이 매체의 전통적 권력 구조를 해체하고 잃어버린 공공 영역의 성을 재건하는 보다 바람직한 의사 소통적 매체상을 정립하는 데 기여하는지 쉽게 평가하기 어렵다. 인터넷 방송은 인터랙티비티의 기술적 우월성에도 불구하고 내용상 보다 획일화되고 피상적인 프로그램으로 일관된다는 지적이 높다. 이은미 외는 132개 인터넷 방송을 대상으로 콘텐츠를 내용 분석해 본 결과 인터넷 방송이 지나친

신변 잡기적 소재 중심의 피상적 내용이며, 일차원적 오락이 과다 편중되고, 유사한 내용과 표현으로 획일성을 지니고, 무절제한 언어 사용으로 무규범성을 띤다고 결론 내린다(이은미 외, 2000: 322~4). 인터넷 방송을 이용해 본 사람들은 프로그램의 질과 내용의 다양성면에서 만족하지 못한 경험들을 가졌을 것이다.

인터넷 방송업계에서는 콘텐츠의 문제점은 인터넷 방송의 저조한 사업성 때문에 나타난 필연적 결과라는 입장이다.[1] 인터넷 수입원으로서 광고나 이용료를 확보할 수 있는 양이 극히 적은 현실에서 프로그램이나 방송 설비에 투자할 여력이 없다는 것이다. 이런 상황에서 광고와 이용료를 확보할 수 있는 방안은 다른 매체에서 제공할 수 없는 인터넷 방송의 콘텐츠의 차별성에서 찾게 되는데, 공중파나 케이블에서 볼 수 없는 수위의 선정성, 폭력성에서 찾는다. 이에 인터넷 방송에서 흑자를 기록하는 것은 소수 성인 방송에 한정된다.

인터넷 방송의 인터랙티비티가 매체 권력을 형식적 차원에서 해체하려 하지만 내용적 차원에서 다시 기존의 권력으로 회귀하는 현상은 인터넷 방송에서 확산되는 담론 구성의 표상을 통해 알 수 있을 것이다. 여기서는 인터넷 방송에서 인기를 끄는 성인 방송에서 진행되는 인터랙티비티의 패턴을 분석해 봄으로써 인터넷 방송의 문화적 권력의 내용과 존재 근거를 파헤쳐 보려고 한다.

---

1. 인터넷 방송 협회 이사, CHATV 대표 나원주와의 인터뷰. 2000. 5. 4. 12시.

4. 인터넷 성인 방송에 나타난 여성 이미지와 이용의 정신 분석

현재 인터넷 방송 가운데 사업성을 보이는 것은 일반 방송에서 볼 수 없는 독특한 형식과 선정적 내용으로 프로그램을 내는 일부 성인 방송에 국한된다. 이들 성인 방송은 이른바 '튀기' 위해 방송사 이름부터 매우 노골적이어서 "야시시," "에로클릭," "에로 시네마," "누드 TV"는 물론 남녀의 특정 신체 부위를 나타내는 기호를 사용하기도 한다. 방송 프로그램이나 기획물의 이름도 이용자들의 호기심을 자아내기 위해서 "노브라 마라톤"이나 "케첩 레슬링"처럼 노골적인 성 표현을 일삼기도 한다.

인터넷 성인 방송이 갖가지 내용으로 이용자의 성적 호기심을 자극한다. 인터넷 방송의 섹슈얼리티가 가장 흔하게 표현되는 것은 기존 방송과 마찬가지 형식으로 영화나 TV 드라마 시리즈를 통해 나타난다. 예를 들어, KBS가 만든 인터넷 종합 방송국 크레지오에서도 기존 KBS 방송 외에 인터넷 전용 드라마 <무대리 용하다 용해>를 방영한다. 여기서도 남녀의 성행위가 노골적으로 묘사된다. 또한 성인 영화 사이트 "야시시" 경우도 다양한 성인 영화를 구비해 놓고 이용자의 선택에 따라 유료로 방영해 준다. 인터넷 방송에서 성적 노골성의 수위가 높은 프로그램으로 애니메이션이 큰 역할을 하는데, "와우성인만화"나 "애니조아" 같은 사이트는 매우 노골적인 성적 표현에다가 특정 신체 부위를 확대하고 과장해서 그림으로써 선정성의 정도가 매우 높은 것으로 보인다. 이들 드라마, 영화, 애니메이션은 형식적 측면에서는 기존 매체의 프로그램과 다를 바 없고, 단지 내용적 측면에서 대중 매체에서 보여 줄 수 없는 노골적 성의 표현을 보여 줌으로써 인터넷 방송 이용자들의 관심을 끈다.

인터넷 방송에서 두 번째로 자주 나타나는 섹슈얼리티를 다룬 프로그램은 토크 쇼 프로그램이다. 기존 연예인을 등장시켜 성에 대한 상담과 성 지식을 전달하는 토크 쇼("블랙코미디")에서부터 다양한 성적 경험을 인터뷰 형식으로 방영하는 토크 쇼가 인터넷 방송을 통해 방영된다. 여기에는 남녀 관계뿐 아니라 동성애나 복장 도착 등 다양한 성 경험이 토크 쇼나 인터뷰 형식을 통해 선보인다. 이들 프로그램은 제작이 용이하고 경제적이라는 측면 때문에 인터넷 방송에 알맞은 프로그램 형식으로 정착해 간다.

세 번째는 인터넷 방송에서만 볼 수 있는 특징적인 형식적, 내용적 측면을 담은 섹슈얼리티 프로그램으로 인터랙티브 대화 프로그램을 들 수 있다. 이들이 성인 방송 가운데 가장 높은 이용률은 아니지만, 인터넷 방송만의 특징으로 주목해야 할 장르의 프로그램으로 평가된다. 인터랙티브 대화 프로그램은 보통 여성 IJ가 이용자들과 대화하면서 프로그램을 이끌어 간다. 통상 밤 시간대 한 시간 내지 두 시간 정도 생방송으로 진행되며, 한번 방송된 프로그램은 재방송 형식으로 저장되어 다시 볼 수 있다.

인터넷 성인 방송의 인터랙티브 대화 프로그램은 전통적 매체의 성인 프로의 형식을 깨뜨린다고 볼 수 있다. 영화나 TV에서 다루어지는 섹슈얼리티는 엿보기 형식이다. 스크린 속의 캐릭터와 수용자는 직접적인 대면을 부정하고, 캐릭터는 자신이 보여진다는 것을 모르는 채 행동하고, 관객은 열쇠 구멍을 통해 엿보듯 자신의 존재를 은폐한 채 관음증적 욕망을 채워 나간다.

이에 비해 인터넷 성인 방송에서 섹슈얼리티는 인터랙티브 텍스트의 구조로 직접적인 대면을 통해 이루어진다. 시선의 담지자는 스스로 존재를 드러내고, 시선의 대상은 보여짐을 인정하고 상호 교통하게 된다. 이는 관음증과 전혀 다른 노출증의 섹슈얼리티로 볼 수 있다. 인터넷 성인 방송은 매체에서 전통적으로 표현되는 관음증과 다른 형식으로 구성되기 때문에, 이 때 성적 욕망의 기제와 수용자의 몰입, 영향도 다르게 인식되어야겠다. 영화 기호학과 정신 분석학을 기초한 크리스티앙 메츠는 영화와 같은 이미지 언어는 일반 언어와 같은 보편적 문법 구조를 갖기는 어렵다고 보았다(Metz, 1974: 61~72). 하지만 영화와 같은 이미지 언어도 체계적 이해가 가능하다는 면에서 소쉬르 기호학에서 말하는 랑그 langue 없는 언어로 본다(pp.39~44). 영상 언어에서는 현실적 맥락을 가진 언술 enunciation 의 측면이 중요한데, 언술을 전제한 발화 utterance 를 메츠는 역사 histoire 와 담론 discour 로 이분하여 보았다(Metz, 1977: 89~98). 역사는 기록된 언어고, 담론은 발생되는 언어로 이를 영상의 정신 분석학적 기제로 이입하면서 메츠는 역사를 관음증으로, 담론을 노출증으로 규정한다. 무의식은 언어처럼 구조화되어 있다는 라캉의 유명한 명제를 떠올릴 때, 언어적 형식이 정신 기제를 어떻게 대변하는지 표현한 메츠의 개념은 매우 탁월한 것으로 보인다. 메츠 자신은 자세한 설명을 피하지만, 기록된 언어로서의 관음증적 욕망 구조와 발생되는 언어로서의 노출증의 욕망 구조는 분명 상이한 심리 기제로 수용자에게 작용할 것이다.

매체에 영상으로 표현된 섹슈얼리티는 영화나 텔레비전을 막론하고 관음증으로 표현되는데, 이는 영상으로 구성된 허구 세계, 즉 디제시스 diegesis 를 전제로 한다. 디제시스는 플라톤의 말을 인용하여 메츠가 영화를 언어적으로 이해하는 데 기초 개념으로 사용하였다 (Metz, 1974: 98). 영상으로 구성된 디제시스는 엿보는 자의 현실 생활 공간이나 개인적 상황과는 별개의 세계로 존재하며, 열쇠 구멍을 통해 훔쳐 보는 것으로 만족해야 하는 열쇠 구멍 밖에 구성된 세계다. 정신 분석학에서 관음증은 인간의 최초의 외상 trauma, 프로이트의 '늑대 인간'이 두려움으로 떠는 은폐된 욕망으로 통하는 작은 틈이다. '늑대 인간'은 기억할 수 없는 먼 지난날 부모님의 성적 결합을 목격했을 때 받았던 외상과 죄책감(혹은 좌절된 욕망)으로 끊임없이 공격의

인터넷 성인 방송 가운데 하나인 스타2000의 커버 페이지.

공포에 떠는 징후를 나타낸다. 인간이 영상을 보며 희구하는 관음증은 늑대 인간과 같은 최초의 외상을 전제로 한 역사적 발화로 이해될 수 있을 것이다.

이에 비해 새로운 인터랙티브 미디어에서 표현되는 섹슈얼리티는 노출증으로 역사적 발화가 아닌 담론적 발화를 기초로 한다. 보는 자와 보여지는 자는 서로 공개되고, 보는 자는 더 이상 캄캄한 공간에서 열쇠 구멍 뒤에 몸을 감추고 숨소리를 죽이려고 할딱거리는 유아적 퇴행을 감행하지 않는다. 또한 관음증의 시선의 담지자처럼 보여지지 않는 곳에서 우월한 위치를 차지하지도 않는다. 이들은 자신의 존재를 공개하고, 공개 처형장이나 마당 놀이장에서와 같이 소리치고 박수를 보내며 자신의 의사를 면 대 면으로 전달한다. 또한 인터랙티브 담론은 기존 영상 매체와 같은 디제시스를 공간적으로 구성하지도 않는다. 보여지나 보지 못하는 허구의 세계는 채 구성되기 전에 수용자들의 담론적 요구와 야유를 통해 해체된다.

인터넷 성인 방송 가운데 가장 많은 이용자를 확보하는 것은 유료 사이트 스타2000이다. 여기는 6명의 IJ가 실시간으로 2시간짜리 프로그램을 진행하며, 한번 방영된 프로그램은 재방송으로 저장된다. 이들 프로그램은 모두 비슷한 형태로 운영되는데, 인터랙티브 미디어의 노출증 징후가 노골적으로 드러난다. 통상 IJ는 인터넷 채팅망을 통해 실시간으로 들어오는 이용자들의 반응을 읽어 내려가면서 프로그램을 진행한다. 진행 내용을 단순화시켜 보면, IJ가 채팅에 들어온 이용자들의 몇몇 이름을 거론하면서 인사를 하고 퀴즈를 낸다. 이용자들이 퀴즈를 알아맞히면 그들의 소원을 들어 주는 방식으로 진행되는데, 이용자들의 소원은 거의 진행자의 옷을 벗기는 것으로 일관된다. 스타2000에 방영되는 한 장면을 보기로 하자.[2]

▶ 여러분 안녕하세요 2부의 IJ 혜린입니다. 반가워요 파란 하늘님 무지 반가워요. 대식가님…

▷ 카메라 깊숙이 넣어 줘요. 다리 벌려 줘요…

▶ 오늘의 주제는 연예 초기, 중기, 말기입니다… 넘어졌을 때 초기에는 급하게 119를 부르는데 중기에는 어떻게 할까요?… 쪽팔려서 도망간다가 정답입니다. 햇빛바다님 소원 올려 주세요…

▷ 혜린님 언제 벗어요. 화낼려고 한다.

▶ 바나나님이 하셨는데요… 바나나님 뭐가 화나나요?

▶ …그럼 혜린이 엉덩이에 숨어 있는 팬티를 공개하겠습니다… 파워풀님한테 갈 꺼니까 혜린이 냄새 많이 맡아야 돼.

위에서 IJ와 인터넷 방송 유료 사이트 이용자들 간의 대화에서 보듯이 대화 내용은 단순한 퀴즈 게임과 이를 통한 노출증의 요구와 응대로 이루어진다. 인터넷 방송 이용자들은 관음증적 시선의 담지자도, 우월한 시선의 위치를 보유한 열쇠 구멍 뒤에 은폐된 주체가 아니다. 보여지는 대상을 향해 실시간으로 말을 건네고, 성적 담론 구

---

2. 편의상 IJ의 대사는 ▶ 로, 이용자의 채팅창을 IJ가 읽는 것은 ▷ 으로 표시.

성에 스스로를 드러내는 노출증 징후의 참여자다.

하지만 인터넷 이용자들이 성적 담론의 유희 속에 스스로의 존재를 드러내지만, 스스로의 모습을 드러내는 것은 아니다. '파란 하늘'이나 '바나나' 같은 은유된 언어로 주체를 대변하며, 자신의 현실적 형태는 새로운 ID로 감추고 사이버 공간 속에서 확장된 새로운 자신의 정체성을 통해 대화에 참여한다. 이들의 정체성은 현실의 일상 생활에 존재하는 자신의 모습을 보이지도, 부정하지도 않은 채 새로운 이름을 입었다는 의미에서 확장된 정체성이며, 허위나 부정적 정체성을 전제로 하는 것은 아니다. 이들은 존재하고 행위하나, 형태를 공간화하지 않는다는 의미에서 아날로그 매체의 디제시스적 영상과는 대별

▶ 그대가 보고파서 오늘도 왔어요 이도령님 안녕… 진짜 장동건님…

▷ 오늘은 중요한 부분을 볼 수 있을까요?

▶ 하셨는데 그건 안 돼요…

▶ 통신 중독증 테스트인데요…

▷ 첨 들어왔는데 서비스 없나요?

▶ 서비스 드릴께요. 서비스로 가슴까지 보여 주다니…

　　…껄덕쇄님 맞추셨어요. 소원 올려 주세요.

▷ 힐랭이 뽀뽀 좀 해 줘요

▷ 혜린아 벗어 봐

▷ 아하 뒤돌아서 5초간 벗어 주시구 저를 향해 2초간 벗어 주세요.

▶ 하셨어요.

▷ 엉덩이가 정말 예쁘다

▶ 하시네요…

　　… 앞으로는 못 해요.

▷ 한쪽 가슴만이라도 보여 줘요. 또렷해지지는 않나요…

▶ … 아휴 그런 건 안 돼요. 방송 사고를 원하시면 다른 사이트로 가세요. 알았죠? 방송

　심의 규정에 어긋나지 않는 선에서 최선을 다하겠습니다…

▷ 다리 벌리고 팬티를 벗고 기마 자세.

▶ 그래도 해야겠죠? 하겠습니다… 가방을 입에 물고 하리라고는 생각도 못하셨겠지요.

되는 사이버 세계 속에 존재한다. 인터넷 이용자의 정체성은 현실적 토대나 디제시스의 픽션적 공간감을 넘어선 유동적 확장형의 주체를 근거로 한다. 이들은 현실적 근거나 픽션적 플롯을 구성하지 않고, 자유 자재로 사이버 세계에 연결하여 욕망을 토로하고 노출을 재촉하는 신경증적 반응을 나타낸다. 스타 2000에 나타난 다른 프로그램을 보면, 인터넷 성인 방송의 노출증이 더욱 강하게 드러난다.

인터넷 방송 이용자와 IJ 간의 대화 내용을 보면, 벗고 벗기기의 노출증 게임이 적나라하게 보여진다. 일반적 포르노 영화나 비디오물에 나타나는 허구적 세계의 창조나 순차적 감정 이입의 과정은 거의 나타나지 않는다. 일체의 허구적 구성은 사라지고 건조할 정도로 노출의 행위 자체에 몰두하는 이용자와 IJ의 대화를 볼 수 있으며, 그것이 인터랙티브 미디어의 섹슈얼리티를 특징적으로 보여 준다.

그러면 인터랙티브 미디어 이용자들은 왜 노출증에 이토록 매달리는가? 그리고 왜 기존 미디어에 비해 인터랙티브 섹슈얼리티는 이처럼 단순하고 노골적으로 표현되는가? 여기에 대한 대답을 윤리적 기준이나 상업성으로 환원하여 볼 수도 있을 것이다. 인터넷 성인 방송 이용자들을 비윤리적인 섹스 매니아로 보고 이른바 새로운 네티즌, 즉 섹티즌 *sextizen* 으로 치부해 버릴 수 있을 것이다. 또 산업적 시각에서 열악한 인터넷 방송 제작 환경에서 가장 적은 비용으로 가장 높은 이익을 창출하기 위해 섹스를 상품화하는 것으로 단순화시킬 수도 있다. 이들 설명이 잘못된 것은 아니라 하여도, 인간의 다양한 측면을 너무 단순화시켜 버리는 우를 범할 수 있고, 더 나아가 문제 해결책을 이런 차원에서 찾을 수 없다는 점을 지적할 수 있다. 현재 성행되는 인터넷 방송과 새로운 매체의 콘텐츠라는 문제점을 바로 찾기 위해서는 인간에 대한 보다 심도 있는 이해가 필요할 것이고, 이것을 인간의 정신과 언어의 문제로 짚어 보는 것이 본 연구의 작업이다.

정신 분석학적 시각에서 접근하면 인터랙티브 미디어의 노출증 징후군에 대한 대안적 설명이 가능해진다. 우선 노출증은 앞서 설명한 관음증과 비교해 볼 때 오이디푸스 이전 단계에 발생하는 것으로 볼 수 있다. 관음증이 부모의 성관계를 목격한 아이의 두근거리는 엿보기에서 비롯된 것이라면, 노출증은 스스로의 존재가 나타남을 두려워하지 않는 훨씬 더 나르시시스트적인 단계를 노정한다. 노출증의 주체는 아버지의 존재에 의한 위협을 인식하지 않으며, 어머니와의 직접적인 교류를 통해 욕망을 표현하는 오이디푸스 이전 단계의 존재다. 노출증은 관음증같이 위협에 의해 좌절된 욕망을 보상하기 위해 화려한 겉치레와 그럴 듯한 역사적 기록들의 파편들을 모아 세계를 구성할 필요가 적다. 노출증의 주체는 드러냄에 의해 직접적으로 욕망을 표현하고, 엿보기의 세상을 구성할 디제시스도 생략하게 된다. 인터랙티브 미디어에는 화려한 화면이나 그럴 듯한 이야기(메츠가 말한 *histoire*)의 구성 없이 이용자들은 곧바로 성적 욕망의 세계로 몰입하게 된다. 이런 이유로 프로그램의 구성이 건조할 정도로 일관되게 노출을 중심으로 이루어지고, 일체의 미적 표현이나 문학적 내러티브는 생략되는 것이다. 또한 이용자들도 자신의 욕망을 직접적으로 표현하고 드러남을 감추지 않는다.

그러면 인터넷 성인 방송에서 인터랙티브 섹슈얼리티에 표현된 여성의 이미지는 어떠한가? 이 문제는 인터넷 방송 성인 사이트 이용자들이 노출증에 몰입하는 이유와 연관된다. 앞의 예에서 보았듯이 인터넷 성인 방송에서 IJ는 여자고 대부분의 이용자는 남성이며 거의 모든 대화 참여자는 남성이라는 것을 알 수 있다. 남성 이용자 가운데에는 성인 사이트가 "정신 병원 같다"는 냉소적 이용자에서부터 "인사는 그만두고 빨리 벗기나" 하라는 성급한 이용자에 이르기까지 다양한 반응을 보인다. 정도의 차이는 있지만, 이들 이용자는 여성 진행자가 빨리 옷을 벗기를 기다리고, 또 이를 직접적 언어로 표현하면서 노출증적 욕망을 드러낸다. 이 과정에서 이용자들은 일부 거친 말을 하거나 다그치거나 신경질적 반응을 보이기도 한다. 정신 분석학적 시각에서 관음증과 같이 노출증도 원초적 남녀 관계, 어머니와 아들 간의 관계가 노출증에 강하게 나타난다. 그러나 관음증의 삼각 관계에 비해 노출증에는 여성과 남성의 상호 관계가 보다 노골적인 형태로 드러나게 되는데, 이 때도 여성에 대한 이미지는 비하된 것으로 나타난다.

포르노 영화나 비디오, 에로틱한 텔레비전 영상물에 여성이 대상화되고 객체화되고 비화되는 것은 인터랙티브 미디어에도 예외없이 공통적이다. 관음증을 근거로 한 아날로그 매체의 섹슈얼리티 표현에서 여성이 객체화, 대상화되는 것은 오이디푸스 콤플렉스의 형성 단계로 설명할 수 있을 것이다. 멀비가 말했듯이 오이디푸스 단계에서 여성은 결핍으로 동일시되기 때문에 여성은 신체적으로 물신화되거나 부정적 존재로 묘사되어 거부되고 대상화된다. 그러면 노출증이 오이디푸스 이전 단계로 어머니와 아들의 밀착된 양자 간의 관계로 설정된다면, 여성은 왜 비하되고 대상화되는가?

여성의 이미지는 기본적으로 어머니의 이미지를 근거로 한다. 정신 분석학에서는 어머니를 두 가지로 보는데, 상상적 어머니와 현실적 어머니이다. 상상적 어머니는 아이의 기억 혹은 상상 속에 존재하는 어머니로 아이와 어머니의 원초적 관계, 즉 자궁에서와 같은 관계를 상정한다. 이에 비해 현실적 어머니는 아이의 요구나 욕망과 별개로 존재하는 어머니로 상상적 어머니 이미지를 좌절시키는 미운 어머니가 된다. 아이는 자신의 요구와 욕망을 충족시켜 주지 못하는 어머니를 능력이 부족한 것(즉, 어머니 자체도 현실적으로 결핍된 존재)으로 인식하지 못하고, 성의가 부족하고 자신에 대한 사랑이 부족한 것으로 인식하고 원망하게 된다. 상상적 어머니와 현실적 어머니 간의 간극은 아이에게 좌절과 괴로움을 안겨 주고 어머니를 미워하고 비하하고 천시하게 된다(Lajoie, 1996: 156~7). 어머니와 아이의 관계는 인간 관계의 원초적 토대가 되는데, 어머니는 타인(M[other])과의 관계 설정에 근원이 된다(pp.156~60). 크리스테바는 어머니와 아이 관계에서 파생된 원초적 좌절감이 모든 문화권에서 여성 비하 *abject* 의 문화로 나타나며, 보편적 카타르시스로 표현된다고 보았다(Kristeva, 1990: 102~3). 이런 여성에 대한 비하의 감정은 극히 격정적으로 나타나 편집증 *paranoia* 징후로까지 나타난다고 크리스테바는 본다. 편집증은 주체가 공격받을 것에 대한 공포감에서 발생하는 자기 보호의 방어적 기제다. 남성들의 여성 비하가 보편적으로 나타나는 것도 이러한 어머니와 아이의 원초적 관계에서 좌절된 욕망의 자기 방어적 표현으로 볼 수 있다.

인터랙티브 미디어에서 섹슈얼리티는 어머니와 아이의 양자 간 관계에서 발생하는 욕망의 표현이다. 오이디푸스 이전 단계로 삼각의 권력 구조가 설정되기 이전이지만, 아이는 상상적 어머니와 현실의 어머니의 간극 속에서 깊은 좌절감으로 미움과 비하감을 키우게 된다. 인터넷 성인 방송에 나타난 여성을 비하하는 이미지는 오이디푸스 이전 단계의 이원적 관계 속에서 자라난 편집증적 방어 기제가 작용한 것이다. 남성 이용자들은 노출에 편집증적으로 매달리면서 미운 어머니를 향해 좌절된 욕망을 표출한다. 노출은 아이의 상상 속에만 존재하는 어머니와 아이의 원초적 관계, 완전한 합일로의 회복을 상징하며, 상상적 어머니의 가능성에 대한 기대로 상징되기도 한다. 그러나 노출된 여성의 신체 부분은 현실적 어머니의 존재를 보여 줄 뿐이고, 그 간극으로 인해 미운 어머니에 대한 감정은 편집증적 분노로 표현된다. 인터넷 방송 이용자들은 여성 진행자를 향해 도달할 수 없을 것을 알면서도 완전한 노출과 적나라한 성적 체위를 요구한다. 항상 되풀이되는 정형화된 단순한 형식을 알면서, 노출을 기다리며 가슴 졸이고, 이를 재촉하기 위해 화를 내고 거친 말을 내뱉기도 한다. 상체가 벗겨지고, 하체는 가려지거나 뒷모습으로 보여질 때마저 벗기기 위해 안간힘을 쓰며 분노를 드러내는데, 이는 원초적 어머니와의 관계에 연루된 편집증적 분노의 표현으로 나타난다. 크리스테바가 말하듯이 여성 비하는 사디즘적 공격성이라기보다는 자기 방어를 위한 편집증적 분노로 인간의 주체성, 에고 *ego* 를 보호하기 위한 취약한 안간힘으로 보인다.

5. 인터넷 방송 병리의 진단과 성찰

요즘 텔레비전이나 신문에 인터넷이 가장 빈번하게 등장하는 것은 기술의 발전이 인간에게 새로운 기회를 제공할 것이라는 믿음에 기반한다. 각 신문에는 I로 시작하는 섹션을 할애하여 인터넷에 대한 특집 기사를 싣고 방송의 꽃으로 등장되는 광고마다 인터넷이 신세계의 표상으로 치장된다. 언론에 등장하는 대로 기술 발전의 기수로 등장한 인터넷이 인간에게 해방의 공간을 제공하고, 새로운 기회로 다가오는지 이제 구체적으로 점검해야 할 때다.

여기에서는 인터넷 방송을 대상으로 현대 사회에서 매체에 내재된 문화 권력이 새로운 매체에서는 변화하는지 살펴보았다. 매체에 표현되는 문화 권력은 형식과 내용의 두 차원에서 평가될 수 있다. 우선 형식적 차원에서 인터넷 방송은 기존의 대중 매체와 다른 대안적 형식의 가능성을 제시한다. 형식적 차원에서 기존 매체는 구조적 권력을 내재하는데, 즉 일방적 커뮤니케이션 방식에서 비롯된다. 푸코가 말한 의사와 환자의 담론 방식에서 드러나듯, 담론의 구성 형식, 다시 말해 능동적 담론의 주체와 수동적 객체와의 위치 자체가 권력을 행사한다. 대중 사회를 문화적으로 지탱해 주는 대중 매체의 오래된 권력의 문제는 바로 담론의 형식에서 비롯된다고 볼 수 있다.

인터넷 방송은 대중 매체의 권력을 형식적 차원에서 해체할 수 있는 가능성을 제공한다. 즉, 매체의 생산자와 수용자 간의 쌍방간 교류를 가능하게 하는 인터랙티브 미디어로서 인터넷 방송은 형식적 차원에서 새로운 기술적 가능성을 제공한다. 현재 인터넷 방송이 산업적으로 기반을 갖추지 못하여 인터랙티브 미디어로서의 기술적 가능성을 제대로 발휘하지 못하지만 다양한 형식으로 텍스트에 반영된다. 인터랙티비티를 반영한 인터넷 방송으로는 복수의 내러티브 구조를 가진 인터랙티브 텍스트, 수용자에 의해 프로그램이 제작되는 수용자 제작 프로그램, 또 인터넷 이용자들이 실시간으로 프로그램 진행에 참여하는 인터랙티브 대화 프로그램 세 가지를 들 수 있다.

인터넷 방송이 형식적 차원에서 기존 매체의 권력 해체 가능성을 제공하는 반면, 내용적 차원에서는 기존의 권력이 존속되거나 확대되는 경향을 보인다. 기존 매체에 등장하는 문화 권력에 전형적 형태인 가부장제 이데올로기가 인터넷 방송에는 어떻게 나타나는지 살펴보았다. 언론에서 자주 보도되듯이 인터넷 방송에서 방영되는 프로그램의 선정성은 심각한 문젯거리로 등장하였다. 인터넷 방송에 나타난 여성의 이미지는 성적 대상물로 고착되는 형편이다. 특히, 사업성을 인정받는 성인 프로그램의 경우 노골적 성 묘사와 여성의 획일적인 성적 대상화는 문제점으로 인식된다.

하지만 이 글이 인터넷 방송에 나타나는 부정적 여성 이미지나 가부장제를 단순히 지적하는 데 목적을 두는 것은 아니다. 여기서는 인터랙티브 미디어로 진행되는 인터넷 성인 방송을 정신 분석학적 시각에서 접근해 봄으로써 이용자들이 선정적인 프로그램에 빠져드는 이유와 프로그램의 독특한 형식을 분석하고자 하였다. 고전 영화 이론을 기초한 크리스티앙 메츠의 정신 분석학적 기호학 *psycho-semiotics*을 토대로 하여 인터넷 성인 방송의 인터랙티브 대화 프로그램을 분석해 보았다. 기존 매체의 성인 프로그램이 관음증에 기초한다면, 인터랙티브 대화 프로그램은 노출증을 나타낸다. 이에 따라 프로그램의 형식과 내용이 달라지는데, 관음증적 역사 *histoire* 를 생략하고, 노출증의 표현에는 담론적 발화를 기초로 한다. 즉, 기존 포르노 영화나 드라마와 달리 노출증의 프로그램에는 분위기나 감정 이입을 유도할 허구적 공간의 구성이 불필요하다. 인터넷 이용자들은 훔쳐 보기의 위치를 포기하고 스스로를 드러내면서 노출 과정에 참여한다. 이들은 일체의 장식이나 우회적 표현을 생략하고, 노골적으로 '벗기기'에 몰두한다.

정신 분석학적으로 관음증이 부모의 성적 합일을 목격한 아이의 충격에서 출발하는 오이디푸스적 삼각형의 구도에서 좌절된 욕망의 표현이라면, 노출증은 오이디푸스 이전 단계의 어머니와 아이의 양자 간 관계를 전제로 한다고 볼 수 있다. 흔히 페미니즘에서 프로이트 정신 분석학의 가부장적 측면을 비판하면서 오이디푸스 이전 단계의 어머니와 아이의 양자 간 관계를 강조하는데, 인터넷 방송에서는 노출증을 표현하는 프로그램에서도 여성의 이미지가 부정적으로 표상된다. 이는 어머니와 아이의 양자 간 관계가 타인과의 관계의 모태가 되기 때문이다. 아이에게 상상적 어머니와 현실적 어머니의 두 가지 이미지가 존재하는바, 양자의 간극에 의해 여성 비하적 이미지가 끊임없이 재생산되는 것이다.

그러면 인터넷 성인 방송의 선정성을 정신 분석학적으로 접근하는 것의 현실적 효용성은 무엇인가? 혹자는 성인 방송에 표현되는 섹슈얼리티와 여성을 성적 대상화하는 부정적 이미지를 정신 분석학적 설명으로 오히려 정당화시킨다는 비판을 할 수도 있다. 그러나 정신 분석학에서 문제의 해결은 문제의 인식, 즉 자기 성찰에서 출발한다. 인터넷 성인 방송의 인터랙티브 대화 프로그램에서 획일적으로 나타나는 노출증은 정신 분석학적으로 편집증적 분노의 표현으로 진단된다. 문제 해결을 위해서는 선정성에 대한 도덕적 판단에 그치지 않고, 참여자들의 신경증적 징후군을 이해하는 것이 중요하다. 이들이 문제의 근본적 원인을 깨닫고 자기 성찰적으로 해결을 모색할 때, 우리 사회에 만연한 문화 권력의 병폐를 해결할 실마리를 발견할 수 있을 것이다.

참고 문헌

이은미 외 (2000). "인터넷 방송 콘텐츠 연구" <방송연구>, 여름호, pp.299∼330.

이인희 (1998). "인터넷 방송 제작 인력 양성을 위한 교육 방안," 한국방송학회 정기 학술 대회.

최영 (1999). ≪인터넷 방송≫. 커뮤니케이션북스.

Adorno, T. W. & Horkheimer, M. (1972). *Adorno Dialectic of Enlightment*. John Cumming (trans.). New York: Herder & Herder.

Foucault, M. (1972). *Archeology of knowledge*. New York: Basic Books.

Habermas, J. (1987). *The Structural Transformation of the Public Sphere*. London: Polity Press.

Hall, S. (1982). "The Rediscovery of Ideology: the Return of the Repressed in Media Studies," in M. Gurevitch et al. (eds.), *Culture, Society and the Media*. London: Methuen.

Keys, J. (1997). *Webcasting*. New York: McGraw-Hill.

Kristeva. J. (1990). "Psychoanalysis and the polis," in G. Ormiston & A. Schrift (eds.), *Transforming the Hermeneutic Context*. New York: SUNY Press.

Lacan, J. (1977). *Ecrits*. New York: Norton.

Lajoie, M. (1996). "Psychoanalysis and Cyberspace," in R. Shields (ed.), *Culture of Internet*. London: Sage Publications.

Marcuse, H. (1964). *One dimensional Man*. New York: Sage.

Metz, C. (1974). *Film Language: a Semiotics of the Cinema.* Chicago: University of Chicago Press.

—— (1977). *The Imaginary Signifier: Psychoanalysis and the Cinema.* Bloomington: Indiana University Press.

—— (1995). "The Impersonal Enunciation, or the Site of Film," in W. Buckland (ed.), *The Film Spectator: from Sign to Mind.* Amsterdam: Amsterdam University Press.

Wajcman, J. (1991). *Feminism Confronts Technology.* Pennsylvania: Penn State University Press.

3부

여성 사이버 커뮤니티

8. 여성 사이트에서 여성 찾기

김유정 · 조수선

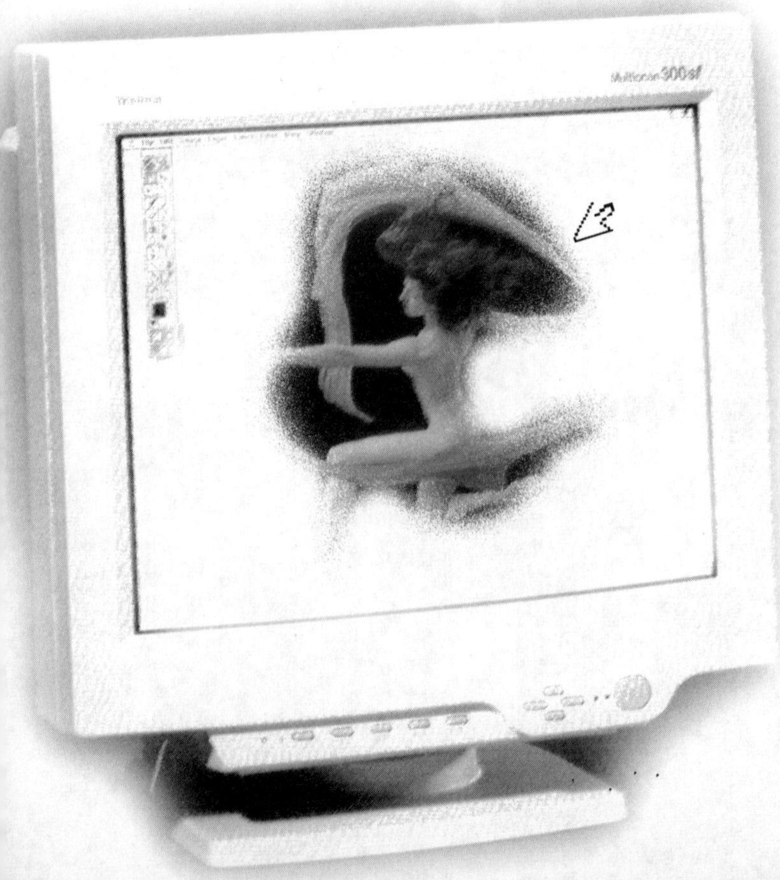

1. 사이버 커뮤니티

현재 인터넷을 통한 동창회 모임이 한창 인기를 끌고 있듯이, 인터넷 사이트들은 취미나 기타 다른 공통점이 있는 사람들을 묶어 주는 커뮤니티 서비스를 강화하고 있다. 이제 인터넷 이용자들은 인터넷을 단순 정보 검색을 차원을 넘어서 상호 교류를 하기 위한 공간으로 활용하고 있어 사이버 공간에서의 사람들의 모임도 활발해지고 있다. 물론 월드 와이드 웹(WWW)이 등장하기 전에 유즈 그룹에 의한 동호회 참여가 있어 왔지만 최근에 들어 이러한 모임이 더욱더 다양해지고 있다.

이처럼 물리적 공간에서 행해져 왔던 사람들의 모임인 커뮤니티가 사이버 공간을 통해 실현되고 있다. 컴퓨터의 특성을 활용하여 물리적 공간의 한계를 극복하고 다양한 주제를 제시하여 사람들을 묶는 연결 고리를 제공함으로써 참여자들을 유인하고 있다. 여성 사이트도 이들 가운데 하나이다.

물리적 공간에서 여성들만을 위한 공간은 여러 이유로 그리 여유롭지 않았다. 그러나 물리적 공간에서의 한계를 극복할 수 있는 사이버 공간에서는 여성들을 위한, 여성들에 의한 공간들이 얼마든지 마련될 수 있다. 따라서 현재 여성과 관련된 많은 사이트들이 제공되어 여성 커뮤니티 역할을 수행하고 있다.

여성 사이트들이 여성 커뮤니티 역할을 수행하고 있는 이 시점에서 여성 커뮤니티의 한 형태로서의 여성 사이트들이 어떤 커뮤니티 역할을 수행하고 있는가에 관심이 쏠리고 있다. 그러므로 여성 사이트들이 어떻게 여성 커뮤니티로 활용되며 그 의미는 무엇인지에 대해 논의할 필요가 있다.

테크놀로지를 논의할 때 우리는 젠더와 관련하여 젠더 개념의 구축과 재현에 관한 진실을 다시 한번 생각하게 된다. 여성 사이트인 경우 여성 커뮤니티 개념과 접목한 많은 논의들이 제기될 수 있다. 이에 따라 여성 관련 사이트들은 여성들에게 정체성을 확인시키는 콘텐츠를 제공하는가? 여성 사이트들은 여성의 정형화된 문화를 다시 강조함으로써 여성의 정체성을 확인하고 있는가? 선도적인 역할 수행이라는 측면에서 정형화된 정체성에서 탈피하여 새로운 성 정체성을 확립하려고 할 것인가 등의 문제에 주목하게 된다. 이런 맥락에서, 이 글에서는 이러한 문제들을 포괄하여 여성 커뮤니티 역할을 수행하고 있는 여성 사이트에 대해 분석하려 한다. 특히 여성 커뮤니티의 구성원들은 여성들이므로 이들이 커뮤니티에 참여하고 활용하는 것이 자신들의 정체성 확인과 관련된다는 점을 감안하여 여성 사이트와 여성 정체성의 관련성을 강조하면서 논의하고자 한다.

1) 커뮤니티의 의미

사람은 '사회적 동물'이기 때문에 누군가와 관계를 맺는 것이 삶의 기본 행위 가운데 하나이다. 그래서 관계를 맺기 위한 물리적인 연결 고리를 찾게 된다. 이 때 혈연, 지연, 학연이 연결 고리 역할을 수행하게 되고 이러한 연결 고리를 토대로 관계를 구축하고 유지하기 위해 하나의 공동체, 즉 커뮤니티를 형성하여 참여하고자 한다.

그러므로 관계 형성을 위한 연결 고리가 되는 혈연, 지연, 학연은 자연히 커뮤니티 참여자들의 공통점이 되기도 한다. 크게는 혈연, 지연, 학연이 공통점이 되지만 좁게는 취미, 관심 분야, 직업 등의 다양한 영역에서 공통점을 추구하는 커뮤니티들이 형성되고 있다. 이처럼 사람들은 서로의 공통성을 토대로 관계를 유지할 수 있는 커뮤니티를 형성하여 참여하려 한다. 그 이유는 공통된 요인을 기반으로 하여 커뮤니티를 형성하고 그 커뮤니티에 참여함으로써 자신들의 정체성을 확인하고자 하기 때문이다.

커뮤니티 연구를 선도한 퇴니스(1967)에 따르면, 사람들은 동료애, 민족성, 문화적 동질성에 따라 커뮤니티를 형성해 왔다. 퇴니스(1967)와 짐멜(1950)은 커뮤니티가 상호 교류를 지속하여 공동된 가치를 부여받고 집단 내의 동료애와 관습을 공유하면서 상호간의 이해와 일치감을 갖는 공간이라고 설명한다. 이를 확대 해석하면 사회, 경제, 정치, 문화적인 상호 교류를 하면서 상호간에 동질성을 형성하여 참여자들에게 정체성을 부여해 줄 수 있는 공간이 바로 커뮤니티이다.

이처럼 커뮤니티는 구성원들에게 관심사, 관계 형성, 정체성을 제공할 목적으로 형성되기 때문에 구성원들에 그와 관련된 기능을 수행함으로써 비로소 커뮤니티가 운영되고 유지될 수 있다. 따라서 커뮤니티와 관련하여 관심사, 관계 형성 / 연결, 동질성 / 정체성의 개념이 중요시된다. 커뮤니티 형성 과정에서 볼 때, 공통된 관심사의 설정이 우선되어야 한다. 그 다음, 관심사가 주축이 되어 구성원들이 모이면 집단이 형성되고 자연히 그들 간의 관계가 연결되어 커뮤니티가 형성되고 점차 커뮤니티가 제공하는 프로그램에 참여함으로써 동질성과 자신들의 정체성을 확인하게 된다. 따라서 문화적으로나 사회적으로 동질성을 가진 참여자들을 연결하는 것이 커뮤니티이며 궁극적으로 참여자들은 자신들의 정체성을 확립하고자 하는 욕구를 커뮤니티를 통해 해결하고자 한다.

이제 물리적 공간 못지않게 사이버 공간을 통해 상호 교류를 하고 있는 현재 사이버 공간에서도 물리적 공간의 커뮤니티 개념이 적용되고 있다. 공동의 관심사와 경험을 추구하고 이를 위해 소정의 전략을 구축하고 문화적으로 결합되는 좀더 역동적인 공간이 사이버 공간의 출현으로 가능해지고 있다. 물리적인 만남보다는 익명적인 관계가 강조되는 사이버 공간에서는 이러한 인간의 기본적인 커뮤니티 형성이 약화될 것으로 우려하고 있으나 이와는 달리 커뮤니티 형성이 물리적 공간보다 훨씬 더 활발하게 진행되고 있다. 가시적 / 비가시적인 논의를 떠나서 공유된 어떤 요인을 중심으로 공동체를 형성하는 것은 마찬가지다.

2) 사이버 커뮤니티 형성

새로운 테크놀로지는 사람들의 관계 형성에까지 영향을 미쳐 새로운 인간 관계 형성을 가능케 한다. 사이버 공간을 활용하여 인간 관계를 결속시켜 주는 또 다른 유형의 커뮤니티가 형성되고 있다. 이를 사이버 커뮤니티라 하는데, 공통된 관심사를 가진 사람들이 사이버 공간에서 그들만의 공간을 형성하는 것이다. 커뮤니티는 경계화된 영역을 의미하며 어떤 특성, 동질성, 관심사에 의해 한정되어진다. 사이버 공간에서도 커뮤니티를 형성하는 기본적인 요인들인 동질성 내지 관심사에 따라 참여자들이 연결되면 물리적인 만남없이 하나의 커뮤니티가 형성될 수 있다. 과거의 물리적인 장소나 만남을 통해 이루어지는 커뮤니티와는 달리 참여자들은 서로를 연결할 수 있는 전자 우편이나 전자 게시판을 이용하여 커뮤니티를 형성하고 유지한다.

사이버 공간에서의 커뮤니티의 가능성은 바로 연결성에 있다. 컴퓨터에 의한 사람들 간의 연결로 온라인상으로 새로운 관계가 성립되고 이를 토대로 새로운 집단들이 형성되면서 사이버 커뮤니티들이 등단하게 되었다(Sproull & Kiesler, 1993). 연결성이 강화된 사이버 공간에서는 커뮤니티를 형성하려는 의도나 주체만 있으면 물리적 공간보다는 쉽고 신속하고, 광범위하고, 다양한 커뮤니티들이 형성되어 유지되고 있다. 원래 사이버 커뮤니티는 온라인상에서 동호회가 결성됨으로써 활성화되었다. 특히 웹에서의 홈페이지의 발전으로 인해 사이버 커뮤니티는 양적으로 질적으로 급속도로 확장되고 있다.

사이버 공간, 온라인, 웹, 넷은 컴퓨터와 관련하여 다른 측면을 강조하거나 그 역할과 영향이 다르다. 그러나 어떤 용어로 사용되든 간에 컴퓨터가 사람들을 서로 만나게 하고 상호 교류할 수 있는 새로운 사회적 공간을 만들어 준 것은 분명하다. 이로써 광범위한 지역과 다양한 사람들을 서로 연결하는 새로운 유형의 커뮤니티들이 형성되고 있다. 사이버 공간에서 상호 교류, 의사 교환, 결속을 위한 필요한 비용은 면 대 면 만남에 비해 훨씬 경제적이다. 때문에 널리 퍼져있는 사람들이 실용적이고 편리하게 상호간에 대화를 나누거나 정보를 교환하기 위한 수많은 공간들이 생겨나고 있다. 전자 우편, 채팅, 컴퓨터 회의 시스템과 같은 상호 작용적인 매체를 활용하여 어떤 주제를 토의하거나, 게임을 하거나, 오락을 제공받거나, 어떤 프로젝트를 같이 참여하는 등의 집단들이 생겨나고 있다.

컴퓨터 매개 커뮤니케이션(*computer-mediated communication*: CMC)에 대한 공간적 개념에 대한 재해석과 또 다른 의미적 접근이 최근에 들어 커뮤니티 논의를 활발하게 하고 있다. 사이버 공간에서의 커뮤니티 논의를 가능케 하는 요인으로 컴퓨터 매개 커뮤니케이션이 부여하는 ① 공간의 개념, ② 집합의 의미, ③ 참여의 의미가 적용되기 때문이다. 사이버 공간에서의 공동의 주제와 목적을 위해 참여하고 이로 인해 이들만의 공간이 마련되어 그 속에서 상호 관계를 형성하고 유지하기 위한 의견과 정보가 교류되기 때문에 커뮤니티라고 일컫고 있다. 그래서 사이버 공간은 17세기의 영국의 커피 하우스나 파리의 살롱에 비유되기도 하며 그와 같은 역할을 수행하고 있다 (Fernback, 1997).

또한 사이버 공간에서의 커뮤니티가 새로이 부각되는 것은 사이버 공간의 특성과 관련된다. CMC에서의 연결성, 익명성, 평등성이 커뮤니티 형성을 부추기고 있다.

① **공간적 의미에서의 연결성**: 컴퓨터에 의해 형성된 공간의 의미는 여러 측면에서 활용되고 접목되고 있다. 그 중에서 공간과 시간을 초월하여 편리하고 원활하게 하나의 집단적인 공간을 형성하고 집단 내에서 어떤 기능과 역할을 수행하고 있다는 것이 또 다른 커뮤니티 논의를 가능케 한다.
② **익명성**: 사이버 커뮤니티들은 서로의 신분을 확인하지 않은 채 참여자들의 필요에 의해 자발적으로 형성되고 있다. 사람과의 만남이 상실되고 있는 사이버 공간에서 인간들은 소속감을 갖기 위해 커뮤니티 형성에 적극성을 가질 지도 모른다.
③ **평등성**: 물리적 공간에서 자신들의 커뮤니티 형성이 여의치 않은 집단들에게는 자신들의 커뮤니티 형성을 할 수 있는 적절한 공간이 제공될 뿐만 아니라 커뮤니티의 기능이 수행될 수 있다. 온라인 커뮤니케이션 상황에서는 면 대 면 상황에 비해 권력의 지배 효과가 약화되기 때문에 젠더, 인종, 교육과 관련된 지배 / 피지배 요소가 약화된다. 그러므로 지배적 요소가 약화된 평등화된 커뮤니티 형성이 용이하다.

이러한 사이버 공간의 특성을 이용하여 사이버 공간의 발전과 병행하여 다양하게 출현하고 있는 사이버 커뮤니티들은 점차 세분화되고 특정화되고 있다(Fernback, 1997).

사이버 커뮤니티는 물리적 공간에서의 커뮤니티의 재현이며 유사한 기능을 수행하고 있으며 형성 목적과 이용 과정에 따라 그 유형도 다양하다. 첫째, 특정한 관심사로 유인하기보다는 일방적인 정보를 제공하는 사이트가 있다. 이는 기업이나 단체들의 홍보용 사이트들이 대표적이다. 둘째, 첨예된 사회적 이슈나 사회적 이슈를 불러일으키기 위한 목적으로 운영되는 사이트가 있다. 예를 들면, 음란물 방지 사이트, 일본 문화 개방 반대 사이트가 있다. 셋째, 참여자들의 연결을 통해 서로의 관심사를 공유하여 공동체 성격을 강조하는 사이트가 있다. 대부분의 동호회가 여기에 속한다. 예를 들면, 스포츠카에 관심있는 사람들이 그들만의 뉴스 그룹이나 홈페이지를 만들어 스포츠카에 관심있는 사람들이 참여하여 하나의 집합체를 운영해 나가는 것이다.

2. 커뮤니티 개념으로 본 사이버 커뮤니티

1) 관심사

관심사는 커뮤니티 형성과 참여에 동기를 부여하므로 커뮤니티 형성에서 가장 전제되는 것은 어떤 관심사를 제공해 주느냐이다. 결국 커뮤니티 형성은 집합적인 관심을 유도하고 이를 얼마나 잘 관리할 수 있느냐에 달려 있다(Kollock & Smith, 1996).

오스트롬(1990)은 커뮤니티를 조사한 결과, 성공적으로 운영되는 커뮤니티는 명확한 영역을 설정하고 있다고 말한다. 명확한 영역을 설정하지 않고서는 커뮤니티 참여자들을 유인하거나 그들의 요구를 충족시킬 수 없다. 커뮤니티에 참여한다는 것은 참여라는 투자를 통해 그들이 원하는 바를 돌려받기를 기대한다는 의미를 내포하는 것이다. 이 기대에 부응하면 커뮤니티 참여가 강화되어 커뮤니티의 결속력과 파워가 강화되지만 그렇지 않으면 커뮤니티의 존립이 힘들게 된다.

커뮤니티 개념은 영역, 즉 공간의 개념에서 유래한다. 영역을 한

정할 때는 특정한 기준과 의도가 설정되어야 한다. 어떤 집단도 자신들의 특정한 영역을 관할하는 공통된 문화와 역사를 갖고 있으며 이러한 특성이 반영된 것이 커뮤니티이다. 그러므로 모든 커뮤니티들은 그들만의 특정한 공통점을 갖고 있으며 그 공통점이 구심점으로 하여 형성되어지는 사람들의 모임을 커뮤니티라고 할 수 있다. 커뮤니티의 참여는 곧 자신들의 관심사를 추구하는 행위이다. 따라서 커뮤니티를 논할 때는 근접성뿐만 아니라 공통된 경험과 흥미(관심, 이해관계)가 포함된다(Watson, 1993). 따라서 사이버 공간일지라도 공통된 관심을 갖는 사람들이 참여하여 집단화되면 자연히 커뮤니티가 형성될 수 있다. 모임의 장소가 가시적 혹은 비가시적으로 제공되느냐와 참여자들의 참여가 가시적으로 확인되느냐 / 아니냐의 차이만이 있을 뿐 기능과 역할은 동일하다.

특히, 사이버 커뮤니티는 온라인상으로 자연스럽게 형성되는 커뮤니티의 특성이 쉽게 표출된다. 공통된 관심을 중심으로 자발적으로 모여진 커뮤니티이기 때문이다. 이러한 커뮤니티에 참여한다는 것은 참여자들이 스스로 커뮤니티에 참여하게끔 충분한 동기(흥미)를 제공해 주었다는 의미이다. 그러므로 사이버 커뮤니티는 각 개인 스스로가 자발적으로 참여하기 때문에 관심사적인 요소가 더욱더 강화된다.

물론 공통성을 강조하는 이면에는 분리의 의미가 포함된다. 자신과의 공통된 관심을 가진 사람들과의 집단화를 꾀한다는 것은 공통된 관심을 갖지 않는 사람들과의 단절을 의미하기도 한다. 여성 사이트나 게이 사이트들은 그들만의 특정한 관심사를 갖고 커뮤니티가 형성되어 이와 관련이 없는 집단과의 괴리 현상을 도출하기도 한다. 특히 사이버 커뮤니티에서는 관심 영역이 세분화되고 특정화되기 때문에 그만큼 격리성이 높아질 수도 있다. 그러나 그로 인한 자신들의 정체성 확립은 강화되기도 한다.

2) 관계 형성

커뮤니티는 개인들의 집단이며 특정한 분야에서 공통된 관심과 문제를 가진 사람들의 모임이다. 커뮤니티에서 이들은 주어진 공간에서 서로 상호 교류하기 때문에 커뮤니티에 참여한다는 것은 곧 상호간에 관계를 형성하고 유지한다는 의미이다. 사이버 공간에서는 참여자들이 익명인 상태에서 채팅이나 게시판에 참여함으로써 상호간의 관계를 유지해 나간다.

라인골드(1993)에 따르면 사이버 공간에서 개인적인 관계를 형성함으로써 사회적 연합체를 형성해나가는 과정에서 자연스럽게 커뮤니티가 이루어진다. 메이어스(1987)는 CMC를 많이 이용하는 이용자들은 매체를 통한 관계 형성을 당연시한다고 지적했다. 컴퓨터 이용의 주된 목적은 컴퓨터를 이용하여 원하는 친구를 사귀고 그들과의 관계를 유지하는 것이었다. 이들은 컴퓨터를 커뮤니티로 간주하고 커뮤니케이션 네트워크를 사회적 관계 형성을 기반으로 삼고 있었다. 이때 교류되는 커뮤니케이션 콘텐츠가 관계 형성을 위한 연결 고리 역할을 수행한다고 파악되었다.

월터와 버군(1992)은 컴퓨터를 통한 관계 형성으로 일반적인 관계 구축에서 오는 문제들을 극복하기 쉽다라고 했다. 또한 비록 면 대면 상황에서의 관계 형성과 비교해 결여되는 부분들이 있더라도 다른 방식으로 극복할 수 있다라고 주장했다. 사이버 공간에서의 참여자들은 시간에 지남에 따라 상대방에 대한 지배 효과가 감소되어 상대방에 대한 심리적인 안정감, 신뢰, 사회적 오리엔테이션, 비공식성이 증가된다. 일단 참여자가 심리적인 안정감을 갖기 때문에 상대방과의 관계 형성을 좀더 자유롭고 편안히 하는 이점이 있어 상호간의 관계 형성과 관계 운영을 원활하게 진행할 수 있다. 다른 말로 하면 사이버 공간에서 사람들은 사회적 관계의 측면에서 서로를 인식하기 때문에 면 대 면에서의 친밀하고 직접적인 두 사람 간의 관계 형성 보다는 사회적 관계 형성이 적합하다.

3) 정체성

관심사와 관계 형성은 결국 정체성 확립으로 연결된다. 공통된 관심사를 추구하고, 커뮤니티 내에서 구성원들과 관계를 형성하는 행위는 결국 자신의 정체성을 찾기 위함이다. 결국 커뮤니티 형성과 참여는 정체성을 확인하는 작업이다. 커뮤니티는 단순히는 정착지라는 영역의 의미이지만, 상호간의 공유된 관심사를 표명하거나, 서로 간의 결속과 소속감을 확인해 줄 수 있는 공동체의 의미를 갖는다(Walmsley, 2000).

커뮤니티는 거울 역할을 한다. 커뮤니티가 공통된 관심을 중심으로 구성되어 참여자들에게는 커뮤니티 참여가 곧 자기 자신을 확인하는 것이기 때문에 커뮤니티는 거울 역할을 수행한다(Kumar, Raghavan, Rajagopalan, & Tomkins). 이용자들이 수많은 커뮤니티 중에서 어느 특정 커뮤니티를 선택하여 참여하는 것은 커뮤니티가 자신과의 공통점을 발견했기 때문이므로 참여를 통해 동질감을 갖는데, 이는 곧 참여자가 커뮤니티 참여를 통해 정체성을 가진다는 의미이다.

커뮤니티 개념 가운데 중요한 것은 소속감과 동질감이다. 소속감을 갖는다는 것은 곧 자신의 정체성과 커뮤니티의 정체성이 동일시를 이룬다는 의미이다. 커뮤니티에서 제공되는 문화에 만족하여 동질성을 느낌으로써 자신과 커뮤니티가 동일한 정체성을 공유하고 있음을 의식할 수 있다는 것이다. 커뮤니티의 구성원들 간에 동질감이 형성되고 참여자들은 그러한 동질감을 공유하고자 하는 것이 참여의 동기이기도 하다. 상호간에 동질성을 느낄 때 심적인 안정감을 갖는 반면에 이질감이 느껴지면 심리적인 안정감을 갖지 못하면서 정체성에 혼란이 야기된다. 또한 커뮤니티는 공유된 믿음이 전제된 가운데 물리적 영역의 의미뿐만 아니라 소속감 혹은 일체감이 제공되는 공간이다. 물리적인 의미만이 부여될 경우 커뮤니티의 참여와 지속은 일시적이 될 수 있지만 소속감이나 일체감을 가질 경우에는 결속력이 강화된다. 짐멜(1950)에 따르면 개인적 정체성이 사회적 존재에 기반을 두기 때문에 보다 큰 집합체에 결속된다는 의식 없이는 개인의 정체성을 성립할 수 없다. 또한 에치오니(1993)는 커뮤니티에 "나 I"와 "우리 We"의 개념이 포함되어 있다고 했다. 참여자 개인으로 보면 '나'이지만 이를 확대하여 전체로 보면 '우리'가 된다. 커뮤니티에는 각 개인의 관심이 반영되어 있을 뿐만 아니라 집합적으로는 집단의 관심이 반영되어 있는 것이다. 결국 한 개인의 정체성이 확인되는 것은 그와 관련된 집단의 정체성과도 관련된다는 의미이다. 이처럼 커뮤니티는 사회 체제에서의 조직의 성격을 띤다.

사회 구성원들의 대부분은 어느 커뮤니티에 속해 있으며 기존의 커뮤니티에 만족하지 못할 경우에는 새로운 커뮤니티를 구성하여 자신들의 소속감을 갖고자 한다. 따라서 커뮤니티에 일원이 된다는 것은 자신들의 정체성을 확인해 나가는 과정을 체험하는 것이다. 사이버 커뮤니티에 참여하는 이용자들은 익명인 상태에서 자신들의 정체성을 확립해 나간다. 이러한 정체성 확인은 적극적인 행위에 의해 이루어지는데 사이버 커뮤니티에 참여하여 상호 교류하는 과정에서 스스로의 정체성을 확인한다(Baym, 1998). 만일 온라인상으로 참여하고 있는 개인들이 참여하는 시간과 노력에 보상받을 만큼의 흥미와 참여 의식을 느낄 수 있다면 계속 참여할 것이지만 그렇지 않을 경우에는 탈퇴하게 된다(Watson, 1993).

물리적인 정체성을 쉽게 확인할 수 없는 사이버 공간에서는 우리는 누구인가?라는 정체성에 의문을 갖게 되는데, 이는 의문이 사이버 커뮤니티 활동을 강화시키는 요인이 된다. 물리적 공간보다 사이버 공간에서 사람들은 자신들의 물리적인 정체성을 확인하기가 힘들 뿐만 아니라 자신의 소속을 확인하기가 쉽지 않다. 따라서 물리적 요인에 의한 정체성 확립에서 탈피하여 흥미거리나 관심이 중요한 원동력이 되는 곳이 사이버 커뮤니티이다. 사실 물리적인 요인보다 더 중요하다고 할 수 있는 유인적 요소가 설정되면 보다 쉽게 집합체 커뮤니티를 형성할 수 있기 때문에 많은 커뮤니티들이 등단하고 참여 또한 활발해지고 있다. 사이버 커뮤니티는 이제 모임 *place* 의 개념보다는 목적 의식이 더욱 강조된다. 따라서 단순히 사람들을 만나거나 그들과 친선을 도모하고 대화를 나누는 장소의 개념을 초월하여 집단의 구성원들이 추구하는 바를 얻도록 제공해 주는 곳이 되어야 한다.

때문에 질적인 측면에서의 커뮤니티에서 다루는 주제가 중요한 문제로 부각된다. 커뮤니티에게 지정한 주제가 구성원들에게 만족감을 주어야만 진정한 커뮤니티 기능을 수행할 수 있다. 구성원들이 만족하지 않거나 일치감을 느끼지 못하는 주제는 커뮤니티의 의미가 상실되기 때문이다. 공통의 공간이라는 개념은 물리적·지리적인 영역만을 의미하지는 않으며 공통점을 가진 사람들의 모임보다는 이들에게 적합한 콘텐츠가 제공되고 있느냐가 중요하다.

3. 여성 커뮤니티로서의 여성 사이트[1]

1) 여성 사이트의 등장과 의미

인터넷에서 또 하나의 화두는 여성이다. 한국 인터넷 이용 인구 2000만 명 가운데 20~30%를 차지하는 여성이 관심의 대상이 된 이유는 빠

---

1. 현재 제공되고 있는 여성 사이트들은 상업적, 교육적, 행정적인 것으로 분류할 수 있다. 일반적으로 알려진 사이트들은 상업적인 목적에 의해 서비스되고 있는 포털 사이트, 여성 단체에서 운영하고 있는 사이트, 여성신문사, 대학의 여성학과에서 주관하고 있는 여성 사이트들이 서비스되고 있다.

른 속도로 증가하고 있는 여성 네티즌의 수, 가정의 소비권을 쥐고 있는 주부들의 구매력, 유행에 민감한 젊은 여성들의 소비 문화를 겨냥한 비즈니스 측면의 가능성이 높이 평가되었기 때문이다.

또 다른 이유는 여성이라는 소외 계층이 합류할 수 있는 여분이 사이버 공간에는 충분하다는 것이다. 다양한 계층이 혼류되어 있는 물리적 공간에서는 모든 계층의 이익과 관심을 반영하거나 만족시켜 줄 수 없기 때문에 나름대로의 타협을 하게 된다. 그 결과 주류층을 설정하여 이들의 겨냥함으로써 다른 계층들이 이에 합류되도록 유인한다. 따라서 주류는 일반적이 되며 그 외는 소외 계층으로 잔류한다. 노인, 여성, 어린이로 대표되는 소외 집단들은 수용의 대상이 아닌 주변적인 대상일 뿐이다. 따라서 주류에 의해 장악되는 물리적 공간에서 소외 계층은 자신들의 커뮤니티 형성이 절실함에도 불구하고 한계적 요인에 의해 커뮤니티 활동이 여의치 않다. 이러한 한계성을 극복해 주는 곳이 사이버 공간이기 때문에 사이버 공간에서의 커뮤니티 형성에 여성이 초점의 대상이 될 수 있다.

하버마스(1990)는 공적 영역 형성에 대해 말한 바 있는데, 그에 따르면 여성과 비주류 계층 *non-propertied class*은 지배적이거나 엘리트 영역으로부터 배제되었기 때문에 자신들만의 영역의 필요성을 절감하면서도 한계적 요인으로 인해 커뮤니티를 형성하기 힘들다. 만일 커뮤니티 형성에 대한 제약이 없어진다면 어떤 집단보다 이러한 집단들이 커뮤니티를 형성할 명분과 욕구가 우선된다. 물리적 공간에서 소외 계층들이 자신들의 권익을 신장하기 위해 노동자협회, 여성 단체를 형성해 주류층에서 배제된 자신들의 권익과 친선을 도모하는 것과 같은 맥락이다.

그러나 두 가지 논의가 제기될 수 있다. 사이버 공간에서도 이들만의 분리된 공간이 필요한가라는 부정적인 의견이 제기된다. 소외 계층인 여성들만의 공간을 형성함으로써 물리적 공간과 마찬가지로 사이버 공간에서도 주류에서 벗어날 수 있다는 것이다. 또한 긍정적인 측면에서는 물리적 공간에서의 소외를 극복하기 위해 사이버 공간에서는 이들의 공간이 마련되어 이들의 이익과 요구를 만족시켜 줄 수 있는 영역이 필요하다는 입장이다. 주류에 합류할 수 없는 것이 물리적 공간이든 사이버 공간이든 현실이기 때문에 주류와 비주류에 연연해하지 않고 이들의 관심과 욕구를 만족시켜 줄 수 있는 자신들만의 영역 형성이 보다 중요하다는 견해이다.

사이버 공간은 물리적 공간에서 수용되지 않은 소외 계층으로 분류되는 노인, 여성, 어린이, 장애자들을 위한 공간을 마련해 줄 수 있는 곳이다. 따라서 민주화된 평등의 공간으로 일컬어지는 사이버 공간에서는 주류 / 비주류의 의미는 상실된다. 물리적 공간에서 소외 집단으로 지칭되어 정형화된 문화를 사이버 공간에서 그대로 전개되어야 하는가에 대한 논의가 필요할 따름이다. 사이버 공간이 물리적 공간의 연장이라는 측면에서 물리적 공간에서 정형화된 문화를 사이버 공간에서 그대로 전개하는 것이 이들의 정체성을 확인하는 것인지에 대한 논란이 일고 있다. 사이버 공간에서 형성되는 커뮤니티는 그 대상이 되는 특정한 사람들의 집합체라고 할 수 있다. 따라서 우선적으로 이들의 참여를 유인하기 위해 정형화된 문화를 제공하여 정체성을 확인하고자 한다. 이와 관련하여 두 가지 쟁점이 제기된다. 첫째는 커뮤니티는 구성원들의 정체성 확인이 중요하기 때문에 이들이 정체성을 확인할 수 있는 내용이 제공되어야 한다는 주장이다. 둘째는 이와는 달리 기존의 정체성이란 주류에 의해 정형화된 내용이므로 이에 탈피한 새로운 정체성을 확립할 수 있는 내용이 제공되어야 하며 이를 위한 의식 고취와 재교육과 관련된 콘텐츠가 제공되어야 한다는 주장이다.

현재 여성 커뮤니티를 주도하고 있는 것은 여성 포털 사이트들이다. 여성 사이트가 신문의 여성난, 여성 잡지, 케이블 TV의 여성 채널과 유사한 기능을 수행하고 있다. 여성 사이트들은 패션, 미용,

여성 건강, 예술 문화, 주부, 육아, 취업, 여성학/페미니즘 분야로 세분화되어 있다. 그러나 실제로 여성 사이트에는 패션/뷰틱, 건강/다이어트, 임신/육아, 요리, 돈/직업, 문화/취미 생활, 쇼핑 등의 내용이 대부분을 차지하고 있다. 특히 시사나 직업, 문화 생활 등에 관한 내용들이 풍부하지 않으며 구색을 맞추는 수준에 머물고 있는 실정이다. 게다가 전자 상거래 측면이 강조된 사이트들이 제공되고 있어 진정한 의미의 여성 커뮤니티의 역할이 제대로 수행되지 않고 있다. 그 이유는 여성 사이트들이 상업적으로 운영되고 있어 여성 네티즌의 대부분을 차지하고 있는 20, 30대 여성의 취향과 유행을 반영하거나 정보의 전달보다는 전자 상거래를 통한 수익을 확보하기 위해 여성 관련 쇼핑몰을 강화하기 때문이다(연세대 여성연구소, 2000). 따라서 여성 이용자들을 유인하는 단순한 정보를 제공하거나 상품을 소개하는 것보다는 자신들의 정체성을 부여해 줄 수 있는 사이트가 아쉽다.

2) 여성 사이트와 정체성

여성학자들은 차별과 신체적 구별이 가시화되지 않는 사이버 공간에서는 새로운 여성상을 구축해야 한다고 주장한다. 물리적 공간에서 젠더라는 이슈는 더 이상 사이버 공간에서는 적용되지 않은 개념이며 인간의 외적인 요소를 대상으로 한 영역화는 무의미하다는 주장이다. 사이버 공간은 여성과 남성 모두에게 동등한 지위와 이미지를 부여하기 때문에 이러한 이점을 활용해야 한다. 따라서 여성에 대한 새로운 판짜기가 필요하다. 이런 맥락에서 보면 물리적 공간과 동일화된 이미지를 제공하여 정체성이 부여되는 것은 바람직하지 않다는 주장이다. 사회적으로나 전문적으로 남성과 동등한 커뮤니티를 형성하여 여성들을 흡수하는 것이 사이버 공간에서의 여성 커뮤니티의 매력이다. 젠더의 구별이 확연히 드러나거나 여성임을 확인할 수 있다면 사이버 공간에서의 매력이 상실된다. 페미니즘 연구가들은 여성 사이트를 통한 커뮤니티 형성으로 여성의 의식 고취와 재교육의 장이 마련되어 여성의 권익 보호의 역할이 수행되어야 한다고 주장한다. 정형화된 내용을 제공함으로써 정형화된 여성상을 인식하는 것은 또 하나의 정형화된 공간으로 전락될 우려가 있다는 견해이다.

아널드와 밀러는 여성 사이트들을 분석하여 젠더의 차이를 지적했다. 남자 사이트인 경우에는 테크놀로지 이미지를 심은 메인 페이지가 많은 반면에 여성 사이트들은 꽃 그림을 내세워 여성다움을 강조하는 메인 페이지들이 많았다. 메인 페이지는 사이트의 입구이기 때문에 처음으로 제공되는 이미지를 따라 여성 관련 사이트인지 남성 관련 사이트인지를 구별한다는 것이다. 탄넨(1993)은 사이버상에서도 전통적인 구별은 여전히 존재하고 있으며 여성과 관련된 전통적인 관념들을 무시하거나 벗어나지 못하고 있다고 했다. 여성 사이트의 첫 페이지들은 다정함과 미소짓는 여성의 이미지를 표현하고 있는 반면에 남성 사이트는 자신감과 신뢰, 능력을 제시하고 있어 여성들에 대한 물리적 공간에서의 차별화되고 전형화된 이미지를 그대로 재현하고 있다. 결국 헤링(1993)이 제시한 패러다임, 즉 남성은 이슈, 정보, 문의, 개인적 순인 반면에 여성들은 개인적, 문의, 이슈, 정보 순으로 관심을 갖는다는 일반적인 틀에서 벗어나지 못하고 있다. 따라서 남성들은 자신들의 계급에 대한 그대로의 정체성을 확인할 수 있는 반면에 여성들은 이중성에 사로잡혀 있다. 즉, 물리적 공간에서 통용되고 있는 여성상을 정체화할 것인지 아니면 사이버 공간에서는 새로운 여성상을 구축하여 정체화할 것인지 표류중이다.

비록 여성들이 인터넷 문화의 지배 세력은 아니지만 여성들은 의욕적으로 적극적인 온라인을 통해 자신들의 문화와 메시지를 만들어 내려고 한다. 여성들이 온라인에서 자신들의 권리를 내세움에 따라 그들의 목적과 관심을 공유하는 동료들과 연계할 수 있다. 그래서 여성들이 같이 연계해 감에 따라 그들의 커뮤니케이션 욕구와 관심에 부응하는 새로운 사이버 커뮤니티들이 형성하고자 한다. 비록 여성 커뮤니티들이 또 다른 분리를 의미한다는 비난도 있지만 여성들에 대해 대인적, 문화적, 정치적인 영향력을 행사할 수 있을 것이다. 이러한 여성들의 움직임들이 커뮤니티의 제공되는 내용과 문화에서 표출되고 있다. 더 이상 남성들이 주도하는 논리가 지배하는 게임에 놀아나지 않고 자신들의 규칙을 만들어 내려는 의도이다.

커뮤니티는 특정한 목적에 의해 한정되어진 영역이지만 커뮤니티를 형성하는 주체자들의 관심사와 정체성을 확립하는 것이다 (Fernback, 1997). 따라서 여성들만이 참여한다고 해서 여성 커뮤니티라고 볼 수 없으며, 여성들의 이익을 도모하고 이들의 정체성이 확립될 때 진정한 여성 커뮤니티라고 불릴 수 있다.

4. 여성 사이트 내용 보기

국내에서도 상업적 여성 전문 사이트가 속속 등장하기 시작해 검색 엔진상 '여성' 또는 '여성 포털'로 검색되는 여성 사이트의 숫자는 500~600여 개로 다른 전문 분야에 비해 뒤쳐지지 않는다. 이러한 여성 사이트들은 다른 상업 사이트와 유사한 방식으로 커뮤니티의 개념을 전략적으로 구축하고 있다(삼성경제연구소, 2000).[2] 이제까지의 온라인 커뮤니티를 거론할 때 주로 유즈넷 그룹, 머드 등을 통한 관계 형성이 주로 분석되었으나 타깃 이용자들을 대상으로 공통된 관심거리, 관련 정보, 대화의 장을 상업적으로 제공하는 사이트 역시 온라인 커뮤니티로서 인정을 해야 할 단계이다. 이들 상업 사이트가 제공하는

---

2. 삼성경제연구소의 정의에 따르면 사이버 커뮤니티, 즉 가상 공동체를 '회원제를 기반으로 사이버 공간에서 상호 작용하는 사람들의 집단'으로 정의하고 있다.

콘텐츠상의 정보의 다양성과 유용성 역시 과거의 개인 간 커뮤니케이션 못지않게 커뮤니티를 형성하는 중요한 요소로 대두되고 있다.

그러나 현재 등장하고 있는 여성 전문 사이트들은 획일성, 흥미 위주, 오락적 콘텐츠로 인한 문제점들이 지적되고 있어 여성의 정체성 확립에 기여하는 진정한 커뮤니티의 기능을 수행하고 있는가 하는 데는 여전히 의문점이 남아있다. 여기에서는 과연 상업적 여성 전문 사이트가 여성 커뮤니티로서 그 구실을 하고 있는지에 대한 검토 작업을 위해 대표적인 상업적 여성 사이트들을 선정하여 기존의 커뮤니티를 구성하는 요소들을 접목시켜 다음과 같이 살펴보려 한다.

① 여성의 관심사를 반영하는가?
   이용자의 참여를 유도하는가?
   콘텐츠의 다양화가 시도되는가?
② 성원 간의 관계 형성은 어떠한 방식으로 지원되는가?
   성원 간 공동의 관심사가 형성되는가?
   자기 표현과 노출의 욕구가 표출되는가?
   성원 간의 유대 관계의 발전은 가능한가?
③ 여성 정체성의 실현이 가능한 공간인가
   여성 고유의 독자적인 아젠더를 설정하는가?
   현실 세계에서 고착화된 여성의 이미지는 변화되고 있는가?
   사이버 커뮤니티를 통한 사회적 참여와 연대가 확대되는가?

여기서 살펴볼 사이트는 그것이 미치는 대중적 영향력과 대표성을 기준으로 선정했다. 방문자수에 의해 사이트 선정을 하려 했으나 대부분의 여성 사이트가 방문자수를 공시하지 않아 대중 매체에 의해 많이 노출되어 이용자수가 많을 것으로 예상되는 12개의 여성 사이트를 최종적으로 선정하였다. 각 사이트의 메인 페이지, 콘텐츠의 종류(채널과 섹션), 게시판, 동호회를 중심으로 분석하고 있다.[3]

---

3. 이 글은 여성 사이트에 대한 탐색적 연구이므로 수량적 통계는 시도하지 않았다.

마이클럽

아줌마닷컴

여자와닷컴

주부닷컴

우먼플러스

사비즈

아이지아

미즈플러스

미즈넷

우먼라인

룰루

위민21

1) 메인 페이지

메인 페이지에서는 사이트의 제목이 되는 로고와 그 디자인과 사이트를 소개하는 메인 카피가 주는 이미지, 헤드라인 스토리의 내용, 사이트 운영의 주체와 성격을 중심으로 비교 분석해 보고자 한다.

	로고 및 로고 디자인	메인 카피	헤드라인 스토리	대상 및 특성
마이클럽	miclub.com	여자 인터넷 마이클럽닷컴	특집 가을 여행	10대~50대까지 거의 모든 연령층의 여성을 대상으로 하나 20대 초반을 위한 게시판은 따로 제공 정보의 종류와 양은 풍부
아줌마닷컴	azoomma.com 메인 카피가 광고 배너 형태로 올라옴	대한 민국 힘 있는 아줌마들의 인터넷 세상	51살의 신춘 문예 당선자와의 인터뷰	30~40대의 주부 세대 50대의 주부를 위한 공간 마련 주부의 사회 참여에 기여할 수 있는 교육 및 계도, 사회 감시 프로그램 제공
여자와닷컴	yeozawa.com 제목과 여성 인사 또는 연예인이 표지처럼 등장 (날마다 바뀜)	없음	올 가을 취업 정보 자기 소개서 작성법 / 러브 호텔 왜 안 돼	20, 30대 직장 및 주부 대상 연예, 오락과 계도적 내용이 적절하게 편집 여성 인터넷 콘텐츠 그룹을 표방한 우먼드림이 운영
주부닷컴	Zubu.com	주부 인터넷 주부닷컴	기획 기사 왜곡된 출산 문화	주부 자동 접속 서비스와 도우미 제공 쇼핑몰의 전문화 미국의 위민닷컴과 제휴, 링크됨
우먼플러스	WomanPlus + 기호	사는 게 즐거워지는 여자 인터넷	없음	모기업이 화장품 전자 상거래 회사 오프라인에서 유사한 내용의 여성 잡지 발간
사비즈	SABIZ Special Amazon Business Ideal Zone	"성공 커리어 우먼 가상 공동체" 카피에 여자 얼굴 애니메이션 등장	탈무드 격언 투데이스 인터뷰 ○○○ 여성 변리사	직장 여성 연예, 쇼핑 없음 컴퓨터 관련 전문 분야별 동호회 웹진을 한 섹션으로 운영 미즈플러스와 여성 신문 광고로 링크

아이지아	i.z i.a	woman's community 도형 위주의 디자인	우리 시대 iZia 토탈 향장 미용학 지도 강사 ○○○ 여교수	주부 해외 통신원의 컬럼
미즈플러스	MsPlus	여성이 만들어 가는 더 좋은 세상	Love & Love 링크 남녀(남녀 관계 대화법) 가을 여행	철저한 여성 회원제(신분 확인) 사비즈와 콘텐츠 제휴
미즈넷	Daum 로고와 더불어 미즈넷 (한글)	다음 캐릭터 메일 배너 광고	두세 명의 여성 얼굴 애니메이션	직장 여성과 일반 주부 포털 사이트 다음에서 제공하는 여성 사이트 동호회 따로 운영 안 함
우먼라인	WOMENLINE 그림 형식의 메뉴바와 함께 떠오름	The Digital World for Women	주부 부업엔 뭔가 특별한 것이 있다 / 시집과 잘 지내기	주부 커버 페이지에서 솔로몬 왕의 재판이 등장 패션 섹션 없음
룰루	Lulu	젊은 여자 키툰	없음	20대 여성 패션, 미용 위주의 쇼핑 서비스 전형적인 웹진 형식
위민21	Women21	The Women's Network	베이비몰과 연결되는 이벤트성 뉴스	일반 주부 SBS에서 운영(SBS 홈페이지로 연결) 편집이나 내용면에서 다양성이 떨어짐

　　메인 페이지4는 사이트의 입구가 되는 공간으로 사이트 전체의 이미지와 성격을 결정하는 공간이다. 여기서 분석한 여성 사이트의 메인 페이지의 제목은 주로 영어로 된 도메인 주소를 영어 그대로 또는 한글로 소리나는 대로 표기되어 있고 도형적 장식으로 이루어져 있다. 여성적 이미지를 불러일으키는 그림으로 이루어져 있는 사이트로는 사비즈와 룰루가 있고 여성 인사나 연예인이 등장하는 경

---

4. 분석 대상 가운데 우먼라인(www.womenline.com)만이 메인 페이지 전에 떠오르는 커버 페이지를 갖고 있었다. 솔로몬 왕이 아기의 엄마라고 주장하는 여자 둘을 향해 "아기를 반으로 나누어라"라는 삽화의 내용으로 삽화의 양쪽으로 들어 있는 yes 와 no를 클릭하여 no를 클릭하게 되어 있다. 메인 페이지로 들어갈 수 있으나 yes를 클릭하면 다시 생각하고 들어올 것을 요구한다. 이는 이 사이트가 기본적으로 모성을 갖춘 여성들을 위하는 사이트라는 것을 이용자에게 암묵적으로 알리고 있다.

우도 있는데, 여자와닷컴이 이에 해당되나 상대적으로 소수이다. 이는 아널드와 밀러의 지적과는 일치하지 않는다. 그러나 로고와 동반되는 카피는 사이트마다 '여성'과 '인터넷'이라는 수식어가 공통적으로 들어가 있고 밝고 환한 색깔을 주로 사용하고 있다. 동영상으로 삽입되어 있는 이벤트와 광고의 대부분이 여성 관련 이벤트와 상품으로 이루어져 있어 여성 전문 사이트라는 것이 한눈에 구분이 된다. 헤드라인 스토리로는 출산, 시집과의 관계 등 주부 관련 이슈, 취업 정보, 성공한 여성 인사 인터뷰, 남녀 평등, 여행, 이성 관계 등을 다루고 있고 헤드라인 스토리가 메인 페이지에 없는 사이트도 있었다. 디자인은 좌우측 상하단에 메뉴, 내용 소개 회원 가입, 이벤트, 광고, 온라인 투표 등으로 구성되어 있다. 룰루라는 사이트만이 전형적인 웹 사이트 방식의 디자인에서 이탈하여 가로 형식의 인쇄 매체적 느낌을 강조하고 있다. 룰루, 우먼플러스, 여자와닷컴은 사이트 전체가 웹진적 성격을 갖추고 있고 사비즈, 마이클럽 등은 사이트 안에서 따로 웹진 형태를 갖춘 각종 콘텐츠를 제공하고 있다. 또한 마이클럽, 주부닷컴, 여자와닷컴은 동영상 서비스를 제공하여 부분적인 웹 TV 기능을 갖추고 있고 우먼플러스는 본격적으로 사이트 내 우플TV라는 인터넷 방송국을 운영하고 있는 형태이다. 동영상의 콘텐츠 확보는 사이트 운영자측이 소형 카메라를 들고 나가 현장 인터뷰를 하는 홈 비디오의 수준에서부터 독립 제작사로부터 공급받거나, 인터넷 방송국과 제휴, 또는 인터넷 방송국을 자체 운영하는 등 다양하게 이루어진다.

2) 콘텐츠 메뉴

콘텐츠는 생활 정보, 취미·오락, 성, 교육(학습), 계도적 내용, 상업적 정보로 분류가 시도되었다.

(1) 생활 정보

생활 정보로는 패션, 미용, 웨딩, 여행 & 레저, 요리, 육아, 건강, 다이어트, 날씨, 애완견, 집안 꾸미기 등으로 여성이 필요로 하는 일상 정보를 다루고 있고 가장 많은 정보 공간이 할애된다. 그러나 각 사이트들에서는 정보의 양에 비해 내용 또는 편집적인 독특성을 찾아볼 수 없다. 다만 마이클럽과 여자와닷컴 등이 제공하는 정보의 양이 다른 사이트에 비해 압도적으로 많다는 점에서 차별화된다. 특히, 미용과 다이어트 분야는 박피·주름살 수술을 비롯한 각종 성형 수술

	생활 정보
마이클럽닷컴	패션 / 뷰티 / 웨딩 / 여행·레저 / 음식의 모든 것 / 임신·육아 / 쇼핑 도우미 / 이주의 공동 구매 / 건강(mi doctor 전문가 상담) / 날씨
아줌마닷컴	home & life(유아 교육) / 의식주 / 쇼핑 정보 교환 / 소비자 / 가정
여자와닷컴	패션과 스타일 / 뷰티 / 피트니스 / 여행 세상 / 리빙과 푸드 / 결혼하세요 / 엄마랑 아이랑 / 쇼핑 뉴스
주부닷컴	패션 / 미용 / 다이어트 / 여행 / 임신·출산·육아 / 인테리어 / 해외 여행 준비
우플	패션 / 뷰티 / 헬스 / 다이어트 / 트레블·레저 / 웨딩 / 리빙 / 요리 / 맘 & 베이비
사비즈	없음
아이지아	스타일 만들기 / 여행 / 생활 강좌 / 아름다운 아이지애(다이어트)
미즈플러스	임신·육아 / 요리 음식 / 뷰티 스타일 / 여행 / 건강과 다이어트
미즈넷	패션 / 미용 / 요리 / 아이 기르기
우먼라인	눈높이를 맞추자 (어린이 육아) / 건강 상담
룰루	호텔 / 요리 / 미용 / 여행 / 음식 / 패션
위민21	임신·출산 / 건강 / 요리 / 이유식 / 패션·인테리어 / 여행 / 취미·생활 / 육아·교육

에 대한 정보, 다이어트의 당위성을 강조하고 있어 외모 지상주의를
조장한다.

(2) 연예 · 오락

연예 · 오락적인 요소를 제공하는 내용으로는 음악, 게임, 전자 소설,
연예가 소식, 운세, 점성술 등이며 특히 전형적인 웹진 형식으로 분
류되는 사이트들이 대량의 연예 · 오락적인 정보를 제공하고 있다.
연예가 소식은 하나의 채널로 독립되어 있는 경우가 많고 나머지는
부가적 서비스의 형식으로 이루어져 있다.

	연예 · 오락
마이클럽닷컴	음악 / 게임방 / 개봉 영화평 / 소설 RNA9(일종의 전자북 형태) / 이주의 TV 영화 / 광고 이야기 / 유머 / 운세 / 만화
아줌마닷컴	음악 감상실
여자와닷컴	여자와 스타, 스타 / 만화 / 부산국제영화제 / 운세 / 별자리 / 만화
주부닷컴	주부 시네마(개봉작 소개, 영화계 소식. 영화 포스터 모음, 비디오 대여 순위, 신작 및 추천 비디오) / TV 속 세상 보기 / 웃음 한판
우플	게임 / 우플 TV / 시네마 퀴즈
사비즈	유머펀치
아이지아	스타일 만들기 / 여행 / 생활 강좌 / 아름다운 아이지아(다이어트)
미즈플러스	5분 소설 / 게임
미즈넷	없음
우먼라인	유머 작가 갤러리
룰루	연예인 인터뷰 및 소식 / 운세
위민21	유머

(3) 성

성과 관련된 내용은 성에 대한 주제를 여성의 공간에 개방시켜 여성이 능동적인 주체라는 의미를 부여한 긍정적인 측면도 작용하나 내용 구성은 사회 문제를 부각하기보다는 다분히 선정적이다. 제목만 보더라도 오럴 섹스 생중계, 남자 경향별 초야 대응법, 포르노그라피(에로 비디오 소개), 남자 궁금하다, 러브 게임 마음에 드는 남자 잡는법, 주부가 쓰는 섹스 이야기 등 인터넷 성인 전용 방송국을 방불케 한다. 이와 같은 내용은 인터넷 투표라는 형식으로 설문화[5]되어 이용자의 참여를 유도하고 있고 성 상담은 회원 위주의 비공개 형식을 취한다.

	성
마이클럽닷컴	섹스 & 로맨스(혈액형 궁합 / 오럴 섹스 생중계 / 콘돔 사용법) 남 경향별 초야 대응법 / 속궁합 테스트
아줌마닷컴	가족 계획
여자와닷컴	사랑과 성(에로 비디오 소개, 그림속 로맨스, 성 관련 꽁트 등) / 성과 섹스(비공개 상담)
주부닷컴	성 크리닉(결혼 및 성 상담. 회원 전용)
우플	러브
사비즈	맘에 드는 남성 잡는법
아이지아	없음
미즈플러스	러브 러브 링크 / 주부가 쓴 섹스 이야기 / 사랑과 성(결혼 적합도, 바람둥이 테스트 / 연예 체질 / 부부 전선 이상무? / 점검! 섹스 스타일)
미즈넷	성스런 이야기
우먼라인	남자 궁금하다
룰루	남자에 관하여 / 쓸만한 남자 공개
위민21	성 클리닉(회원 전용)

5. 예를 들어, 여자와닷컴의 인터넷 투표 설문 가운데 하나는 "남자 친구와 섹스할 때 다른 남자 친구를 생각해 본 적이 있으십니까?"였다.

(4) 교양・교육

교양・교육적 내용은 이용자의 학습 능력이 요구되는 분야로써 재테크(가계 재무 관리), 컴퓨터, 부동산, 자동차, 환경, 시사 뉴스, 유아 영어 교육, 유학, 이민, 창업, 법률, 세무, 주식, 문화, 예술 등을 말한다. 이중 몇몇 사이트는 이러한 교육적 공간을 보다 적극적으로 시도하고 있는 점이 돋보인다.

여자와닷컴은 컴퓨터 인터넷 관련 사이트를 묶어 우먼 서핑이라는 코너를 제공하고 있고 아줌마닷컴은 e-칼리지라는 독립된 섹션을

	교양・교육(학습)
마이클럽닷컴	재테크 / 부동산 / 유아 영어 교육
아줌마닷컴	가계 재무 관리 / 경살림(뉴스 / 실천 / 바꿔쓰기) / 여고생 에이즈 작년 감염 / 초등생 폭력 / 아셈 / 경제 / 토요 미술 공개 강좌 / 문화 캘린더
여자와닷컴	우먼 서핑(컴퓨터 인터넷 관련 추천 사이트 링크 / 이용 가이드 등) / 똑소리 재테크
주부닷컴	자동차 / 재테크 / 유학 상담 / 무료 인터넷 교실 / 부동산
우플	건강 / 재테크 / 인테리어(전문가 상담)
사비즈	정보 디자이너 과정 / 워크숍 / 벤처 / 창업 채용 정보 인재 정보 이력서 관리 / 디지털 대학 사비즈 캠퍼스 운영(디지털 라이브러리, 나도 전문 강사) / 세미나・전시회・교육 정보
아이지아	머니 매니저
미즈플러스	인터넷과 컴퓨터 / 뉴스 / 문화 생활 / 금융 / 주식 / 부동산 / 법률과 세무
미즈넷	문화 예술 / 공지 사항 / 뉴스
우먼라인	문화 탐방 / 사이버 강좌 / 컴퓨터와 인터넷
룰루	재테크 / 문화 / 직업
위민21	컴퓨터 / 인터넷 / 유학 / 이민 / 뉴스 자료방

통하여 컴넷학부, 외국어학부, 자녀 교육학부, 생활 교육학부, 건강학부라는 이름 아래 백화점 문화 강좌 형식과 유사하게 운영한다. 그밖에 위민21은 방송국이 운영하는 장점을 살려 뉴스 · 자료방을 제공한다.

(5) 계도

계도적 내용은 여성으로 하여금 여성이 처한 사회 문제를 생각해 보게 하는 내용, 여성의 자립을 지원하거나 정체성 확립을 위한 담론

	계도
마이클럽닷컴	힘내라 여성(임금 체불 대책위 / 이혼 상식) / 취업 창업 / 마이클럽캠페인(피임 이젠 상식 / 폐백 양가 동시) 채용 정보
아줌마닷컴	아줌마 경찰성(사이버 범죄 신고대) / 아줌마 이야기(군내 성 범죄 위험수위)
여자와닷컴	커리어와 성공 쌓기(취업 전략 / 워킹맘 클럽 / 감성주의 성공 클릭: 새로운 여성 모델 제시) / 여자와 세상 읽기(러브 호텔 비판 / 환경 이야기 / 금주의 파워 여성 고용 평등엔 남녀가 따로 없다)
주부닷컴	알뜰 정보(세일 / 벼룩 시장 / 제품 사용담) / 재테크 정보
우플	없음
사비즈	여성 인사 컬럼(프로페셔널의 의미) / 사비즈 웹진(롤모델 올 브라이트) / 여성 직장 생활 노하우(성공적인 인간 관계를 위한 항목)
아이지아	커리어 / 여성이 보는 세상
미즈플러스	미즈 캠페인 / 지원 봉사 / 고발 센터
미즈넷	미즈 정신 / 커리어 / 성 폭력 상담 / 가정 법률 상담
우먼라인	세상 읽기(북한 여성 / 환경)
룰루	없음
위민21	없음

등을 포함한다. '폐백을 양가 동시에 하자'라는 캠페인, 남녀 평등 표어를 공모하는 이벤트, 군대 내부의 성 범죄 위험 수위를 다룬 뉴스로부터, 창업 지원, 이혼 상식, 커리어 성공 전략, 출산 문화, 스트레스, 롤 모델 소개, 자원 봉사, 성 폭력에 이르기까지 다양하나 앞서 논의되었던 분야들에 비해 정보의 심층성이나 공간 배정은 가장 인색함을 발견할 수 있다. 전체적으로 사비즈, 주부닷컴, 우먼라인, 여자와닷컴, 아줌마닷컴 등이 여성의 정체성을 지원하는 내용을 깊이 있게 다루는 편이다. 특히, 아줌마닷컴은 사이버 범죄 신고대를 개설하여 여성으로 하여금 고발 정신을 통한 사회 참여를 지원한다.

(6) 상업적 정보

상업적 정보는 쇼핑 서비스, 상품 정보 교환, 쇼핑 및 세일 정보, 상품 관련 이벤트 등이 제공되는가를 살펴보기 위한 것이다. 거의 모든 사이트가 상품 관련 이벤트를 제공하며 쇼핑몰이나 광고와 연결되어 곧장 해당 상품의 구매가 가능하도록 링크되어 있다. 상품 역시 대부분이 여성 및 육아 관련 상품이다. 그밖에 쿠폰, 세일 정보, 벼룩 시장 또는 '아나바다' 형태의 물물 교환, 제품 사용담 등이 제공되고 있다. 이러한 현상은 여성 사이트의 이용자가 마치 전자 상거래의 마케팅 대상으로 전락할 수 있는 위기감을 자아내게 한다. 그러나 사비즈는 구매력이 큰 일하는 여성을 타겟 수용자로 하지만 광고와 쇼핑을 찾아볼 수 없으며 이벤트로 한국여성경제인협회와 제휴 "여성 비즈니스 성공 전략 세미나"를 개최하는 등 차별화한다. 아줌마닷컴은 광고와 쇼핑을 제공하되 올바른 정보를 제공한다는 취지 아래 소비자 불만 코너를 운영하여 불량 상품을 고발하거나 제품 평가를 공개하고 있다. 또한 아줌마닷컴 소비자 평가단 모집을 통해 오프라인 이벤트와 연결되도록 한다. 이러한 움직임의 확대는 인터넷상에서 단순한 소비자로서 뿐만 아니라 힘있는 소비자 단체로 부상할 가능성을 엿보이게 한다.

	상업적 정보
마이클럽닷컴	온라인 최저 가격 정보/ 실시간 세일 정보/ 쇼핑몰
아줌마닷컴	쇼핑 친구(쇼핑 뉴스/ 쇼핑 지혜/ 제품 평가)
여자와닷컴	각 섹션별 쇼핑 투게더 코너 운영
주부닷컴	쇼핑 · 알뜰 정보(세일/ 벼룩 시장/ 제품 사용담/ 재테크 정보/ 음식)/ 쇼핑몰
우플	쇼핑(화장품, 패션)/ 아나바다/ 공동 구매 정보
사비즈	없음
아이지아	공동 구매/ 벼룩 시장/ 미용실 예약
미즈플러스	쇼핑/ 경매
미즈넷	없음
우먼라인	알뜰 정보
룰루	쇼핑몰
위민21	쇼핑몰 연결

3) 자아 표현과 관계 형성의 기능

전통적으로 여성이 자신의 의견을 주장하거나 여성들끼리의 사회 관계 형성이 부정적으로 간주되는 것을 고려할 때 여성 전용 사이트가 제공하는 자아 표현과 관계 형성의 공간은 중요하다. 여성 전용 사이트는 여성 관련 각종 정보를 게이트 키핑 *gate keeping* 을 통해 또는 자체 생산하여 제공함과 아울러 그 내용을 공유할 수 있는 이용자의 의견이나 태도를 반영하고 자기 표현 욕구를 만족시키기 위한 공간을 제공한다. 또한 공동 관심사와 문제 해결을 위해 개인간 네트워크로 형성된 각종 동호회를 지원한다. 이러한 공간은 '커뮤니티'라는 이름 아래, 전

자 우편 계좌 제공, 실시간 채팅, 게시판에 글올리기, 동호회 가입을
통해 운영된다. 전자 우편 계좌는 인터넷 이용자의 방문을 증대하기
위한 전략의 일환으로 무료로 제공되며 채팅도 단순한 기술적 지원을
넘어 남녀 미팅을 주선하는 등 이벤트화를 시도하여 참여를 유도한다.

(1) 게시판

게시판의 형태는 네 가지로 분류될 수 있다. 첫째, 메인 페이지에서
볼 수 있는 생활, 취미·오락, 성, 교육, 계도적 내용을 중심으로 하
는 채널들과 유사한 제목으로 분류하여 게시판을 운영한다.[6] 이 경우
글을 올리는 사람은 이용자나 온라인 칼럼니스트 또는 해당 전문가이
다. 둘째, 자기 개발 욕구를 배려하여 이용자 자신이 작가가 되어 문
학 장르별(평론, 영화 감상, 콩트, 동시 동화, 소설, 시 등) 해당 글을 창작품
의 형식으로 올리거나 단순한 '수다'라하더라도 몇 가지 이야기 주제
별로 나뉘어 글을 올린다. 셋째, 완전 자유 게시판의 형식이다. 자유
게시판은 시사 주제, 개인적인 감정을 드러내는 것에서부터 판매자로
추정되는 사람이 올린 특정 제품의 홍보적 내용까지 범위가 무한하
다. 넷째, 사이트가 제공하는 주어진 공간 내에서 자신의 관심사를 중
심으로 개인 홈페이지를 제작하여 올리는 것이다. 이는 자신의 공간
을 마련하여 자신을 드러내는 형식이다. 단순히 글을 올리는 것에 만
족한다기보다는 더 넓은 공간에서 자신에 대한 다양한 정보를 드러내
는 자아 노출 *self-disclosure* 적 의미로 해석된다.

(2) 상호 교류와 관계 형성

인터넷이 등장하기 전의 현실 세계에서 물리적 장벽으로 인해 공통
의 관심사를 갖고 있는 여성들 간의 커뮤니케이션이 용이하지 않았

---

6. 여자와닷컴은 각 섹션별로 게시판이 매번 등장하고 이용자가 의견을 발표하고 정보를 제공하는 기능이
외에도 '웹 PD에게 한마디'는 코너를 마련 운영자와의 쌍방향 커뮤니케이션을 장려하고 있다.

구분	동호회 주제
지역	부산이 시댁인 서울 며느리 모임 / 도시(광명시, 구리, 남양주, 구미, 대구, 경북, 안산, 온양, 울산, 일산, 제주, 충남) / 동(송파, 잠실, 분당/ 수지/ 무악재) / 각종 아파트 부녀회 / 국가별(중국, 캐나다, 영국)
나이	각 연령별(10대 모임 / 40대 / 50대 후반 모임 / 20대 초반에서 중반 주부/ 할머니) / 띠별 / 386 동아리
학교	각종 초, 중, 고, 대의 동창회 형식의 모임
결혼 생활	남편 외도 / 부부 관계 / 고부 관계 / 맏며느리 / 권태기 / 홀로된 사람 / 이혼녀 / 연하의 남편 / 남편 직업별(군인 / 녹화자 / 인천 경찰관 / 고시생 / 소방 공무원 / 전문직 종사자) 아내 모임 / 국제 결혼 / 싱글 모임 / 노처녀 / 미시 / 보고싶은 고향, 친정 식구들 / 새내기 주부 / 동갑내기 부부 / 띠동갑 부부 / 신혼 생활/ 주말 부부 / 외며느리 / 재혼 부부
육아	초중생 함께 키우기 / 습관성 유산 / 밀레니엄 베이비 / 장애 아동 / 초등학교 3학년 / 초등학교 1학년 / 아이가 없는 사람 / 중학생 키우기 / 딸만 가진 엄마 / 세 아이 엄마 / 쌍둥이 엄마 / 아들만 키우는 엄마 / 유학생 자녀 / 연년생 자녀 / 늦둥이
남성	군대간 애인 / 연애 / 실연 / 아저씨닷컴 / 고백 클럽 / 사랑에 빠진 사람들 / 남편들이 고백한다
직장 여성	맞벌이 엄마방 / 강남 직장 여성 / 직장 스트레스 / 예비 창업자 / 직장 새내기 / 독립 싱글 / 복부인회
컴퓨터 / 인터넷	웹 정보 / 50대 주부 인터넷 / 전문가 / 초보자 / 경기 분당 인터넷 / 웹 디자인 / 인터넷 무역
자기 계발	영어 / 문학 / 독서 / 시 / 잡지 읽기·보기·쓰기 / 자격증 / 팝송 영어 따라잡기 / 일어 회화 / 조기 교육 정복 / 정치 이야기 / 주식·증권 / 인터넷 검색 / 그림·회화 / 이웃 사랑 봉사 동호회 / 명상
취미·오락	연예인 팬클럽 / 영화 / 만화 / 엽기 / 심리 게임 / 채팅 / 아마추어 무선 / 술사랑 / 손뜨게 / 스탠실 / 칼라믹스 / 십자수 / 음악 / 골프 / 애완 동물 / 라틴 댄스 / 음식 / 볼링을 좋아하는 40대 / 부부 춤 / 스포츠 댄스 / 스키 / 비디오 / 자동차
종교	성경 일기 / 불자 모임 / 가톨릭
기타	눈 나쁜 사람들 / 키 큰 사람 / 아토피성 피부 / 큰딸 / 외동딸 / 신용 카드 / 물물 교환 / 건강한 피부 / 암을 이겨 낸 사람들의 모임 / 다이어트 / 시솝들 모임

다. 따라서 공동체 형성에 최소한 요구되는 성원의 숫자를 형성하지 못하였다. 그러나 여성들이 인터넷으로 이동함에 따라 공동체 형성을 통한 결속력이 발휘되며 관심 도모 및 문제 해결도 가능해지고 있다. 인터넷상에서의 공동의 관심사와 문제 해결을 위한 여성만의 네트워크는 기존의 사이트에 비해 훨씬 다양하고 세분화되는 경향을 보인다. 동호회의 종류는 지역, 학교, 취미, 결혼, 육아, 컴퓨터, 종교, 직장 여성, 나이, 직종별로 크게 나뉘는데, 세부적 주제는 위의 표와 같다.

이는 분명 현실 세계에서 불가능하지만 여성 사이트를 통해서는 보다 세분화된 여성들의 관계 형성 욕구를 만족시킨다고 볼 수 있다. 이러한 다양한 동호회는 여성 사이트 자체가 제공하는 내용뿐만 아니라 이용자들의 내부적 결속력을 통해 실질적으로 공동체(커뮤니티)의 기능을 수행할 수 있도록 도와 준다. 그러나 여성 자신이 주체가 되기보다는 아내로서, 어머니로서의 역할을 중심으로 동호회의 주제가 세분화되고 있는 경향을 보이며 모든 여성 사이트의 동호회가 활성화된 것은 아니다. 마이클럽, 아줌마닷컴이 회원 가입수나 동호회의 종류로 볼 때 가장 우세하고 그밖에 사이트는 구색 맞추기식에 불과하며 동호회 공간을 전혀 제공하지 않은 사이트도 존재한다.

(3) 링크

광고나 이벤트를 제외한 다른 사이트와의 링크는 거의 되어 있지 않다. 여자와닷컴은 예외로 우먼 서핑 코너에서 검색 엔진 모음, 추천 사이트, 테마 사이트 등 디렉토리 서비스를 제공한다. 예를 들어, '정치와 사회' 분야에서는 성 차별 관련 사이트 SISTER BOND가 링크되어 있어 이동이 편리하다. 메인 콘텐츠상에서도 관련 단체로써 한국여성개발원, 여성신문, 여성특별위원회, 오마이뉴스와 링크되어 있다. 그밖에 사이트들은 자회사나 제휴사와의 링크만을 제공하고 있다.

관련 사이트와의 링크 부족은 여성 문제에 관심을 갖는 이용자

	채널 게시판	주제별 게시판	자유 게시판	개인 홈페이지
마이클럽닷컴	채널과 비슷한 분류	게시판 모음 (일종의 토론방 형식)	아지트 홍보하기	마이홈 자랑하기
아줌마닷컴	채널별 이용자 의견 공간을 마련(예: 소비자 / 알뜰 정보 / 질문 등)	사이버 작가 토크 & 토크 (뉴스 / 실수단 / 중매장이 / 축하 등)	아줌마 정보 고	
여자와닷컴	각 채널마다 따로 게시판 / 웹 PD에게 코너 운영	이벤트 게시판		
주부닷컴		주부 백일장 아이에게 쓰는 편지 남편에게 쓰는 편지	토론 게시판 상담 게시판	
우플	각 채널별 게시판	연극 비평 / 독서 & 만화책 / 뮤직 / 정해진 주제 등	Best Talk	MY COMMUNITY 꾸미기
사비즈		테마 게시판	낙서(사비즈 담벼락) / PR하기(상품 홍보도 가능)	
아이지아		그림마당 / 글마당	Special day 아이지아보드	
미즈플러스			무엇이든 이야기 하세요 / 나만의 추천 사이트	
미즈넷			미즈카페	
우먼라인	각 채널은 운영자가 올린 정보보다 이용자의 의견 위주			
룰루				My Room(정보, 이야기, 제안 위주)
위민21			자유 토론방 교육 정보 게시판	

로 하여금 더 많은 정보를 추구하고 관계를 형성할 기회를 배제하는 것이다. 또한 인터넷상에서의 여성 관련 사이트끼리의 연대를 통해서 여론을 형성을 한다거나 집단적 힘을 발휘할 수 있는 기능을 약화시킨다고 볼 수 있다. 여성의 관심사가 반영된 공동체들이 보다 넓은 사회에서 하나의 목소리를 내기 위해서는 인터넷상에서 폐쇄적이기 보다는 관련 사이트간의 연결을 자유롭게 하는 개방적인 전략이 취해져야 될 것이다.

5. 여성 정체성 확립을 위한 사이버 커뮤니티

인터넷은 사회적 상호 작용, 정치 참여, 관심의 반영, 업무 수행, 오락 등의 모든 분야를 망라하여 기존의 물리적인 공간에서의 면 대면 커뮤니케이션의 상황보다 더 많은 기회와 가능성을 제공한다. 많은 사람들이 사이버 커뮤니티를 통해 관심사를 반영하고 성원들이 공동으로 추구하는 목적의 상징적 의미를 이해하며 정서적인 유대 관계를 발전시켜 나아가는 경우는 일상적인 일이 되어 가고 있다. 이러한 현상은 그 동안 사회적으로 소외되던 계층으로 하여금 관심사를 반영하고 성원 간 정보를 공유하는 기회를 부여함으로써 적극적인 사회 참여를 실현할 수 있는 가능성을 제시한다. 이 글은 전통적으로 피지배 계층으로 분류되어 온 여성이 주도하는 사이버 커뮤니티 안에서 여성의 정체성 확인이 가능한가를 알아보기 위해 여성 사이트가 제공하는 콘텐츠와 성원 간 교류를 위한 서비스에 대한 탐색적 분석을 시도하고 있다.

일방적으로 운영자에 의해 제공되는 콘텐츠의 종류를 살펴보면 실생활에서의 전형적인 여성적 정보가 그대로 재현되고 있다. 단지 여성이 흥미를 갖는 정보 제공이라는 측면만이 참여를 유도하는 조건이 되고 있다. 이는 좀더 깊이 있고 바람직하다고 판단되는 여성의 관심사에 의해 유발되는 참여의 동기는 아직까지 미흡하다는 것을 의미한다. 분명 주제별로 세분화되어 다양성은 시도되고 있고 더 나아가 동영상까지 제공되는 기술적 발전은 돋보이나 일반 여성 잡지의 내용과 구분이 되지 않는다. 같은 주제를 갖고 접근하더라도 좀더 심도있게 다룰 수 있는 공간적 여건이 성립되어 있음에도 불구하고 사회적 관심사를 형성할 수 있는 인터넷 공간상의 특성을 살리지 못하고 있다.

여성 사이트 내에서 발전하는 유대 관계는 성원들 간의 자체적 관심사에 의해서 소집단이 발생하는데, 이는 여성 사이트를 이끌어 가는 중요한 구실을 한다. 특히 여성의 자기 표현이 미덕으로 취급되어 오지 않은 전통 속에서 게시판, 홈페이지, 동호회에서의 자신의 의견을 드러내고 같은 종류의 관심을 갖고 있는 이들과의 의견 교환을 통한 개인적 관계 형성을 하는 일은 새로운 경험으로 작용한다. 그러나 이러한 새로운 경험이 적극적인 사회 참여로 이어지고 있지는 않다. 게시판이나 동호회의 주제를 볼 때 아내로서, 어머니로서의 역할이 강조되는 게시판과 동호회의 모임이 우세한 반면 자기 개발 또는 사회 문제 등의 주제는 상대적으로 부족하다. 즉, 성원 간의 유대 관계 형성 역시 현실 세계에서 지배하는 여성의 정체성에 의해 맺어진다고 볼 수 있다. 단지 물리적인 제약을 받지 않는다는 점에서 보다 쉽게 만날 수 있는 점이 동호회 형성의 중요한 요소로 보여진다. 전반적으로 볼 때 현재의 여성 전문 사이트의 기능은 피상적인 관심사에 대한 정보가 주류를 이루고 있으며, 정형화된 여성 이미지가 재강조되는 공간이라 할 수 있다.

그럼에도 불구하고 여성 사이트가 여성의 사회적 역할을 인식하게 하고 능동적인 자아 형성에 기여할 수 있는 커뮤니티로 발전할 수 있는 가능성은 여전히 남아 있다. 직장 여성 간의 전문 정보와 직

장 내의 문제점 공유, 주부의 사회적 감시 역할의 확대, 문학 작품의
창작 발표를 통한 여성의 자아 노출 공간의 확보하는 등의 시도는
긍정적으로 평가된다. 따라서 좀더 깊이 있고 생각할 거리를 제공하
는 가운데 여성 고유의 사회적 아젠더를 형성하여 여성의 정체성을
확보할 수 있는 커뮤니티로 발전시키는 것이 우리에게 남은 과제일
것이다. 이를 위해서는 이 글의 탐색적 검토에서 한 단계 나아가 여
성 사이트의 콘텐츠가 여성의 정체성 형성에 미치는 영향력을 보다
구체적으로 밝힐 수 있는 수량적 연구가 시도되어야 한다.

참고 문헌

연세대 여성연구소 (2000). <사이버 공간에서 길찾기, 틈새 찾기>, 연세대 여
    성연구소 발표 논문.
최순화 외 (2000. 10). "사이버 커뮤니티의 가치 평가," 삼성경제연구소 주최 디
    지털 심포지엄 발제문.

Arnold, J. & Miller, H. "Gender and Web Home Pages,"
    http ://www.ntu.ac.kr/soc/psych/miller/cal99.html.
Baym, N. K. (1998). "The emergence of community in computer-mediated communication,"
    in S. Johnes (ed.), *Cybersociety* 2.0, Sage.
Etzioni, A. (1993). *The Spirit of Community: Rights, Responsibilities, and the Communitarian
    Agenda.* New York: Crown.
Fernback, J. (1997). "The individual within the collective: virtual ideology and the
    realization of collective principles," in S. G. Johnes (ed.), *Virtual Culture.* Sage.
Habermas, J. (1989). *The Structural Transformation of the Public Sphere: An Inquiry
    into a Category of Bourgeois Society.* Cambridge, MA: MIT Press.
Herring, S. "Gender and Democracy in Computer-Mediated Communication,"

http://dc.smu.edu/dc/classroom/Gender.txt.

Kollock, P. & Smith, M. (1996). "Managing the Virtual Commons: Cooperation and Conflict in Computer Communities," in S. Herring (ed.), *Computer Mediated Communication.* Amsterdam/Philadelphia: John Benjamins Publishing Company.

Kumar, R., Raghavan, P., Rajagopalan, S., & Tomkins, A. "Trawling the Web for Emerging Cyber-Communities,"
http://www8.org/w8-papers/4a-search-mining/trawing/trawing.html.

Myers, G. (1987). "Anomity is part of the magic: Individual manipulation of CMC context," *Qualitative Sociology,* 19(3), pp.251~66.

Ostrom, E. (1990). *Governing the Commons: The Evolution of Institutions for Collective Action.* New York: Cambridge University Press.

Rheingold, H. (1993). *Virtual Communities: Homesteading on the Virtual Frontier.* MA: Addison-Wesley.

Simmel, G. (1950). *The Sociology of George Simmel.* New York: Free Press.

Sproull, C. & Kiesler, S. (1993). *Connections: New Ways of Working in the Networked Organization.* Cambridge, MA: MIT Press.

Tannen, D. (1993). *The Marked Woman.* London: The Guardian Newspaper.

Tönnies, F. (1967). *Community and Society.* Lansing: Michigan State University Press.

Walther, J. & Burgoon, J. (1992). "Relational communication in computer-mediated interaction," *Human Communication Research,* 19(1), pp.50~88.

Walmsley, D. (2000). "Community, place and cyberspace," *Australian Geographer,* 31(1), pp.5~19.

Watson, N. (1993). "Why we argue about virtual community: a case study of the Phish. Net fan community," in H. Rheingold (ed.), *Virtual Communities.* MA: Addision-Wesley.

9. 여성과 인터넷 문화

구자순

이 글은 인터넷이 이루는 사이버 공간과 이곳에서 형성되는 인터넷 문화에 여성들 자신은 물론이며 여성 운동가들의 적극적 참여를 위하여 도전과 과제라는 측면에서 인터넷 문화의 성격과 쟁점들을 다룬다. 민주적 사이버 공간을 건설하기 위해서는 성적 불평등을 인식하고 있는 여성들의 적극적인 참여가 필요하다. 또한 우리들의 정신적 자세가 새로운 세계에 진출하기 위해 지구적 자원에 접속해야 한다. 사이버 공간에서는 이미 인터넷 발전을 중심으로 무정부적 리버티니즘 *libertinism* 과 독점 자본주의를 놓고 이데올로기 전쟁이 시작되었다. 이 전쟁은 마치 여성들이 가부장적 지배에서 벗어나 자유스러워지고 싶은 것과 흡사하다고 볼 수 있다.

1. 인터넷이란 무엇인가?

컴퓨터 네트워크의 네트워크인 인터넷은 새로운 정보 통신 매체로 전세계를 순식간에 지배하고 있다. 한국에서도 인터넷 사용 인구가 급속히 팽창하고 있지만 인터넷이 무엇이며 인터넷을 통하여 무엇을 할 수 있는가에 대하여 의문을 가지고 있는 사람들은 그리 많지 않을 것 같다. 한국전산원 통계에 따르면 1999년 4월 현재 한국의 인터넷 사용자는 약 400만 명이며 인터넷에 접속 가능한 사람은 1000만 명이 된다고 한다. 1999년도 미국 상무부 발표에 따르면 세계의 인터넷 사용자는 약 5억 명으로 연평균 100%의 성장률을 보이고 있어, 앞으로 인터넷 사용자는 계속 증가할 것으로 전망하고 있다.

19세기 증기 기관의 발명이 산업 혁명으로 이어졌듯이 20세기 인터넷의 발명은 21세기에 새로운 혁명 시대를 이끌어 갈 것이다. 개인과 개인, 개인과 기업, 기업과 기업, 국가와 국가 등을 연결하는 커뮤니케이션의 고리인 텔레비전, 전화, PC 등 개별적 미디어 수단들이 인터넷의 출현으로 하나의 통합 매체로 부상하고 있다. 더욱이, 현재 진행 되고 있는 지금보다 1000배나 빠른 속도의 인터넷 개발은 브리테니카 백과 사전 30권의 정보를 1초에 전송할 수 있어, 텔레비전 출현 이후에 최초로 우리 생활에 혜택과 편리함을 가져다 줄 것이다. 인터넷 활용에서 흔히 5C로 축약되는 컴퓨터 *computer*, 커뮤니케이션 *communication*, 커뮤니티 *community*, 콘텐츠 *contents*, 컨버전스 *convergence* 는 상거래, 교육, 경제, 정치, 연예 및 오락, 건강, 관광 등 모든 생활 영역에서 인터넷 문화 형성, 즉 인터넷 중심의 사고 방식과 생활 방식을 형성하는 데 핵심적 요소들이다. 인터넷이 형성하는 사이버 공간에서 이루어지는 인터넷 문화에 대한 연구는 앞으로 21세기 지식 기반 사회를 전망하는 데 있어서 아주 중요하다.[1]

---

1. 인터넷이 이루는 공간이 사이버 공간이며, 이곳에서 문화가 형성된다. 우리는 단지 인터넷을 통해서만

인터넷이 지닌 속성은 상호 작용성, 개방성, 범 지구적 환경 제공으로 인류 사회가 당면하고 있는 많은 문제들을 해결할 가능성이 충분히 있다고 본다. 인터넷의 개념을 이해하고 적용하기 위해서는, 우선 인터넷에 대한 사상적 배경이나 철학·기술적 성격에 대해 폭넓게 이해하고 있어야 하며, 인터넷에서 형성되는 문화도 알고 있어야 한다. 구체적으로 인터넷 커뮤니티에서 의사 소통하는 방식에 대한 기본적인 이해는 네티즌 문화 형성을 이해하는 데 중요하다. 인터넷은 현실 세계에서 개발된 과학과 기술에 근간을 두고 있지만 인간 사회의 현실 세계와 같은 인간들의 관계 형성 기반을 제공하면서 현실 세계와는 다른 철학적 기반을 제공하고 있다. 그러면 그것은 무엇인가? 바로 자유와 평등의 철학인 것이다. 인터넷은 누구에게나 열려있는 개방성으로 자유분방한 의사 개진과 자기 표현을 중시해 왔다. 현재 인터넷에서는 인터넷을 감독하는 어떤 기관이나 조직도 없고, 어떠한 정보에 대한 사전 검열 제도가 없다. 이러한 특성이 허위 정보 유포, 사기 등의 문제를 일으키고 있다. 이용자들이 스스로 자율적으로 규제를 가하지 않는다면 그 누구도 사전 통제와 공간적 제약이 불가능하다. 인터넷 이용자의 모습, 연령, 성, 재산, 생활 방식, 인종, 사상에 관계없이 동등한 기회와 표현의 자유를 부여하므로 현실 세계에서 존재할 수 있는 편견과 억압의 가능성을 사전에 제거한다. 인터넷이 지닌 이러한 자유와 평등의 철학은 모든 사람들에게 자신의 능력에 따라 설정한 목표를 달성할 수 있는 동등한 기회를 제공해 줄 뿐 아니라 다른 사람들을 위해 나누고 봉사할 수 있도록 되어 있다.

인터넷이 제공하는 가능성을 이해하고 효율적으로 사용하기 위해서 기본적인 기술 특성과 창의적 요소를 알아야 한다. 물론 인터넷상에서 비즈니스를 하려면 동시에 최소한의 지식과 아이디어 그리고 계획이 있어야 한다.

사이버 공간에 진입할 수 있기 때문에 '인터넷 문화'라는 용어를 대신 사용할 수도 있다.

(1) **초고속망이나 WWW(WORLD WIDE WEB)으로서 인터넷**: 네트워크에 접속하기 위해 모뎀, 서버, 플렛폼, NSP(NETWORKSERVICE PROVIDER) / ISP(INTERNET SERVICE PROVIDER), RAM(RANDOM ACCESS REMORY), URL(UNIFORM RESOURCE LOCATOR), 프로토콜(protocol)

(2) **인터넷 사용자**: 사용자의 사회 인구학적 특성과 행동 패턴의 국제적 비교 자료를 위해 다음 사이트를 찾아본다.

> http://www-survy.cc.gatech.edu
> http://www.mit.edu/people/mkgray/net
> http://.nua.ie/surveys

인터넷 사용자들이 기대하는 비공식적 규칙들로는 넷티켓 *Nettiquete*, 선물 문화 *gift culture* 와 속옷 문화 *underwear culture* 를 들 수 있다. 이러한 문화는 전해 내려오는 것들로 강제적이지는 않지만 힘을 발휘하고 있다. 스펨 *spam* 메일을 거부하거나 채팅, 혹은 토론할 때 상대방의 의견을 존중하는 넷티켓, 웹에서 정보와 프로그램을 무료로 주고받을 수 있다는 선물 문화, 인터넷을 사용하는 장소가 사무실이 아니고 집이기 때문에 편안한 옷차림과 자세로 컴퓨터 앞에서 작업을 할 수 있어서 속옷 문화라 한다.

(3) **인터넷 서비스**: 커뮤니케이션을 위해 인터넷을 사용하는 것은 마치 전화를 사용하는 것과 같은 서비스 차원에서 접근할 수 있다. 그러나 인터넷 사용자는 동시에 정보 생산자와 제공자가 될 수 있다. 이메일, 음성 이메일, WWW, 검색 엔진, 크롤러 *crawler,* 포털, FTP(File Transfer Protocol), Newsgroups / Usenet, Video, Videoconferencing audio, IRC(Internet Relay Chat), 인터넷 전화, 인트라넷, 엑스트라넷, 텔레넷

(4) **인터넷 비즈니스 가능성**: 인터넷 마케팅, 웹 마케팅, 웹 사이트 디자인, 구축 및 운영, 거래 및 보안, 공급과 배달 등. 만일 인터넷 비즈니스 가능성에 대해 보다 더 알고싶으면 다음의 사이트를 방문하라.
http://electonicmarkets.org, http://oecd.org/dsti

(5) **인터넷 언어, 운영 체계**: 인터넷 언어와 운영 체계는 아주 방대하나 비즈니스를 계획한다면 다음의 것들은 이해해야 한다.
Perl, CGI, Imagemap, Java, Java Applets, JavaScript, cookies, E-mail Feedback, VRML, SGML, XML, UNIX, Mirror Site, FAQs, Fax Service

(6) **인터넷 사용도**: 인터넷과 관련한 기술과 언어들은 빨리 변화하고 있어서 이 분야에 종사하는 이들이 아니라면 따라가기가 쉽지 않고 시간적 여

기초적/개인적 용도	비즈니스/사업 용도
• 전자 우편 주고받기	• 전자 우편물 배포
• 웹에서 자료 찾기	• 웹 사이트 구축
• 상품 및 서비스 구입	• 상품 및 서비스 판매
• 상품 주문 및 구매	• 주문 받기 및 판매
• 신문 읽기	• 신문 만들기 및 간행
• 연구하기	• 정보 찾아 주기 및 제공하기
• 채널을 통해 정보 받아 보기	• 채널을 통해 정보 내보내기
• 방송 듣기	• 방송국 설치
• 비디오 보기 및 화상 보기	• 화상 회의 및 비디오 방송
• 원격 강의 신청	• 원격 강의 실시
• 전자 뉴스 레터 구독	• 전자 뉴스 레터 출판 및 배급
• 전자 잡지 읽기	• 전자 잡지 출판
• 사진 파일 읽기	• 사진 파일 만들기
• 특정 생산품에 대한 정보 입수	• 광고 및 판촉
• 고객 서비스 받기	• 고객 서비스 설치
• 새로운 공급자 찾기	• 새로운 시장 및 판로 찾기

http://midas.hanyang.ac.kr의 온라인 강의실 "미래 사회와 인터넷" 참조바람.

유도 없다. 필요한 사용법은 그때그때 필요할 때 익히면 될 것이다. 인터넷을 이용해 무엇을 할 수 있는지를 이해하는 것은 중요하다.

2. 인터넷 문화와 여성

1) 인터넷 문화론

컴퓨터 네트워크인 인터넷은 우리 생활의 다양한 영역에 깊숙이 침투하여 영향을 주고 있다. 인터넷의 혁신이 가져오는 놀라운 점은 이것이 단지 기술이 아니라 컴퓨터 네트워크를 통해 대학, 조직, 기업, 공공 영역들이 하나로 엮어지면서 동시에 사회적 상호 교섭을 가능하게 한다는 사실이다. 즉, 동호회 형성, 조직 간의 연결, 친구 간의 교섭을 지원해 주고 정치 토론, 의사 결정, 출판, 오락, 음악 감상, 영화 감상, 교육 등을 촉진시킨다. 자문과 사회적 지원망을 창출하고 기업 간에 조정, 새로운 시장 개척, 운영, 지식 정보를 교환하고 확산한다. 인터넷은 개인의 접속과 탐색을 위한 무한대의 자원으로 24시간 동안 동시적은 물론이고 비동시적으로도 작동하고 있어서 누구든지, 언제, 어디에서나 지식과 정보를 교환하고 상호 작용을 지속할 수 있다.

인간 활동의 새로운 영역으로서 인터넷은 우리에게 전자 커뮤니케이션으로 새로운 문화 현상을 형성하면서 유의미한 문화 변화를 가져오고 있다. 인터넷 문화는 현실의 문화와 구분이 되는 또 다른 문화이다. 현대 사회에서 인터넷은 긍정적 반응을 일으키고 있으며 이것이 상품화를 통해 인터넷 문화를 탄생시키고 있다. 다시 말해, 기업이 인터넷이 이루는 사이버 공간을 경제적 공간으로 활성화시키고 있다는 말로 풀이 될 수도 있다. 사이버 세계가 사회 현실 세계와 같이 전통, 과정, 확신을 가지고 정의 내릴 수 있는 공동체로 발전하고 있지만 아직 인터넷을 사용해 보지 않은 이들은 생소하여 많은 의문점을 가지며 인터넷에 대해 상징적 압력을 가지고 있다. 무엇이 실제로 일어나고 있는가? 이러한 변화는 무엇을 의미하고 있는가? 이러한 의문은 컴퓨터 커뮤니케이션의 사회적·문화적 과정에 대한 사고에서 나오는 것이다. 이 부분에서는 인터넷 문화의 특성을 사이버 공동체 측면에서 논의해 본다(구자순, 1997, 1999; Kiesler, 1997)

첫째, 네트워크의 네트워크인 인터넷은 무한의 거대 공간인 사이버 공간을 형성한다. 시간과 공간을 초월하여 전지구적 온라인 매트릭스의 거대 맥락 속에서 수많은 컴퓨터 네트워크들은 국경을 초월하여 존재하게 된다.[2] 인터넷에만 접속하면 지구촌 어느 곳이든지 자

---

2. 매트릭스라는 단어는 "어머니" 또는 "연인"을 기리키는 라틴어에서 유래하며 생산적이며 에로틱하다는

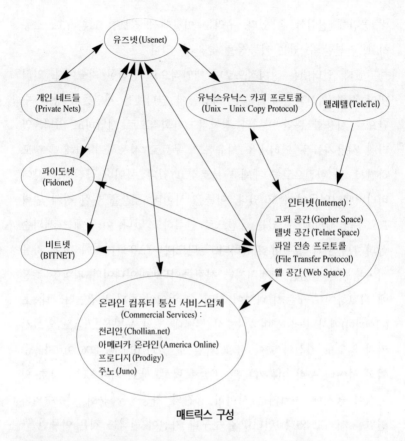

유즈넷(Usenet)

개인 네트들
(Private Nets)

유닉스유닉스 카피 프로토콜
(Unix – Unix Copy Protocol)

텔레텔(TeleTel)

파이도넷
(Fidonet)

인터넷(Internet) :
고퍼 공간(Gopher Space)
텔넷 공간(Telnet Space)
파일 전송 프로토콜
(File Transfer Protocol)
웹 공간(Web Space)

비트넷
(BITNET)

온라인 컴퓨터 통신 서비스업체
(Commercial Services) :

천리안(Chollian.net)
아메리카 온라인(America Online)
프로디지(Prodigy)
주노(Juno)

매트릭스 구성

연결 *link* 혹은 게이트웨이 *gateway*
출처: December & Ginsbeg(1996)을 수정 · 보완한 것임.

유 자재로 돌아다니며 정보 수집은 물론이고 그곳의 정치, 경제, 사
회, 문화, 교육에도 참여할 수 있다.

둘째, 인터넷은 새로운 문화 공간을 창출한다. 현실의 공간 개념
이 사이버 공간의 출현으로 새로이 정의되고 있으며 이에 따라 문화
도 새로운 양상을 갖는다. 우리는 거리, 장소, 물리적 장소, 참여 공
간 등 전통적인 공간에서 벗어나고 있다. 인터넷에 접속만 하면 사이

의미를 가지고 있다. 전지구적 온라인 매티릭스로 인터넷이나 사이버 공간을 지칭하기도 한다.

버 공간에 진입할 수 있다. 우리는 이곳에서 정보를 교환하고, 소통하고, 변신할 수 있는 가능성을 찾을 수 있다.

셋째, 인터넷은 정치적으로나 개인적으로 민감한 기술이다. 인터넷이 점점 확산되면서 수많은 사람들이 인터넷을 개인들의 통신 수단으로 사용할 뿐만 아니라 정치적·사회적으로 개입하고 있다. 인터넷 사용자들은 인터넷을 자유롭고 무료로 사용하기 위해 투쟁도 하면서, 또 한편으로는 제재를 부르짖고 있다. 사이버 공간에는 사이버리버테리언들이 살고 있다. 이들은 사이버 공간을 현실 정치 권력으로부터 해방될 수 있는 공간으로 인식하고 있다. 이 곳에는 제퍼슨식의 자유주의 실현이 가능하다고 믿으며 정보와 지식에 대한 자유적·평등적 관점을 관철시키는 사람들이다. 아이디어와 지식을 촛불에 비교하여 누구든지 나누어 가질 수 있어야 한다고 믿는다. "내 초(아이디어)에서 불을 붙여 가는 사람은 내 초의 불빛을 조금도 약화시키지 않고도 자신의 초에 불을 밝힐 수 있다"(Barlow, 1996: 9). 자유주의적 사이버 문화 이론가들은 상호 독립성, 상호 의사 소통, 상호 의존성이 동시에 지켜지는 사이버 공간의 가능성을 문화 민주주의와 연결을 시키고 있다. 인터넷을 누구나 자신이 원하는 것은 아무런 규제 없이 할 수 있는 무정부적 컴퓨터 네트워크로 본다. 아무도 사이버 공간을 소유하고 있지 않기 때문에 그 어느 누구도 무엇을 해야 하고 하지 말아야 하는가를 규정하지 않는다. 이것이 인터넷의 가능성이다.

넷째, 사회 변동을 컴퓨터 커뮤니케이션에 의해 형성된 새로운 사회 관계로 설명하는 기술 결정론적 입장을 취하는 포스트모던 사회 이론가들은 전자 글쓰기, 데이터베이스, 베너 광고, 양방향적 예술 활동 등 전자 매체 중심의 새로운 지배 양식으로 정보 양식의 개념을 제시하고 있다(김성기, 1994).

다섯째, 사이버 공간에는 해체 전략과 컴퓨터 기술로 무장한 사이버리스트가 살고 있다. 이들은 인터넷 시대가 낳은 주체를 강조하는 시대의 아이들이다. 1980년대에 태어난 이들은 공상적이고 상대적 태도를 갖지만 역사에는 무관심하다. 텍스트 분석법으로 시작하는 해체는 모든 의미가 일시적이라고 한다. 모든 권위 체계를 의심하며, 가치와 규범도 일시적이어야 한다고 본다. 진리라는 문화 정신도 주관적이고 다시 평가받아야 한다고 믿는다. 이들은 해체주의자들처럼 무결정적이고 불안정한 개념들로 무장하고 유행적인 허무주의로 투사한다. 도덕적으로는 중립적이고 진실과 의미를 구성하는 데는 관심이 없다. 단지 밝혀 보는 것 이상으로는 관심이 없다. 현실 체제의 주민으로 사이버 공간에 들어와 급진적 탐험을 하며 자신의 어느 부분을 인정하느냐에 따라 경험이 아주 다르게 나타난다.

여섯째, 인터넷 문화는 현실 문화와 구분되는 시공간의 객관적 기준으로부터 해방되며 기성 문화로부터 자유로워지는 문화이다. 사이버 공간은 대항 문화 공간으로 새로운 현실을 구축하는 테크노피아와 컴퓨토피아이다. 사회 현실의 변화가 불가능해 보일 때, 우리는 새로운 현실 창조를 갈망한다. 1950년대의 비트 문화, 1960년대의 히피 문화, 1970년대의 펑크 문화, 1980년대의 사이버펑크 문화가 있다. 이곳에는 사회에 대한 비판과 대항이 있으며 가상 현실의 무대가 되었다. 최첨단 기술의 개발, 정신 세계의 확장, SF, 해커, 얼터너티브 음악, 대체 건강식, 마약, 성, 사회적 자각, 자유 연애를 연계시킨다. 표현의 자유와 개성을 분방하게 펼칠 장소가 있으니 행복하다.

현재 인터넷의 출현으로 삶의 일반적 조건들에 관한 두 가지 혁신적 토론이 있을 수 있는데, 하나는 포스트모던 문화와 사회의 출현이며, 다른 하나는 커뮤니케이션 체계의 대대적 변화이다. 포스트모던 문화는 현재 구조적으로 제한된 사회에 대안적 문화로 제시되고 있다. 새로운 커뮤니케이션 체계들은 지금 보다 향상된 삶과 평등한 사회를 이루는 희망의 열쇠로 종종 제시된다. 포스트모던 문화 토론의 초점은 대체로 새로이 부상하는 개인의 정체성과 주체로서의 위치이다. 새로운 정체성은 기존의 현대성에 규정되어진 개인의 좁은 범위를 벗어나 합리성과 자율성을 비판하면서 구정체성을 과감히 벗어나는 것이다. 절박한 정보 통신 기술은 정보 교환의 증가로 개인들과 제도에 선진 효과를 가져다 준다. 20세기에 전자 매체가 문화 정체성에 커다란 변혁을 가져다 주었듯이 모든 멀티미디어의 수렴 현상은 개인성을 새로운 구성물로 창조해 내고 있다. 만일 현대 사회가 교육을 잘 받은 민주주의를 대표하는 자율적 시민으로 합리적이고, 자본주의의 이해 타산에 밝고, 공교육에서 요구하는 등급 체제에 알맞는 개인을 양성해 내고 있다면, 포스트모던 사회는 현대성과는 아주 다르거나 혹은 그 반대의 개인으로 양육할 것이다. 새로운 정보 통신 기술은 이러한 포스트모던 가능성을 확실히 강화할 것이다. 인터넷이 형성하는 사이버 공간에서 개인들은 자신이 원하는 정체성을 선택하여 재현할 것이며, 마치 게임에서 혹은 SF 속에서와 같이 본인의 의지에 따라 선택과 버리기를 자유롭게 할 것이다. 예를 들면, 가상 현실은 상상이나 꿈을 가지고 우리가 이제까지 감지하지 못했던 내용과 물리 세계를 무제한으로 결합하고 있다.

2) 사이버 페미니즘: 가능성과 한계

사이버 공간에 대한 비판적 담론은 페미니스트 진영과 아젠다에서 전개되었으며 그 여파도 크다. 인간과 기계에 있는 경계선들이 약화되므로 성을 분류하는 일은 쓸데없다는 주장을 하면서 사이버 페미니스트들은 페미니즘 SF에서 다루는 성의 자유가 있는 유토피아에 매료되어 있다. 사이버 페미니즘은 변화하는 맥락의 위치에 따라 신체적으로 남성을 여성으로 변환시키는 포스트모더니즘 이론에서 파생하였으며, 많은 조직이나 사회 집단들이 컴퓨터를 문화적 아이콘으로 수용함에 따라 사회적 성과 생물학적 성의 특성들을 중성화하는 이상적 매개체로 이론화하고 있다. 1990년대에 들어와 사이버 페미니스트 진영은 컴퓨터 커뮤니케이션을 둘러싸고 급진적 사이버 페미니즘과 자유 진보적 사이버 페미니즘으로 나누어져 논쟁을 지속하고 있다. 자유 진보적 사이버 페미니스트들은 사이버 공간에서 익명성, 비면 대 면성, 표현의 자유, 전자 언어의 사용으로 인하여 사회 현실의 억압 구조가 해체되면서 새로운 질서가 형성할 것이고, 이것이 사회 현실에 상호 작용적으로 반영되면서 성적 억압이나 차별 구조가 약화하리라고 전망하고 있다(Haraway, 1991; Neutopia, 1994; Plant, 1996). 또한 성에대한 단서의 배제로 남성과 여성들이 보다 민주적이고 평등한 의사 소통이 가능하다는 증거들을 밝힌다(Kiesler, et al., 1984; Graddol & Swann, 1989; Herring, 1993), 자유 진보적 사이버 페미니즘은 컴퓨터를 사회적 성의 이분법적 분류인 남성과 여성, 그리고 이성애와 동성애 편향을 인식하지 않는 이상적 해방 도구로 다루고 있다. 반면에, 급진적 사이버 페미니즘은 사이버 공간에서 여성 차별과 남성의 성 폭력의 현실에 근거하여 성별 분리를 주장하는 '여성만의' BBS(*Bulletin Board Systems*), 토론실과 대화방 등의 여성 전자 네트워크를 형성해 가고 있다(Smith & Balka, 1991). 그러나 이에 대한 이견도 만만치 않다. 사이버 공간에서 성을 논의하는 데 우리가 다루어야 할 본질적인 문제는 사이버 공간은 현실의 사회 질서로부터 얼마나 자유로운 가이다. 즉, 컴퓨터 매개 커뮤니케이션(*computer-mediated communication*: CMC)이 현실의 면 대 면 커뮤니케이션 행위와 어떻게 다른가를 밝혀 보아야 한다는 것이다. 일반적으로 사이버 공간의 다음과 같은 속성들을 가지고, 사이버 페미니스트들은 성 해방의 가능성을 추론하고 있는 것이다.

첫째, 사이버 페미니스트들은 사이버 공간에서 성의 특성(사회적 및 몸을 포함)들이 우리 자신과 상대방을 분류하는 평가 잣대의 기능을 상실하게 되어, 사이버 공간에서 성의 특성들을 볼 수 없거나 구별할 수 없으므로 대인 간의 상호 작용을 구조화하는 1차적 수단이 되지 않는다고 주장한다. 마음 *mind* 의 유연성과 몸 *body* 의 존재를 삭제하면서 마음이 우리의 자신과 타자 간에 의사 소통을 조직하고 해석하는 새로운 형태를 창출한다고 본다.

둘째, 사이버 페미니스트들은 사이버 공간에서 컴퓨터 매개 커뮤니케이션을 통한 상호 작용은 익명성과 함께 전자적 대화 언어를 사용하는 텍스트 중심의 문자로 메시지 내용이 교환되어 보다 자유롭고 평등한 관계가를 형성한다. 즉, 사회적 위계 질서를 상징하는 비언어적 단서들이 배제되므로 사회적 관습에서 자유로워질 수 있는 심리적 안정감이 있을 뿐만 아니라, 남성의 언어 형태나 표현, 혹은 사이버스랭, 아티콘 *articon*, 이모티콘 *emoticon* 을 사용하여 현실과 구별되는 언어 관행을 구성함으로 민주적이고 평등한 관계에 기초한 의사 소통이 가능하다.

셋째, 사이버 공간에서는 익명성과 역할 기능의 세분화로 다양한 정체성을 형성할 수 있어 여성들은 이 곳에서 평등하며, 서로 생각과 경험을 공유하며, 생생한 환상을 펼치고 느낄 수 있는 세계를 경험할 수 있다. 네티즌으로 정체성을 재구성하며 성 고정적인 자아 정체감에서 벗어나 누구나, 무엇이 될 수 있는 가능성의 가능성을 인식하게 된다는 것이다. 이름도 자유롭게 선택할 수 있고 시간과 공간의 경계를 초월해 자유 자재로 돌아다니며 친교하고, 토론도 하면서, 정보도 수집한다. 성의 다중적인 정체성이 가능하여 남성이 되어 보기도 하고, 레스비언이 되어 보기도 하고, 혹은, 게이도 되어봄으로써, 성의 다양한 속성을 알게 된다. 남자 친구도 되어 보고, 남성 상관도 되어 볼 수 있다. 물론 현실 세계에서도 정체성은 유동적이며 자기 선택적일 수 있으나, 일반적으로 여성에게는 억압적 맥락에서 사회화 과정을 겪으며 정체성이 형성되어 성 고정 관념이 더욱 완강하게 작용하고 있다는 것이다. 그러나 사이버 공간은 민주적 공간으로서 여성 해방을 가능하게 하는 혁명적 장이 될 수 있으며 성 역할의 구분이 완화되리라 전망하고 있다.

성은 문화적 기대감과 위계 질서를 반영하며 오랫동안 우리 자신과 타인을 분류하는 범주 도식을 구성해 오고 있다. 성 정체성은 개인이 속한 사회 문화권 안에서 자신의 생물학적 성에 적합한 것으로 간주되는 인성, 사고, 행동 양식과 가치를 사회화를 통해 내면화하고, 이분법적으로 개념화하여 남성성과 여성성의 영역으로 분리된다. 대체로 이것은 성별 노동 분업내지 역할 분화에 의해 도구적 과제는 남성에게, 정서적 과제는 여성에게 규정짓는 방식으로 사회화를 통해 뿌리내린 것이다. 따라서 사회적 제도로 성 *gender* 은 우리 자신과 타인을 규정하고 분류하는 속성들을 가지고 있다. 일반적으로 우리는 성의 생물학적 특성들이 남성들과 여성들 간에 행동의 차이를 자연스럽게 반영하고 있듯이 인지하고 일상 생활의 상호 작용에서 상징적 정보의 근원으로 남녀 간의 육체적 특성에 비중을 두고 있어서, 성을 경험적으로 사회적 성취로 분리하는 것을 어렵게 하고 있다.

성이라는 제도는 얼마나 탄력성이 있을까?

성에 대한 진리는 19세기 자연 과학적 방법론의 존재론적 가정에서 출발하여, 선천적이냐 혹은 후천적이냐에 대한 진리의 추구와 함께 본질주의냐 혹은 구성주의냐 라는 논쟁의 올가미를 씌워 잘못 인도하였으며, 결국은 객관주의에 의해 사회적 제도로 구성된 것이다. 존재론에서 성의 사회적 의미는 타인과 의사 소통하는 관계에서 자신을 이해하고 경험하는 방식에서 찾을 수 있으나, 문화적 답안을 찾는 사람들은 나 자신을 하나의 고정된 육체적 몸으로 위치 지우며 변화의 가능성을 거부하고 있다.

최근에 기술과 몸의 관계에 관심이 있는 학자들은 기술이 어떻게 시간과 공간에 따라 신체적 존재를 강화하고 변화시킬 수 있는지에 관심이 있다. 사이버 공간은 남녀 간의 대인적 상호 작용에서 마음과 몸의 분리를 관찰할 수 있을 뿐만 아니라, 성의 공연을 사회적 성취로 강조하는 구성주의의 적합성과 유용성을 관찰할 수 있는 아주 좋은 장소가 될 수 있다. 인간의 상호 작용은 문화 형태로서 경험을 표현하는 상징적 단서들로 예측할 수 있기 때문이다(Goffman, 1959). 상호 작용을 통해 구성되는 의사 소통 형태는 이미 체험하고 표현된 성의 특성으로 자신과 타인에 의미를 부여하고 맺은 사회 관계의 함축성을 탐색할 수 있는 사례를 만들어 주는 것이다. 성은 역사적·사회적 구성물로 변화할 수 있다는 근본적인 가정으로, 사이버 문화에서는 이것이 해체될 수 있는지 아니면 그대로 존재하면서 또 다른 차별 / 구별을 위한 공간이 되고 있는지를 밝혀 보아야 한다. 앞에서 언급한 대로 성의 개념은 경계선과 범주를 규정하고 있는 중요한 사회학적 개념이다. 그러나 이것의 옳고 그름은 사회 문화적 맥락에서 판단해야 할 것이며, 인간이 의사 소통할 때 언어 표현에 차이가 있는 구성 양식의 분석을 통해서 가능하다고 본다. 사이버 공간은 성에 대한 새로운 문화적 각인을 하는 데 어떠한 영향을 주는가에 대한 해답은 연구자가 어떤 시각을 취하느냐에 따라 다르다. 이는 마치 우리가 프리즘의 어느 측면으로 물체를 보느냐에 따라 색깔이 달라지는 것과 같은 이치일 것이다. 그 이유는 다음과 같다.

첫째, 남성과 여성이 사이버 공간에서 만들어 낸 텍스트를 읽는다는 것은 단순하지 않다. 구체적으로 성 정형화되어 있는 언어 형성의 사회적 현실을 읽는 것이기 때문이다. 문화적 산물로의 성과 언어는 생산과 과정의 의미를 동시에 포함하고 있다. 생산으로 언어는 성 정체성에 따라 다르며, 과정으로서 언어는 언어를 통해 자신을 알고 확인을 하는 것이다. 따라서 남성 언어와 여성 언어는 다르게 나타난다. 만일 사이버 공간에서 언어 행위, 즉 의사 소통 행위가 단 하나의 형태만 있다면 이는 성 차이가 있다는 가정에서 출발할 때 오류가 발생하는 것이다. 사이버 공간에서 주체는 사이버네틱스의 특성인 의사 소통, 변화, 정보 처리로 인하여 정체성을 의지대로 선택할 수도 있고 버릴 수도 있어 게임과, 픽션 그리고 판타지와, 유희를 거치며 다양한 정체성을 가질 수 있다. 사이버 페미니스트들은 이 위치와 함께 하면서, 근대성에서 설명하는 젠더의 개념을 일단 해체하므로 성에 대한 새로운 구조적 개념을 구성할 수 있다고 전망하고, 사이버 공간에서 현실 세계의 성의 생산 및 재생산을 거부하고 있다. 현실의 도덕적 윤리에서 당연시하던 남성성과 여성성의 차이를 사이버 공간에서는 누구든지 타인이 되어 볼 수 있는 상황에서 여성은 자아가 다양한 역할로 대체 될 수 있다고 보는 것이다. 그러나 사이버 공간과 성 정체성과의 관계에 대한 질문에서 의사 소통 형태는 다양하게 나올 수 있어 이를 구분해야 한다.

둘째, 20세기 말 가부장적 미디어, 도구, 상품 상업적 통신망이 변하고 있다. 정보 통신 기술 혁명의 복합성 속에서 페미니스트들은 풍부한 새로운 기회, 공간, 시장, 아이디어를 찾고 있다. 인터넷을 통해 만남, 사랑, 수다, 일과 놀이를 동시에 할 수 있게 되었다. 쌍방향 멀티미디어는 여성 예술가들에게 그들만이 가질 수 있는 새로운 환경과 공간을 제공해 주고 있다. 특히, 가상 세계는 가부장적 문화에 쫓어 있는 여성들에게 새로운 공간을 제공할 뿐만 아니라 오랜 동안에 가부장적 통제의 물질적 현실과 세계관을 약화시키고 있다. 분리되었던 미디어들이 통합되어 텔레커뮤니케이션 시스템으로 변하고, 미디어 도구 상품들이 반란하면서 여성들도 변화하기 시작하고 있다. 즉, 소외로부터 벗어나고 점점 상호 연결이 되고 있다. 현재 인터넷이 급속히 확산되면서 사람들은 탈 중앙적인 조직에 근거한 명령과 통제의 구조에 침입하고 있다. 초기인 1960년대의 인터넷이 군사용이었다면, 1980년대는 개인의 반란(사이버펑크)을 위한 것이었고, 1990년대 중반은 디지털 기반이 번성하면서 주체인 내가 주도하는 공간이 되면서

구 정체성이 약화한다는 것이다. 그러나 유물론적 구성주의 입장에서 보면 성은 새로운 구성물이 아니라 여성을 상품화하고 억압하는 구조적 질서로 나타날 수 있다는 입장이다. 즉, 남성성은 문화적으로 여성이 접근할 수 없기 때문에 존재한다는 것이며, 미디어, 통신 수단, 컴퓨터도 역시 남성 문화의 생산물이라는 주장이다. 만일 사회의 현실 구조가 그대로 사이버 공간으로 이전된다면 여성의 주체나 주체성의 형성은 불가능할 것이다. 성 정체성을 가지고 남녀가 자신의 상황을 변화시킬 가능성을 전망해 보는 것은 용이하지 않다. 특히, 주체성 형성의 가능성이 배제된 상태에서 사회적 활동이 남성에 의해 정의되어 있는데 어떻게 자유로운 활동이 가능한가? 이 이론이 타당하다면 페미니즘 이론은 사이버 공간에서도 막다른 골목에 달하고 있다고 볼 수 있을 것이다. 사이버 공간에서 성 정체성을 가지고 상호 작용하는 사람들의 의사 소통 형태를 관찰하기 위해 구체적으로 컴퓨터 매개 커뮤니케이션을 통해 문화적 성 정체성이 자아 표현 구성을 어떻게 나타내며 이에 따라 어떠한 의사 소통 형태를 생산하고 있는가를 관찰해야 할 것이다. 인간들의 의사 소통 형태는 개인들이 타인과 접촉할 때 자신이 사용하는 언어의 문화적 의미가 어떤 방식으로 수용, 해석, 여과, 그리고 이해되어야 하는지를 알리기 위해 언어적, 비언어적, 준 언어적으로 상호 작용하는 방식으로 정의되고 있기 때문이다 (Norton, 1978; 이현우, 1998). 대인 간 의사 소통 형태를 관찰하는 데 있어서 적용되는 세 가지 형태로서 적극적 *assertive* 형태, 소극적 *nonassertive* 형태, 그리고 공격적 *aggressive* 형태가 있으며(Bloom, Coburn, & Pearlman, 1975), 일반적으로 남녀 간의 대인 간 의사 소통 행위에서 차이는 적극적 형태에서 두드러지고 있다(Jakubowski-Spector, 1973; Bloom, Cobern, & Pearlman, 1975, Bate, 1976; Arliss, 1991).

적극적 형태를 사용하는 사람들은 사회적 학습 이론에 의해 설명이 가능하다. 주로 자신감과 자아 존중을 가지며 어려서부터 훈련을 받은 결과로 생물학적 속성에 의한 것이 아니다. 적극적인 사람은 감정을 정직하게 표현하며, 객관화된 단어를 사용하고, 직접적 진술을 한다. 예를 들면, "내가 생각하기에는," "제가 한 말의 의미는" 따위의 표현을 사용한다. 적극적 의사 소통은 개인과 개인들의 문제 해결을 위해 노력하며 이성적 변화를 위해 협상하고 타협한다. 개인의 자존심과 사회적 영향을 고려하여 감정을 표현한다. 항상 대화에서 영역을 확장하고 지속하기 위해 개방성과 유연성을 갖는다. 만일 상호 작용 과정에서 통제적 상황이 발생하면 노련하게 대처한다. 경쟁, 능력, 성취에서는 긍정적이나, 호감, 다정함, 유연성, 온화함에서는 다소 부정적이다. 사회에서는 적극적인 남성에 대한 수용과 호감이, 적극적인 여성보다 더욱 높게 나타난다(Jakubowski-Spector, 1973). 여성의 경우 순종적·소극적 행동이 긍정적으로 받아들여지고 있다. 적극적인 여성을 수용은 하지만 동의를 하지 않으며, 공격적 혹은 지배적이라고 본다. 남녀 모두 여성의 적극적 행동을 낮게 평가하고 있다. 남성은 주로 적극적인 의사 소통 기법을 사용하여 상호 작용 할 때 과정과 결과를 통제하고, 여성은 친밀함과 지지를 주도한다.

소극적인 사람은 자신의 권리를 다소 제한한다. 대체로 자신들의 필요나 요구를 표현하지 않으며 자신이 오해되고 있거나 이용당하고 있다고 생각한다. 죄책감, 우울함, 불안, 낮은 자존심을 가지고 있다. 의사나 감정 표현을 하지 않으며 입을 다물고 있어 무슨 생각과 느낌을 가지고 있는지 알 수 없다. 응답을 할 때는, 주로 화를 내거나 불만을 표출한다.

공격적인 사람은 타인의 감정과 권리를 무시하여, 역으로 공격을 받을 수 있는 반응을 보인다. 즉, 공격을 받은 사람은 모욕감이나 학대를 느끼고 분노, 원한, 후회를 갖는다. 감정과 의사를 표현하는 데 처벌적, 위협적, 강요적, 강한 비판적, 적대적인 태도를 취한다. 제휴하는 행동에 강한 불만을 표출하며 자기 주장이 아주 강하다.

우리는 성장하여 성에 대해 의식을 가질 수 있는 연령에 달하게 되면, 이것을 신체적 특성이라기보다 문화적 분리로 보고 아무런 문제없이 수용하고, 부여된 범주에 따라 행동한다. 성은 상호 작용에 영향을 주는 변수로서 의사 소통에 영향을 주며 상호적으로 의사 소통의 산물이 되기도 한다. 따라서 개인들은 일상의 상호 작용 속에서 타인과 의사 소통이라는 과정을 통해 성을 근거로 한 구체적 기대에 대한 교훈을 배우고 전달한다. 현대 사회의 젊은이들은 대체로 우리들의 행동이 성에 따라 차이가 있다는 것을 거부한다. 특히 그들의 행동이 성 고정적이라면 반발은 더욱 심하다. 그러나 성 정체성과 의사 소통은 서로 상호적으로 작용을 하며 서로 간에 확인이 되는 것이다. 우리는 남녀 간에 이해와 조화가 필요한 세계에 살고 있다. 결혼, 가족, 직장, 정치, 친구 관계, 종교 등 모든 영역에서 사회적 관계로서 남녀 관계에 새로운 구성이 필요하다. 1960년대를 기점으로 그 이전에는 성과 의사 소통에 관한 연구가 극소수였으나, 1960년대 여성 해방론의 재탄생으로 모든 분야에서 성을 변수로 한 연구가 폭발적으로 수행되었다(Foss & Fosi, 1983)

사람과 사람들의 상호 작용은 문화적 경험인 동시에 표현 형태로 의사 소통의 기반이 되고 있다. 컴퓨터 매개 커뮤니케이션은 컴퓨터를 이용한 대인 간의 의사 소통을 의미한다. 모든 언어 형태를 문자로 된 본문 형식 *text* 으로 표현하여 해석, 이해, 수용이 가능하게 한다. 현재로도 커뮤니케이션학자들은 사이버 공간에서 인간들의 상호 작용을 설명하는 데 대체로 두 가지 이론적 입장을 강조하고 있다. 하나는 컴퓨터 매체의 제한적 특성을 주시하는 이론이며, 다른 하나는 장기적 차원에서 면 대 면 의사 소통과의 유사성을 강조하는 입장이다(한규석, 1997; 박기순,1997). 사이버 공간에서 성 정체성과 의사 소통 형태는 자유 진보적 사이버 페미니스트들이 주장하듯이 현실의 성 특성들이 중화되는 것이 아니라 그대로 반영되며 재현되고 있다

(구자순, 1999). 최근 화상 채팅이 확산하면서 음란물 유통, 희롱, 욕설, 스토킹 등의 사이버 성 폭력은 여성들에게 엄청난 정신적 피해를 주고 있어서 범사회적 대책이 마련되어야함을 여실히 보여 주고 있다. 그러나, 우리 사회가 유별나게 여성들의 외모와 신체를 강조하고 있기 때문에 그 정도가 수그러질 것 같지 않다. 가부장적 성 문화가 민주적으로 변화할 때 해결이 가능할 것이다.

　　최근에 인터넷상에서 관심을 받고 있는 사이버걸이즘 *cybergirlism* 은 정확히 사이버 페미니즘이라고 하기는 어려우나 10대와 20대 초반의 여성들에게서 인기 있는 여성 특유의 반어, 익살, 열정, 분노, 흥분, 공격을 표현하므로 사이버 공간에서 여성 주체의 문화를 형성하고 있다. 소녀들의 집단으로 레스비언 모임, 사이버펑크 문학 작품 소개, 성 차별 반대, 성 전환 실험, 성 의학 지식 소개, 예술적 자아 표현, 구직 서비스, 이성 교제 서비스 등을 단지 여성들에게만 제공하고 있다. 그러나 정치적 측면에서 여성 지위 향상이나 비판에는 관심이 없다. 이유 없이 그저 편하고 좋아서 성별화된 코드를 깨뜨리고 있다. 따라서 남성 중심의 구조를 바꾸는 데는 도전이 될 것 같지 않으나 앞으로 이들의 관심과 열정을 장래 직업에 연결시킨다면 사이버 공간은 물론 현실 사회 속에서 여성 지위 향상에 희망적인 가능성을 지닌다고 볼 수 있다. 이것에 대한 좋은 예로는 미국의 10대 소녀들, 8세부터 12세까지를 위한 사이트 퍼플문(http://www.purple-moon.com)은 남성과 여성 간에 심리적, 지적 질에 차이가 있으며 이러한 발전적 차이를 문화가 자아내고 있다는 논쟁에 자극을 받아 구축하고 운영하는 사이트이다. 컴퓨터 사용에 성 차이가 있어서 남자 아이들은 어릴 때부터 컴퓨터에 흥미를 보이며, 활용법을 배우고 결국은 이를 직업에 성공적으로 연계시키나, 여자 아이들은 이러한 면에서 항상 뒤처진다는 것이다. 이 주제에 대한 연구를 게임을 가지고 실행하였는데, 그 결과는 남녀 아이들이 컴퓨터에 대한 관심 정도는 같으나,

관심의 태도나 내용이 달랐다. 여자 아이들은 역할 놀이, 창조적 작업, 기술 취득, 문제 해결에 관심이 있으며 폭력적인 것은 아주 싫어한다고 한다. 여자 아이들은 일상 생활과 관련된 사람들과의 관계를 중시하나, 반면에 남자 아이들은 전쟁, 승리, 폭력, 영웅을 좋아한다고 한다. 퍼플문 사이트는 여자 아이들이 이기는 것보다는 탐색하고 새로운 경험을 유도하기 위해 이 사이트를 운영하고 배움에 초점을 두고 있다. 여자 아이들만이 모여 다중 역할 게임, 전자 우편, 대화방을 활용하므로 인터넷에 쉽게 접속하고 활용을 하도록 도와 주고 있다. 특히, 어린이와 관련한 광고에 신중하게 대처해 테마 중심적으로 선정하고 있다. 이들이 필요한 물품을 부모와 함께 구매할 수 있게 해 놓았다. 첫 해에는 전화를 통해 할 수 있게 짜 놓았으나, 지금은 부모의 허락을 받아 직접 온라인에서 구입할 수 있으며, 선물 상품권, 원하는 상품도 소개해 주고 있다. 새로운 정보를 계속 올리고 소녀들의 성숙과 민감함을 염두에 두고 이들의 건전한 성장 발달에 책임감을 가지고 운영하고 있다.

3. 여성의 도전과 과제

사회의 기술 발전은 언제나 사회 경제적 번영을 동반하나 여성들의 인터넷 활용 능력은 전혀 알려져 있지 않아 얼마만큼 여성 지위 향상에 기여하는지 밝혀보아야 할 것이다. 세계적으로 여성 인터넷 사용 층이 급증하고 있다고 하지만 곧바로 영업 대상으로 이어지는 현실에서 약자인 여성이 착취와 희생이 된다면 여성이 당면하는 불평등 문제는 사회가 변하여도 여전히 도사리고 있을 뿐이다.

현재 한국에는 여성을 위한 사이트가 약 500여 개 있다. 구매력이 높은 집단으로 여겨지는 여성층을 최대한 활용하기 위한 비즈니스 의도가 있는 포털 사이트도 급증하고 있다. 여성 인터넷 인구 확산을 앞세워 "e 여성을 잡아라," "선영아 사랑해," "여성 전문 콘텐츠 업계 싸움 심각," "인터넷 시장에서 성공하려면 여성들을 잡아라"등으로 여성 사용자들을 대상으로 하는 여성 포털 사이트들이 우후죽순으로 생겨나 치열한 선두 다툼을 벌이고 있으나, 콘텐츠들은 거의 동일하여 투자 및 재테크, 건강, 뉴스, 연예, 오락, 미용, 쇼핑, 취업 정보 등이 올려져 있다.

인터넷의 가능성과 성 불평등을 고려할 때 여성의 인터넷 활용을 권장하고 격려하기 위하여 여성 전용 사이트와 사이버 공동체를 형성하는 것이 바람직하다. 그러나 인터넷이 진정한 능력과 권위 향상을 위한 공간이라면 다음과 같은 과제들이 동시에 이루어져야 한다.

① 사이버 페미니즘 웹 사이트 구축 및 운영, 대화방과 게시판 설치하고 운영한다.
② 사이버 페미니즘 예술가, 문학가, 연구자, 운동가에 대한 데이터베이스 구축, 이미지 뱅크 구성, 이벤트화, 작품과 논문 및 비평을 지속적으로 웹 사이트에 소개한다.
③ 인터넷 테크놀로지에 전통적인 남성 중심의 구축과 편향들에 대하여 알리고 남녀 모두에게 필요한 기술, 프로그래밍, 소프트웨어, 하드웨어에 사이버 페미니즘 교육 작업을 수행한다.
④ 세계적인 사이버 페미니즘 행동과 실천을 위한 사이트 구축하며 운영하고, 검색 엔진에 링크한다.
⑤ 현재 상업적으로 통용되는 성 편향을 지양하고 여성들의 능력과 권위를 부여하는 자료 구상과 자아 표현의 창조물을 올릴 수 있는 사이트를 운영한다.
⑥ 사이버 페미니즘 이론, 내용, 인터넷 기술 연구, 발명, 실천을 모두 연결시키며, 이를 위해 여성 정보 기술자, 프로그래머, 과학자, 해커들과 동맹하는 조직을 만든다.
⑦ 모든 여성 관련 미디어 페스티벌, 활동가 대회 및 회의, 전시회, 페미니즘 모임의 안내 및 소개 사이트 구축, 운영과 링크한다.

한국인터넷정보센터와 인터넷메트릭스사의 조사에 따르면 2000년 8월 말 한국에 7세 이상 여성 인터넷 이용자 수는 694만 명으로 전체 이용자의 42.3%를 차지하고 있는 것으로 나타났다. 인터넷의 초기와는 달리 지금 여성들이 커뮤니티에서 사이버 페미니즘에 고무되어 실천적이 되려면 위에서 언급한 내용들을 의도적으로 웹 사이트에 콘텐츠로 올려야 한다.

인터넷이 나침반이 되고 있는 지식 정보 사회는 끊임없이 새로운 것을 만들어 가는 미래 지향적인 사회이다. 기술을 거부하지도 않으며 한편으로는 유토피아도 구상하면서 유연한 입장을 취한다. 과거는 물론이고 현재도 상상을 뛰어넘는 미래 문화를 디자인할 수 있어야한다. 사이버펑크 포스트모던 문화 양식으로 알려진 기계와 접합하여 가상 현실을 창조한 지금의 현실에서 우리가 논의해야 할 것은 기술 결정론에 대한 비판적 담론이라기보다는 어떻게 하면 인터넷과 디지털 기술의 소프트웨어와 하드웨어 모두를 우리들의 감정과 필요에 맞게 단순하며 편리하게 디자인하느냐이다. 인터넷을 즐겨 찾는 사람들은 항상 20세기 물질 문명의 무기력을 전제하며 서구 문명의 도덕적·정신적 위기를 강조하며 인간의 능력, 희망, 가능성을 제시한다. 사이버 페미니즘은 범지구적 인터넷 기술이 창조한 복잡하고 새로운 사회적 조건들을 주장할 수 있는 기회와 인터넷 통신 네트워크에 진입하여 기존 권력 구조에 영향을 주고 세계적으로 페미니즘을 추진할 수 있는 기회를 제시하고 있다.

"사이버 페미니즘은 여성의 인생을 새롭게 볼 수 있는 브라우저이다."

참고 문헌

구자순 (1997). "사이버스페이스와 문화 양상의 변화," 정보화 사회: 전망과 대응.
　　　한국 사회문화연구원 제22차 공개 토론회 주제 발표 논문집, pp.77～91.
───── (1999). "사이버스페이스에서 성 정체성과 의사 소통 형태," <사이버커
　　　뮤니케이션학보>, 제4호, pp.5～40.
박기순 (1997). "가상 공간에서의 인간 커뮤니케이션," <한국커뮤니케이션학>,
　　　제5집, pp.380～417.
이두원 (1997). "문화 간 대인 커뮤니케이션 능력에 대한 연구," 한국언론학회 가
　　　을철 정기 학술 발표회 논문집, pp.103～31.
이현우 (1998). "인터넷 이용자의 사회적 커뮤니케이션 행위에 대한 연구," ≪정
　　　보화 시대의 미디어와 문화≫. 세계사, pp.470～88.
포스터, 마크 (1994). ≪뉴 미디어와 철학≫. 김성기 옮김. 민음사.
한규석 (1997). "사이버 사회에서의 교류 양상, 가상 공동체 의식과 정보화 사회
　　　에의 적응," 한국심리학회, 춘계 심포지엄 발표 논문집, pp.9～15.

Arliss, L. P. (1991). *Gender Communication*. Prentice-Hall.

Barlow, J. (1996). "Selling Wine Without Bottles," in P. Ludlow(ed.), *High Noon on
　　　the Electronic Frontier: Conceptural Issues in Cyberspace*. Cambridge: MIT
　　　Press.

Bate, B. (1976). "Assertive speaking:An approach to communication education for
　　　future," *Communication Education* 25, pp.53～9.

Bauman, Z. (1988). "Sociology and Postmodernity," *The Sociological Review*, Vol. 36,
　　　No. 4.

Bell, D. (1973). *The Coming of Post-Industrial Society*. New York: Basic Books.

───── (1976). *The Cultural Contradictions of Capitalism*. New York: Basic Books.

Bloom, L. Z., Coburn, K., & Peadman, (1975). *The New Assertive Woman*. New York:
　　　Dell.

Foss, K. & Fosi, J. (1983). The Status of Research on Women & Communication.
　　　Communication Quarterly, 31, pp.195～206.

Goffman, E. (1959). *The Presentation of Self in Everyday Life*. New York: Doubleday.

Graddol, D. & Swann, J. (1989). *Gender Voices*. London: Blackwell.

Haraway, D. J. (1991). "A Cyborg Manifesto: Science, Technology and Socialist-
　　　Feminism in the Twentieth Century," *Simians, Cyborgs, and Women*. New
　　　York: Routledge.

Hiltz, S. R. & Turn, M. (1993). *The Network Nation: Human Communication Via Computer.* Cambridge, MA: MIT Press.

Herring, S. (1993). "Gender and Democracy in Computer-Mediated communication," *Electronic Journal of Communication,* 3(2). Reprinted in R. Kling (ed.) (1996). *Computerization and Controversy.* New York: Academic.

Jakubowski-Spector, P. (1973). "Facilitating the growth of women through assertive training," *The Counseling Psychologist,* 4, pp.75～86.

Kiesler, S. (1997). *Culture of the Internet.* Lawrence Erlbaum Associates, Mahwah: New Jersey.

Kiesler, S, Siegel, J., & McQuire, T. (1984). "Social Psychological Aspects of Computer-Mediated Communication," *American Psychologist,* 39, pp.1123～34.

Lyotard, J. F. (1984). *The Postmodern Condition: A Report on Knowledge.* G. Bennington & B. Massumi (trans.). University of Minnesota Press.

Neutopia, D. (1994). "The Feminism of Cyberspace," Available from neutopia@umass.edu. Posted on FIST, January 31.

Norton, R. (1978). "Foundation of communicator Style Construct," *Human Communication Research,* 4, pp.99～112.

Plant, S. (1996). "On the Matrix: Cyberfeminist Simulation," in Robert Shields, *Culture of Internet.* New York: Sage.

Poster, M. (1997). "Cyberdemocracy: Internet and Public Sphere," in D. Porter (ed.), *Internet Culture.* London: Routledge.

Smith, J. & Balka, E. (1991). "Chatting ma Feminist computer network," in C. Kramarae (ed.), *Technology and Women's Voices.* New York: Routledge & Kegan Paul.

Walter Whitman Center (1998). *The State of Electronically Enhanced Democracy: A Surveyof the Internet.* Rutgers University-Douglass. Brunswick: New Jersey.

World Future Society (1999). *The Futurist.* January.

《사이버 문화와 여성》/ 지은이

구자순 (한양대학교 언론정보대학 교수)

이화여자대학교 교육학과를 졸업하고, 미국 미주리대학교(컬럼비아)에서 석사 및 박사 학위를 받았다. 한국 사회이론학회 회장으로 있다. 주요 책과 논문으로는 《인터넷과 사회 현실》(편저), 〈사이버스페이스에서 성 정체성과 의사 소통 형태〉 등이 있다.

김명혜 (동의대학교 언론광고학부 교수)

서울대학교 농가정학과를 졸업하고, 미국 매사추세츠대학교에서 석사 및 박사 학위를 받았다. 주요 책과 논문으로는 《애인》(공저), 《인간 커뮤니케이션의 이해》(역), 〈텔레비전 드라마의 가부장적 서사 전략〉, 〈여성 이미지의 정치적 함의: 텔레비전 드라마를 중심으로〉 등이 있다.

김유정 (수원대학교 언론정보학과 교수)

이화여자대학교 사회학과를 졸업하고, 연세대학교 신문방송학과에서 석사, 미국 플로리다주립대학교 신문방송학과에서 석사 및 박사 학위를 받았다. 주요 책과 논문으로는 《컴퓨터 매개 커뮤니케이션》, 《디지털 시대의 법제 이론》(역), 〈새로운 매체, 새로운 젠더 논의〉 등이 있다.

박혜진 (연세대학교 언론연구소 연구원)

연세대학교 신문방송학과를 졸업하고, 동대학교에서 석사 학위를 받았다. 주요 논문으로는 〈컴퓨터 매개 커뮤니케이션에서 성 정체성 구성: 텍스트 중심 채팅에서 성 바꾸기 사례를 중심으로〉가 있다.

성동규 (중앙대학교 신문방송학과 교수)

중앙대학교 신문방송학과를 졸업하고, 영국 러프버러대학교에서 박사 학위를 받았다. 한국언론재단 선임 연구원으로 있었다. 주요 책과 논문으로는 《인터넷과 커뮤니케이션》(공저), 《세계의 언론인》(공저), 〈성 담론의 재구성과 인터넷 포르노〉 등이 있다.

우지숙(서울여자대학교 언론영상학과 교수)

연세대학교 신문방송학과를 졸업하고, 미국 펜실베니아대학교 커뮤니케이션학과에서 박사 학위를 받았다. 정보통신정책연구원 책임 연구원으로 있었다. 주요 책으로는 *Copyright Law and Computer Programs: The Role of Communication in Legal Structure* (2000)가 있다.

윤선희(한양대학교 신문방송학과 교수)

이화여자대학교 정치학과를 졸업하고 서강대학교 신문방송학과에서 석사, 미국 오리건주립대학교에서 박사 학위를 받았다. 주요 책과 논문으로는 《광고 문화: 소비의 정치경제학》(역), 〈인터넷 담론과 청소년 문화〉, 〈포스트모던 영상의 아우라와 시뮬라시옹〉 등이 있다.

이나영(한국해양대학교 여성학 강사)

연세대학교 영어영문학과를 졸업하고, 신라대학교 여성학과에서 석사 학위를 받았다. 주요 책과 논문으로는 《포르노, 섹슈얼리티 그리고 페미니즘》, 《남성학과 남성 운동》, 〈포르노 경험을 통해 본 성인의 섹슈얼리티〉, 〈교내 성 희롱의 실태와 규제 방안〉 등이 있다.

이수연(한국외국어대학교 신문방송학과 강사)

한국외국어대학교 불어학과를 졸업하고, 미국 노스캐롤라이나대학교에서 석사, 미국 노스웨스턴대학교에서 박사 학위를 받았다. 주요 책과 논문으로는 《메두사의 웃음: 한국 페미니즘 영화와 섹슈얼리티》, 〈텔레비전 드라마의 즐거움: 남성 시청자와 모래 시계 ― 정신 분석학적 분석〉 등이 있다.

조수선(국가안보정책연구소 선임 연구원)

중앙대학교 신문방송학과를 졸업하고, 미국 미시건주립대학교 텔레커뮤니케이션학과에서 석사, 미국 앨러배마대학교에서 매스 커뮤니케이션 박사 학위를 받았다. 주요 책으로는 《국제 커뮤니케이션의 이해》(공저)가 있다.

한혜경(연세대학교 언론연구소 전문 연구원)

연세대학교 신문방송학과를 졸업하고, 동대학교에서 박사 학위를 받았다. 현재 디지털랩 미디어 연구소 책임 연구원으로 있다. 주요 논문으로는 〈면 대 면 커뮤니케이션과 컴퓨터 매개 커뮤니케이션 비교 연구〉, 〈시청자 특성에 따른 시청 패턴 분석: 인구 사회학적 요인과 매체 시청량을 중심으로〉 등이 있다.

한나래 언론 문화 총서

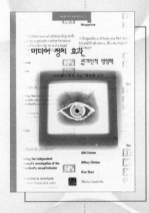